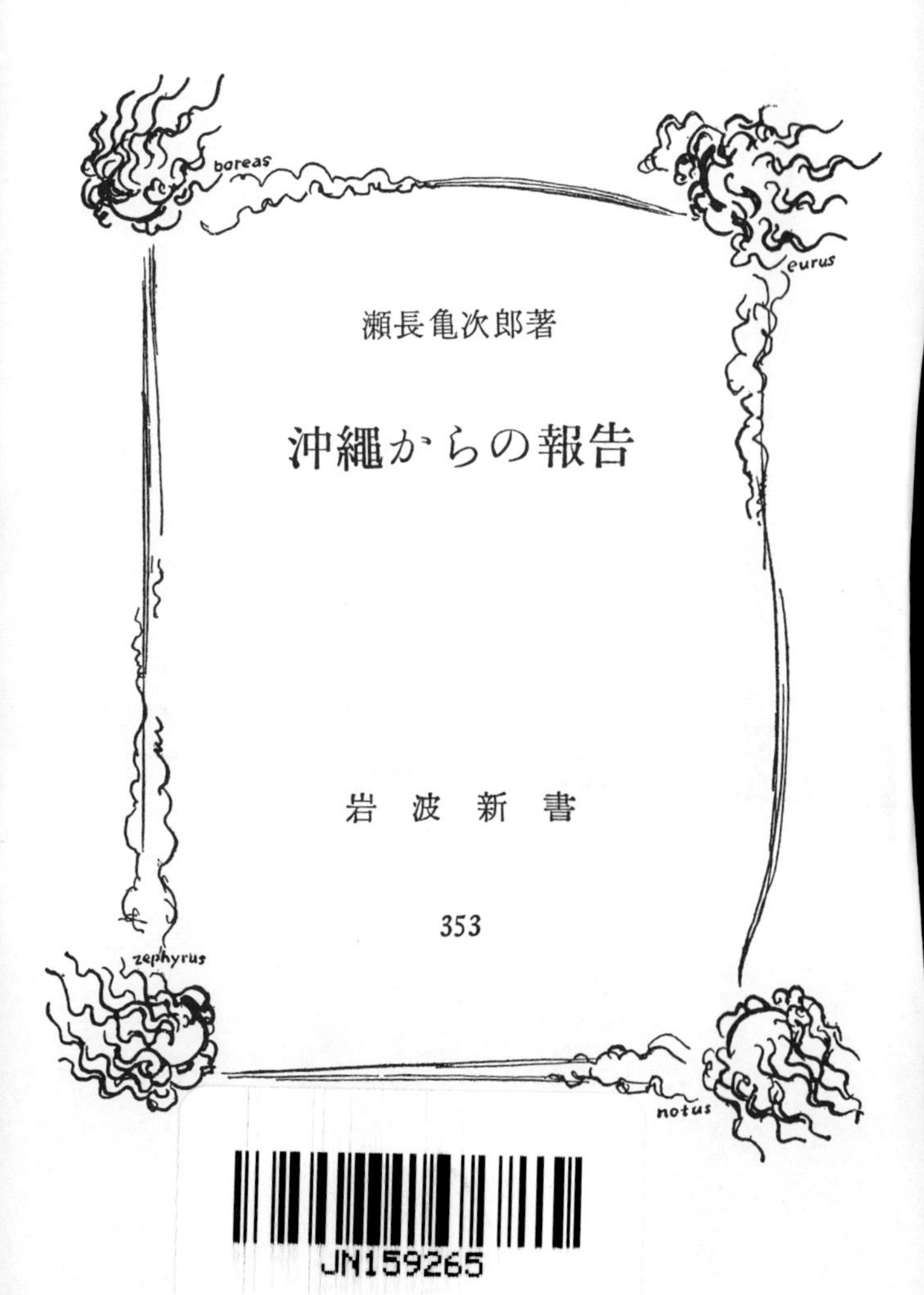

瀬長亀次郎著

沖縄からの報告

岩 波 新 書

353

まえがき

沖縄の問題は、今までいろいろの面からさまざまの人々によって日本全国民に伝えられたし、現在でもなお伝えられている。日米安全保障条約の改定を機会に、沖縄を日本とアメリカとの共同防衛地域に入れるべきであるとか、入れるべきでないとか、それぞれの階層の立場から論議され、自民党の内部でさえその意見がたやすくはまとまらないほど複雑なようである。

また一時は「抵抗の島」とか、「極東のキプロス・沖縄」と宣伝されたこともあったが、最近では沖縄は「抵抗の島」ではない、行ってみてはじめてわかった、沖縄は案外復興している、明るくなった、アメリカの統治は効をおさめている、今までの考え方は間違っていた、沖縄に永住したい、とざんげしておられる沖縄出身の学者もある。かと思うと、祖国復帰運動は空まわりで実際的、現実的でないからやめた方がいい、などととっぴなことをいう人達も飛び出す始末である。

沖縄が「極東のキプロス」であるかどうか、「抵抗の島」であったかなかったかということとは別に、沖縄の問題は、沖縄が祖国日本に復帰して八十余万の県民が日本国民同様の義務と権利を認められるようになるまでは、よきにつけあしきにつけ、マスコミの面から姿を消し去ることはないだろう。それは、日本人でありながら、異民族であるアメリカの一方的支配にまかされているという簡単な現実が、そしてそのことによって日本本土の人々と沖縄県民の関係が地理的距離よりはるかに遠い距離におかれていることが、常に風波をまき起す源になっているからである。だから沖縄問題を正確につかみ、理解してもらう意味からも、今日の沖縄についての入門書といった読物が今一番必要になっているのではないかと思う。勿論、沖縄についての書かれたものは、戦前にも幾多の優れた先輩の著作がある。また、とくに戦後、沖縄がアメリカの占領統治下に入ってからは、幾度となく新聞や雑誌に報道されたり解説が加えられたりし、単行本としても特色のあるものが数多く出版されている。ところが、沖縄の人々の苦しみや悩みをその日常生活の面からとらえ、ほり下げて書かれたものは案外すくないのではないかと思う。そこで、政治的な立場を越えて、事実を事実として示す確実な資料に基づいて書かれた記録がどうしても必要であると思う。その要求に答えるために、私は出来るかぎりの努力をしたつもりである。

しかし、これという専門的な知識を身につけていない私の書いたものであるから、不備な点や間違った印象を与えるような個所もあるかも知れない。その点については読者のきびしい御批判と叱正によって、今後改めて行きたいと考えている。

なお、結びの章の「祖国へ」は、最も新しい沖縄の事態について書いたものであるから、編集部の好意によって『世界』(一九五九年八月号)にも掲載させてもらった。
本文記述中、通貨単位「円」とあるのは、特に断りないかぎり、いわゆる沖縄B円のことである。その点読まれるにあたって御留意いただきたい。

一九五九年六月

瀬長亀次郎

目　次

I　ひしめき合う人口

1　位置と面積

沖縄は、鹿児島県と台湾の間にいわゆる琉球弧(Ryukyu Curve)をえがいている大小百四十余の島々で構成されている。一九五一年九月八日サンフランシスコで結ばれた対日講和条約第三条では、北緯二九度以南の南西諸島とよばれているが、その後、奄美大島が五三年十二月二十五日、一足先に祖国に復帰したので、アメリカ民政府は「琉球列島の地理的境界」を改正して、布告第二十七号を公布した。それによると旧沖縄県全体をさしている。すなわち、「北緯二八度、東経一二四度四〇分を起点とし、北緯二四度、東経一二二度、北緯二四度、東経一三三度および北緯二七度、東経一三一度五〇分、北緯二七度、東経一二八度一八分、北緯二八度、東経一二八度一八分の点を経て起点に至る地理的境界内の諸島、小島、環礁および岩礁ならびに領海よりなる」となっている。これら諸島の総面積は二三八八平方キロで、そのうち沖縄群島が一番大きく一五〇〇平方キロのひろがりをもっている。群島別面積を示すと第1表の通りで、蔣介石政府のある台湾と指呼の間にある八重山群島が面積では二番目になっている。

沖縄の位置と面積にふれたついでに、アメリカ政府の世界原子戦略地図のうえで、とくに沖縄本島がどのように重要な座標を与えられているか説明しておきたい。

第1表　琉球の面積

地　域	面	積		百分比
	平方里	平方キロ	エーカー	
全 琉 球	154.848	2,388.22	590,181	100
沖縄群島	97.301	1,500.67	370,849	62.84
宮古群島	16.210	250.01	61,782	10.47
八重山群島	41.337	637.54	157,550	26.67

資料：『琉球要覧』1957年版

沖縄は、アメリカが占領する当時から朝鮮戦争がはじまるまでは、例のアチソン・ラインといわれたところのアメリカの作戦上の一支点にしかすぎなかった。ところが、朝鮮で戦争をやってみて、はじめて沖縄がどんなに将来の戦争に重要な役割を果すかを改めて知らされたアメリカにとっては、日本本土の基地よりも大事になってきた。そして一九五八年一月公表されたように、沖縄に中距離弾道弾を持込むことが具体化された。情勢は変化したのである。

情勢変化の特徴は四つあげられよう。その一つは、沖縄をアメリカの原子戦略地点として日本の自衛隊に極東作戦を分担させること。その二つは、軍事占領状態の長期継続のために極東に緊張状態をつくる努力をすること。その三つは、祖国日本の自衛隊の核武装化。その四つは——特に位置に関係あるのはこの点であるが——フィリッピンのマニラ、蔣介石の台北、李承晩の京城と東京とをむすびつけると三角形ができ上るが、沖縄はその底辺の真中に

第1図 琉球列島全図

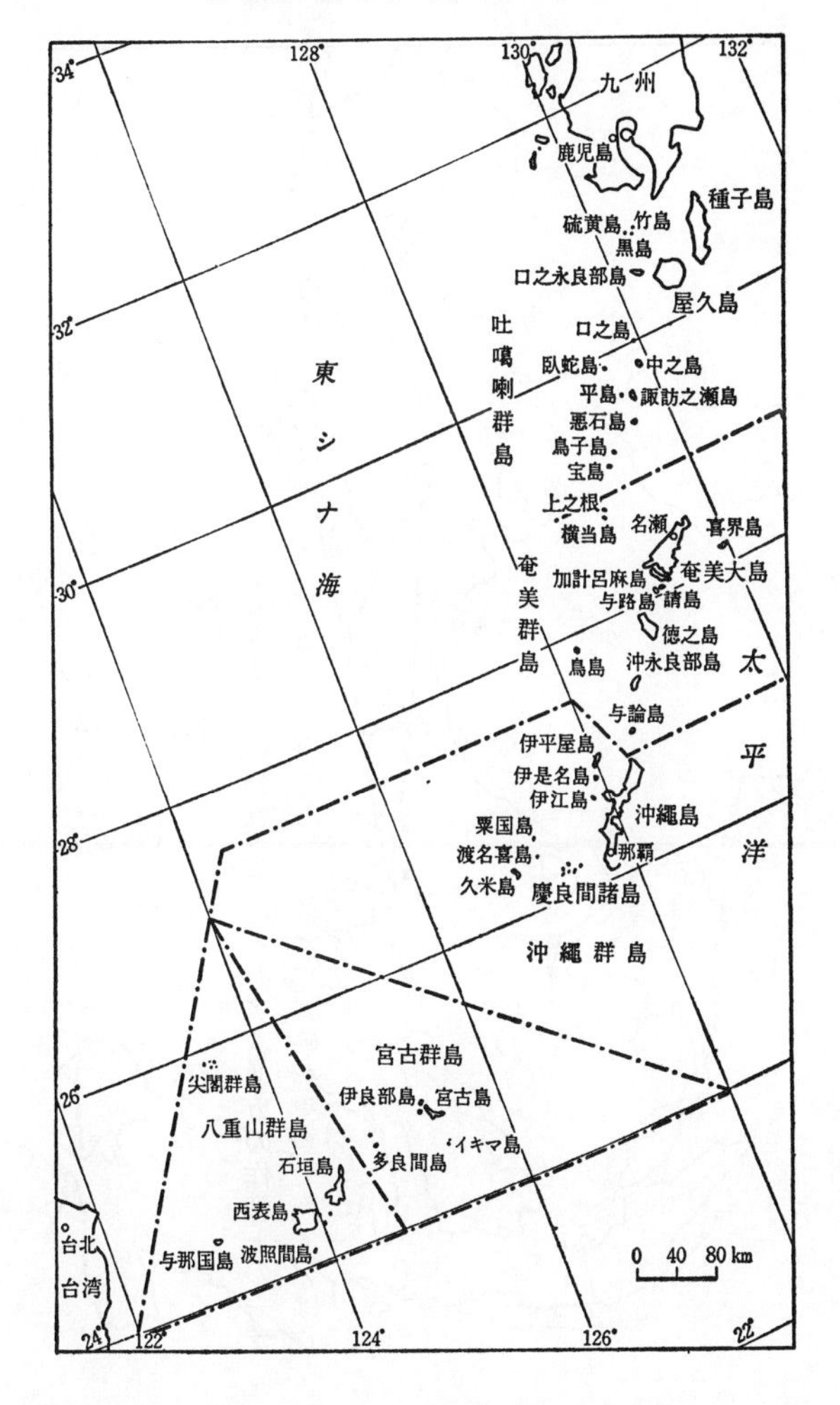
128°
130°
132°
34°
32°
30°
28°
26°
24°
22°
122°
124°
126°
九州
鹿児島
種子島
硫黄島
竹島
黒島
口之永良部島
屋久島
吐噶喇群島
口之島
臥蛇島
中之島
平島
諏訪之瀬島
悪石島
鳥子島
宝島
上之根
横当島
東シナ海
名瀬
喜界島
奄美群島
加計呂麻島
奄美大島
与路島
請島
徳之島
鳥島
沖永良部島
太平洋
与論島
伊平屋島
伊是名島
伊江島
沖縄島
粟国島
渡名喜島
那覇
久米島
慶良間諸島
沖縄群島
宮古群島
尖閣群島
伊良部島
宮古島
八重山群島
イキマ島
多良間島
石垣島
西表島
台北
台湾
与那国島
波照間島
0 40 80 km

第２図　沖縄の戦略的位置図

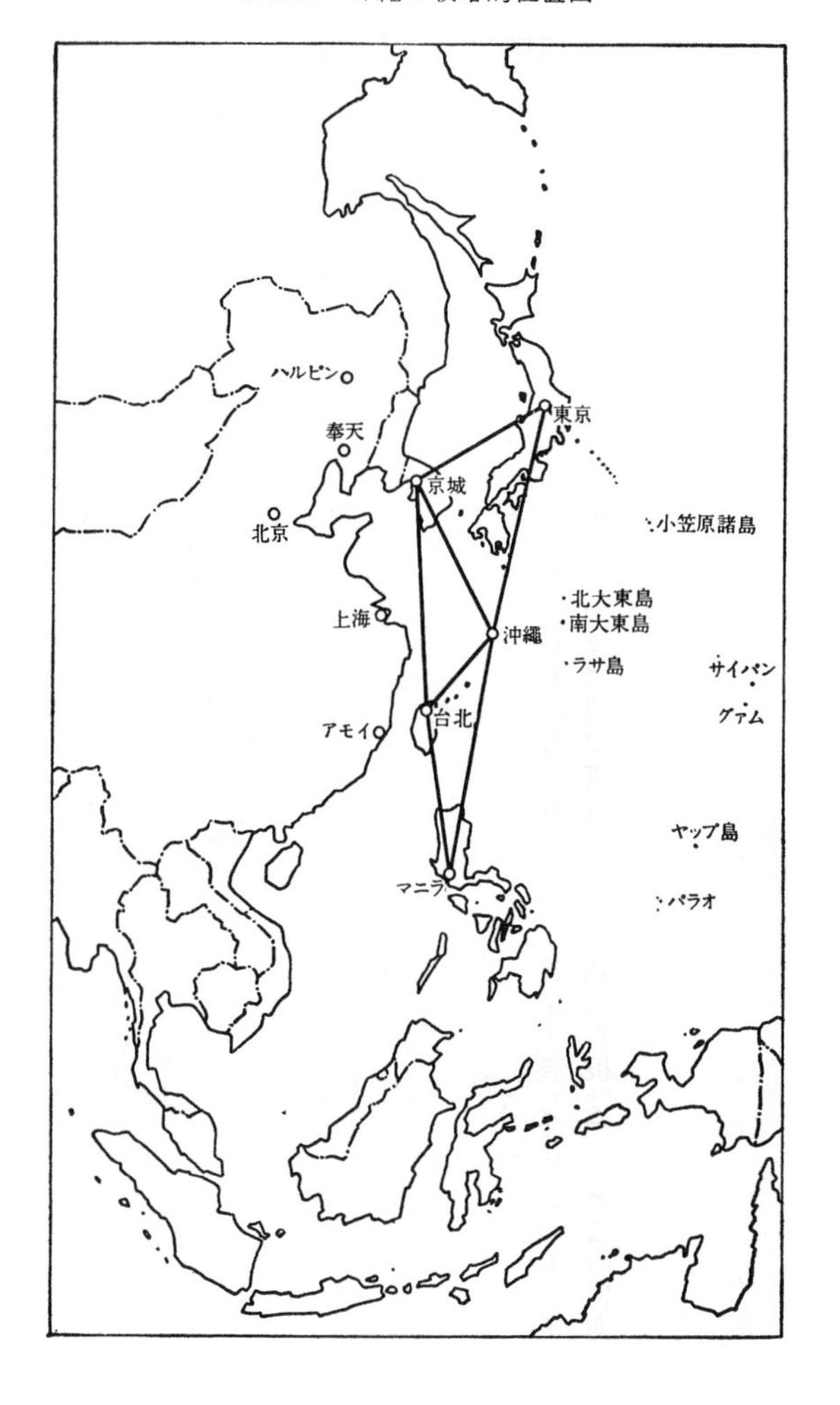

あたっている(第2図参照)。この底辺のまんなかに、弾道弾をすえつけて、本腰を入れて戦略拠点をうちかためるためには、韓国と台湾とフィリッピンとが共同防衛に加わることになる。そこで日本の自衛隊にもこれに加わって貰おうというのがアメリカの本音である。

しかし日本政府が沖縄を共同防衛地域に入れるよう条約を改定するかどうかとは別に、アメリカの沖縄ミサイル基地化は天下御免で、だれに気がねすることなく、どしどし進められている。現在六門の原子砲が、この三角形の真中にある沖縄に据えつけられている。それだけではない。昼夜兼行の突貫工事でほとんど完成したといわれているが、核弾頭のついたナイキ、ハーキュリーの陣地が沖縄本島内だけで八カ所ある。八カ所で一分間に核弾頭弾を百二十八発うち出す能力をもっているといわれている。したがって、アメリカにとって現在のところ沖縄は極めて大事な虎の子に等しいので、どんな人どんな集団どんな国にも、沖縄への愛情はもってもらいたくないのである。ひとりじめにしなければならないので、民主主義も時によっては平気でふみにじられるのはそのためであり、つぎに記す渡航の自由の制限も根は深いところにあると見なければなるまい。

2　渡航の自由は極度に制限されている

沖縄の代表的なまちは沖縄本島の那覇市で、もと県庁のあったところ、戦前各群島から祖国へわたるには離島航路を利用していちおう那覇港にたちより、鹿児島や大阪へ自由にゆききできた。ところが現在では渡航の自由をもっているのは限られた階層だけで、県民は籠の鳥に似ているようだ。というのは、沖縄から一歩外へ出る場合にはパスポートが必要である。琉球政府に出入国管理課があって、まず渡航しようと思うものは、同課の窓口をたたく。ところが、琉球政府といっても、名は立派であるが、重要ポストの仕事は全部アメリカ民政府のお役人がお目付役になっているので、渡航申請書は要注意人物ともなれば、アメリカの役人の目を通らなければならない。要注意人物というのは、共産主義者、またはその同調者とにらまれているものから、活動的な日本復帰論者を含む一切の人士のことで、アメリカ政府のこれらいわゆる「好ましからざる人物」に対してはパスポートを発給するまえに、高等弁務官宛の日本渡航補助申請の提出を命ずる。申請書の内容は申請人を被疑者扱いにしたもので、二十七項目にわたる記載事項には、住所年齢からはじまってつぎのようなものがある。

イ、過去及び現在の所属団体(懇親、政治、職業、文化等一切の団体)。

ロ、共産団体に所属し、又は共産主義運動にたずさわりしことありや、あるならその団体名、所在地及び所属期間を記載せよ。

ハ、共産党員、共産党外郭団体又はその運動に何等かの形で交際し、又は関係したことありや、あるならそのいきさつを氏名、場所、日時等とともに詳細に記載せよ。

ニ、逮捕または投獄されたことありや、あるならそのいきさつを嫌疑、罪状、場所、日時、判決等の内容とともに、詳細に記載せよ。

ホ、過去における琉球諸島外への旅行(旅行地名及び期間を記載し且つ外地滞留中たずさわった旅行許可証に記載以外の一切の活動の詳細を記載せよ)。

へ、過去において旅行許可証の下付を拒否されたことありや、あるならその日時と事情の詳細。

ト、今回の渡日目的(滞日中の計画を詳細に記載せよ)。

チ、滞日中訪問する個人、団体及び商社。

リ、滞日中の生計はどうするのか。

このような査問に答えるだけでは足りないで最後に控えているのが宣誓と捺印である。曰く、

本申請書の記載は完全で、真実なることを確信又は証明します、而して私は本申請中の故意になされた虚偽の記載は渡航不許可の根拠となり、又更に民政府政令第一四四号により告発を受くべきものなることを諒承いたします、全記載事項につき全責任を負う証拠としてここに署名します。

民政府政令第一四四号というのは、刑法の偽証罪のことを指しており、「二カ年以下の懲役又は五万円以下の罰金、又は科料に処す」に該当させようという仕組である。かりに、滞日中、

記載以外のだれかと話しあったり、または団体や商社を訪問したりする場合などよほど肚をすえてかかり、政令第一四四号にひっかけられることを覚悟の上でなければならない。日本から外国旅行に出かける場合、もちろん、旅券は必要であるが、このような被疑者扱いの申請書提出は強要されないであろう。もちろん、沖縄から申請書を提出してパスポートの発給を受けて旅行した人はいる。ところが、その場合でもちゃんとアメリカ民政府の目的は達しているから徹底している。

というのはこうである。ある婦人が一九五八年の夏、東京で開かれた第四回母親大会に出席するため、旅券の下付を申請した。「好ましからざる人物」だったのだろう。補助申請書を求められたので、この婦人は勇気をだして提出した。だが一週間たち二十日過ぎてもなしのつぶてで、何の返事もない。アメリカ民政府の係官と四、五回も談判に及んだが、言を左右にして確たる返事をしてくれない。駄目かとあきらめているところへ旅券の発給通知に接した。だがその時はもう母親大会はすんでしまったのちだった。

沖縄県時代には切符一枚買う金がありさえすれば那覇の港から自由にどこへでも行けたのである。さて、一方祖国から沖縄へ渡る場合も同じことで、日本政府は許可しても現地アメリカ民政府がノーであれば一歩も沖縄に近づけない。県民をも含めて日本国民には、アメリカの統治下にある沖縄への渡航は自由でないことがはっきりいえる。沖縄の人々が祖国日本を恋人のようにしたっているのはこういう籠の鳥の生活からもきていないだろうか。

渡航の自由については、現代アメリカの生んだ最大の歌手ポール・ロブソンの渡航拒否事件が思い出される。彼は有色民族の解放と世界平和のために活動したことによって、非米活動委員会の前にひき出され、さきに記した申請書の内容にあるような査問にかけられて、とうとう海外旅行の自由を国務省によって奪われた。彼をこの禁足から救いだすための抗議はワシントン最高裁でとり上げられた。一九五八年六月国務省の旅券拒否は、アメリカ憲法に違反しているとの判決が下った。ロブソンは勝利したのである。沖縄から祖国へ、祖国から沖縄へ、自由に渡航できるように、みんなが協力し合うことは祖国復帰を促進する上から非常に大切なことである。

ブース高等弁務官が着任してから、統治の方針が懐柔政策に切りかえられているあらわれであろうか、最近では、弁務官が進んで祖国の報道陣の沖縄入りをあっせんし、軍用機でおくり迎えするほどの熱心さで盛んなPR活動が行われている。さらに、自民党系の政治家や日本の資本家の代表者などもひんぱんに往来するようになった。ドル切替えと同時に、那覇に自由貿易地域をつくり、沖縄経済の成長を助けるという方針が大々的に宣伝されたため、空から海から大量の人々が沖縄入りできるようになっている。非常にいいことだと思う。どんな人々であれ、数多く沖縄にきて貰い、また沖縄の人々も祖国へわたる機会をもつことはそれだけ沖縄と祖国を結びつける帯を強くすることであり、民族感情をゆたかに育てあげる上から好ましいことである。ところが、弁務官のリストに「好ましからざる人物」と刻み込まれたが最後、渡航の自由は完全にふみつけにされることは以前とすこしも変るところがない。移動と居住の自由は民主国家ではどんな人々でも保証されていなければならない基本的人権であると思うが、沖縄ではそれがない。日本政府は、沖縄への出入の自由が、沖縄県民も含めて、日本全国民にひとしく与えられるように努力すべきであろう。

3　人口密度では世界一

沖縄の総人口は一九五七年十二月末現在で八三万に達した。面積が二三八八平方キロであるから一平方キロ当りの人口密度は三四七人となっている。これは世界第一位のオランダの三三一人よりも一六人上廻っていることになる。密度では正に世界一にのし上ったわけである。しかも耕地面積一平方キロ当り人口密度は二〇〇二人となっているので、日本の一六二九人、オランダの九九五人、イギリスの六九二人にくらべると、どんなに沖縄が、狭い土地に県民がひしめき合っているかがわかる。試みに面積と人口密度を、百万人以下の人口を有する各県と比較すると第2表のように、沖縄はお話にならぬほどの稠密さである。

那覇市は沖縄の一番大きい都市で、アメリカの統治になってから、アメリカ民政府や琉球政府もそこに建てられ、政治のまちであるとともに、商工業の中心都市でもあるが、特にドル切替え後は自由貿易地域に指定されたため、アメリカや台湾、香港などの資本が乗り込んできて、国際都市的性格がだんだん濃厚になっており、同市の人口密度に至っては大変なもので東京の三九五六人に対して、五二八一人という高率を示している。一平方キロ当りで、東京より一三二五人も多く住んでいることになる。

第2表　人口密度各県比較

(1955年末現在)

項目 / 県別	人口	面積(方キロ)	密度
沖縄	(830,000) 801,065	2,388	(347) 335
石川	966,187	4,197	230
福井	754,055	4,255	177
山梨	807,044	4,467	181
滋賀	853,734	4,026	213
奈良	776,861	3,689	211
島根	614,259	3,489	174
徳島	878,109	4,142	211
高知	882,683	7,105	123
東京	6,277,500	2,031	3,956
那覇	110,740	21	5,281

資料：『琉球統計年鑑』1956/7年版

また、戦前と戦後の人口及び人口密度を比較すると第3表の通りで、戦前の一九四〇年の五七万四三六八人に対して、戦後の五五年には八〇万を突破した。十五年間で二二万六千人も増加したことを示している。全沖縄平均の密度では、一平方キロ当り九四人ふえている。これを郡市別にみていくと、戦後の基地的性格がよくあらわれているようだ。すなわち、那覇市を除いて、群島別では、戦前は沖縄本島南部(旧島尻郡)が首位で六一二人、つぎは同中部(旧中頭郡)四八六人、宮古群島の二五八人の順であった。ところが戦後は、基地の町、コザ市を中心に集

第3表　群島別人口と密度(対戦前比較)

	面積(方キロ)	1955年				1940年	
		総人口	男	女	密度(1方キロ当り)	総人口	密度(1方キロ当り)
全沖縄	2,388.22	801,065	381,939	419,126	335	574,368	241
沖縄群島	1,500.67	678,017	321,497	356,520	452	475,555	317
北部	842.98	133,557	62,757	70,800	158	107,348	130
中部	287.79	241,613	113,525	128,088	840	139,995	486
南部	369.90	302,847	145,215	157,632	819	226,214	612
(那覇市)	20.97	110,740	52,609	58,131	5,281	93,025	4,436
宮古群島	250.02	75,392	36,614	38,778	302	64,418	258
八重山群島	637.56	47,656	23,828	23,828	75	34,395	54

資料:『琉球統計年鑑』1956/7年版

本表の人口は1955年臨時国勢調査による12月1日現在の数字である．なお那覇市の1955年の数字は真和志市の合併前のものであり，その面積・人口は沖縄群島南部の数字中に含まれている．

った人口の流れをよくあらわしていて、中部地区が戦前の約二倍にふくれ上って八四〇人となり、他地区を圧している。

戦後人口が特に急激にふえたのは、あとでふれるように、毎年二万人近くの自然増に加えて社会増が大きかったことである。御承知のように、沖縄は第二次大戦の最後の戦場となり、ひどいめにあった。そのため一般の戦死者だけでも九万二千人といわれているから、この数字を差引き計算に入れると、移民先の南洋その他の国から強制送還された県民が、戦後一、二年の間で二〇万近くもあったことがうかがえる。

4　出生率の高さは日本一

人口動態をしらべるためには出生、死亡、

第4表　全沖縄：年別出生，死亡

年次	出生	死亡	自然増加	率(人口1,000人につき)		
				出生	死亡	自然増加
1930年	14,336	9,363	4,973	24.8	16.2	8.6
1931	14,176	9,737	4,439	24.6	16.9	7.7
1932	14,716	9,177	5,539	25.1	15.7	9.4
1933	14,993	9,441	5,552	25.4	16.0	9.4
1934	15,494	9,282	6,212	26.1	15.6	10.5
1935	16,413	9,565	6,848	27.7	16.1	11.6
1936	15,614	10,255	5,359	26.2	17.2	9.0
1937	15,785	9,499	6,286	26.4	15.9	10.5
1938	16,355	9,712	6,643	27.2	16.1	11.0
1939	15,616	10,246	5,370	25.9	17.0	8.9
1952	26,061	5,533	20,528	34.7	7.4	27.3
1953	24,600	5,351	19,249	32.3	7.0	25.2
1954	24,740	4,701	20,039	31.6	6.0	25.6
1955	22,022	4,381	17,641	27.5	5.5	22.0
1956	22,649	4,616	18,033	27.9	5.7	22.2
1957	20,221	4,361	15,860	24.5	5.3	19.2

資料：琉球政府企画統計局

自然増加の傾向をたどることが大切であるので、順を追って沖縄における対戦前比、日本の全国平均および沖縄にほぼ類似の他府県人口との比較をしながら検討を加えることにしよう。

第4表を御覧になればわかるように出生率を年次別にみていくと戦前一番低かった年が一九三一年の二四・六で、実数が一万四一七六人。自然増加率が七・七、実数四四三九人となっている。同じく高かった年が一九三五年で出生率二七・七、実数一万六四一三人、自然増加率一一・六となっている。すなわち、戦前は自然増加実数は五、六千人を上下していたことになる。戦後特にきわだっているのは、出生率の高さである。一番高かった年は一九五二年の実数二万六〇六一人、出生率三四・七を示し、自然増加実数は、二万人をこえて、自然増加率では二七・三を刻んでいる。傾向として出生率は次第に下降線をたどり、一九五七年は二四・五に低下し、自然増加も実数一万五八六〇人、その率は一九・二である。それにしても、人口の自然増が戦前の三倍から四倍で毎年一万五千から二万人の間を上下していることは、沖縄の人口問題はやがて社会問題になることを物語っている。

さらに、沖縄の出生率と日本の全国平均を比べると、沖縄の自然増がどんなに大きいかが理解できよう(第5表参照)。日本の全国平均で出生率が戦前最も高かった年が一九二〇年の三六・三で、自然増加率が一〇・九となっており、戦後は四八年の出生率三三・五を頂点として下降線をたどり、五七年には一七・二まで下っている。アメリカ民政府の宣伝によると、出生率の高いことは統治が旨くいっていることを証明するものであり、民主主義が住民生活にまで徹底して、生活水準が上ったことを示す証拠だということである。ほんとうにそうであるのか確かめる必要がある。というのは、沖縄だけの出生率と自然増加率の年別の傾向だけでも、一九五二年の三四・七の出生率を最高として、生活がおちつくにしたがってだんだん低くなっているので、出生率の高さや自然増加率がむやみに高いことはたいして誇りになろうとは思えないからである。

第5表　日　本：年　別　出　生，死　亡

年次	出生		死亡		乳児死亡		死産		自然増加	
	実数	率	実数	率	実数	率	実数	率	実数	率
	千人	人口千対	千人	人口千対	千人	出生千対	千人	出生千対	千人	人口千対
1900	1,409.9	31.8	902.0	20.3	219.3	155.6	137.9	89.1	—	11.4
10	1,699.6	34.0	1,055.3	21.1	275.3	162.0	157.3	84.7	—	12.9
20	2,011.6	36.3	1,409.3	25.4	334.3	166.2	144.0	66.8	602.2	10.9
30	2,070.7	32.4	1,161.5	18.2	257.8	124.5	177.7	53.8	909.2	14.2
40	2,100.1	29.4	1,176.5	16.4	189.8	90.4	102.0	46.3	923.6	12.9
48	2,681.6	33.5	950.6	11.9	165.4	61.7	143.9	50.9	1,731.0	21.6
49	2,696.6	33.0	945.4	11.6	168.4	62.5	192.6	66.7	1,751.1	21.4
50	2,337.5	28.1	904.8	10.9	140.5	60.1	216.9	84.3	1,432.6	17.2
51	2,137.6	25.3	838.9	9.9	122.8	57.5	217.2	91.6	1,298.6	15.4
52	2,005.1	23.4	785.0	8.9	99.1	49.4	203.8	92.3	1,240.0	14.4
53	1,868.0	21.5	772.5	8.9	91.4	48.9	193.2	93.8	1,095.4	12.6
54	1,769.5	20.0	721.4	8.2	78.9	44.6	187.1	95.6	1,048.0	11.9
55	1,730.6	19.4	693.5	7.8	68.8	39.8	183.2	95.8	1,037.1	11.6
56	1,661.6	18.4	724.0	8.0	67.6	40.7	178.9	97.2	937.5	10.4
57	1,563.3	17.2	752.0	8.3	62.7	40.1	176.2			8.9

資料：総理府統計局，厚生省調

第6表　各国の出生率比較(1952年)

出生率の低い国		出生率の高い国	
オーストラリア	14.8	コスタリカ	54.8
イギリス	15.3	エクアドル	46.5
スエーデン	15.5	エジプト	44.3
スイス	17.4	メキシコ	43.9
イタリー	17.6	セイロン	39.5
スコットランド	17.7	チリー	33.6
デンマーク	17.8	イスラエル	32.6
ノルウェー	18.7	カナダ	27.4

資料：GM選書『衛生学・公衆衛生学(2)』

こころみに、各国の出生率の低い国と高い国とをあげてみればよくわかる。第6表では出生率の低い国は、オーストラリア(一四・八)が首位をしめ、イギリス(一五・三)、スエーデン(一五・五)、スイス(一七・四)など先進国、比較的高い生活水準を維持しているといわれている国々であること、その反対に、高い国はコスタリカの五四・八を筆頭に三〇以上の出生率をもっている国はほとんどといっていいほど被圧迫民族で後進国といわれている国々である。一九五二年の沖縄の出生率は三四・七であるから、この表だけでは世界でセイロンについで第六位の栄誉をかち得ているわけだ。現在の台湾や東南アジアの後進諸国の出生率の高いことはも早や常識になっているので、数字をあげるにも及ぶまい。

では転じて一九五三年における日本の出生率の低い地域と高い地域を調べてみよう。第7表がそれである。それの低い地域は京都の一五・九、東京一七・一など全国的にも生活程度の高い地域であること。出生率の高い県は、青森(二九・二)、岩手(二七・六)など、わりにゆたかでない地域であることを明らかにしている。その年の沖縄の出生率は三二・三を記録しているから日本全国でも最も高い青森県の二九・二を遙かに抜いているし、当時どんなに貧しい生活であったか、これだけでも判明するのではないだろうか。だから出生率の高さや自然増加の多いことを統治のよさにして宣伝材料に利用することはたいして賢明であるとはいえないようだ。なぜなら出生率が、とほうもなく高い原因は、慢性飢餓に求められるからである。中村浩博士はその著『恐るべき飢餓』の中で、急性飢餓は性欲を喪失するが、慢性飢餓ではその様相は全く異っているとまえおきして、つぎの通り力説する。

第7表　府県別出生率比較

(1953年)

出生率の低い地域		出生率の高い地域	
京都	15.9	青森	29.2
東京	17.1	岩手	27.6
大阪	18.2	長崎	27.6
長野	18.6	佐賀	26.6
岡山	18.8	北海道	26.4
和歌山	18.9	鹿児島	26.1
兵庫	19.0	福島	25.9
神奈川	19.2	秋田	25.8
滋賀	19.2	宮崎	25.6
奈良	19.4	宮城	25.3

資料：GM選書『衛生学・公衆衛生学(2)』

慢性飢餓は、しばしば性的昂奮を招来するように見える。彼らは明らかに色情を高め、繁殖力を増大する。この異常な現象は社会現象としても顕著にあらわれる。

慢性飢餓によって減退した食欲その他の欲望は、性欲に集中されてくる。生殖と栄養の本能は互に競争するもので、一方が後退すれば他方は昂進する。慢性飢餓では食物に対する興味が後退するにつれて、性本能が昂進してくる。食欲の減退した慢性飢餓者は、その栄養本能が弱められるに反比例して、性的本能が高められる。一つの本能の減少を補うために、他の対立的な本能が強調される。飢餓社会や飢餓階級に見られる高度の繁殖率は、全くその慢性的栄養不良に起因している。牧畜業者は古くから、肥満しすぎた動物は不妊となることがあり、この場合は食物を制限すれば再び繁殖力を取戻すことを知っている。

人類の場合も、全く同様である。人口増殖率の高い民族は一般に常食中に動物性蛋白質の不足している民族であり、これに反して、人口増殖率の低い民族は一般に完全蛋白、すなわち動物蛋白を常食として豊富にとっている民族である。

沖縄の出生率の高さを占領支配のよさに帰してほこらしげに宣伝しながらも、そのおどろくべき自然増加による人口のはけ口を、昔から言いふるされた移民政策の口だけの繰り返しに求めることと、この際きっぱり縁を切ることだ。そして沖縄の低額所得階層に人間らしい生活を保証し、その常食中にチーズ、ミルク、バター、肉類など動物性蛋白質をとりうるような社会をつくるよう努力すべきだとの結論にみちびかれるのではないだろうか。

中村博士は同じ著書の中で国別の出生率と動物性蛋白質の一日の消費量を第8表のように示しておられるが、沖縄の人々の動物性蛋白の消費量について、調査にいったところ、琉球政府社会局および統計局の話によると、その発表がアメリカ民政府によって差しとめられているというのだから驚く。数字の調査ができ上り次第おもむろに発表宣伝される手筈であろうか。

第8表　国別出生率と完全蛋白の1日消費量

国名	出生率	動物性蛋白1日消費量
		グラム
台湾	45.3	4.7
マライ諸島	39.7	7.5
インド	33.0	8.7
日本	27.0	9.7
ユーゴスラビア	25.9	11.2
ギリシャ	23.5	15.2
イタリー	23.4	15.2
ブルガリア	22.2	16.8
ドイツ	20.0	37.3
アイルランド	19.1	46.7
デンマーク	18.3	59.1
オーストラリア	18.0	59.9
アメリカ	17.9	61.4
スエーデン	15.0	62.6

5　世界一低い死亡率

人口動態で死亡率が低いこと、あるいはそれが低下の傾向にあることはよろこぶべき現象であり、その意味では沖縄の死亡率の低さは人口問題の専門家にとってこの上もない研究対象となるだろう。

前にあげた第4表の示す通り、戦後の一九五二年が人口千人に対して僅かに七・四人の死亡者を出しているにすぎないが、戦後はこの数字が最高であり、それをピークにして年毎に降下して、一九五七年にはなんと五・三となっている。日本の全国平均では、終戦後は一九四八年の一一・九が最高であるが、一九五七年には八・三まで低下して国民生活がやや安定したと一応はいえるであろう。ところが沖縄は世界に類例をみないほど、それが低い。というのは一九五七年の国際連合調査によると、五六年の死亡率が人口千人に対して十人以下の国々は、オランダの七・八人を最低に、日本八・〇、カナダ八・二、オーストラリア九・一、アメリカ九・四、スペイン九・九となっているからである。同年の沖繩の死亡率は五・七であるから、世界で一番低いオランダより二・一低い率を示しているので、まさに死亡率では世界一低いわけだ。さらに興味をひくのは、沖繩の統治者であるアメリカ本国の九・四にくらべると三・七低くなっていることだ。

だから死亡率だけから推論すると、沖繩へ救済物資をおくってくれとか、経済援助を頼みますとの陳情運動をアメリカ国民はどうとるのであろう。「われわれより楽なくらしをして、世界一死亡率の低いめぐまれた沖繩に、これ以上救済の手を差しのべるために血税をしぼりとられることはまっぴら御免こうむる。それより五百万以上の失業者に仕事とパンをよこせ」と逆ねじを喰わされることは必至ではなかろうか。なにはともあれ、統計上では世界一低い死亡率を示す沖繩の人口問題のうち、乳児の死亡率はどうなっているかをみのがすことは片手落になる。乳児といえば「みどりご」ともいうし、「ちのみご」ともいわれているが、死ぬまで訴えるすべを知らない同胞である。「死児をして叫ばしめよ」ではないが、その口を開いてやることは、この際、絶対必要である。ところが、沖繩は世界にも類例をみないほどそれが低い。

第4表と第5表を見くらべて慧眼な読者はすでに第4表に、乳児死亡と死産の項がぬけている点に気付いておられると思う。この表の作成は琉球統計法によって、琉球政府企画統計局が当っている。どうして死産と乳児死亡についての公表はできないのかを問い質したところ、その説明はこうである。

沖縄では死産届を法的に強制していないので調査上困難である。死産はあっても僅少であると思うので公衆衛生上は重要な意味があっても、生命表の作成には別に影響しない。

妊娠四カ月以上を死産に数え、実数と率が公表されるのが普通である。沖縄では強制されていないと企画統計局ではいっているが、死産をとりあつかう医師と産婆は市町村長宛その届出をすることは祖国とちがわない。ところが沖縄の法体系は三つが雑居してできあがっている。高等弁務官が必要と思ったらなんどきでもだしてくる布告、布令、指令と、琉球政府立法院でつくるいわゆる民立法、この二つに含まれない、または該当しないのは占領前すなわち一九四五年以前の日本の旧法律である。死産届提出を要求している布令も布告も民立法もないので、旧法によって沖縄の医師たちは、今日まで市町村長へ、面倒ではあっても、まじめに届出ているのである。ところが企画統計局は届出の法的根拠がないと平気な顔をして通せる。そこに問題があるが、このような事情にあるので沖縄の死産の実数と率について知ることはこの程度であきらめなければならない。だが同企画統計局は、つぎの通り筆者あて文書でもって乳児死亡実数を発表してくれた(一九五九年三月三十日)。

乳児死亡数

一九五五年　二三九人

一九五六年　二五四人

一九五七年　二五六人

第4表によると出生実数が一九五五年二万二〇二二人、五六年二万二六四九人、五七年二万〇二二一人となっているから乳児死亡率はこうなる。

一九五五年　一〇・八

一九五六年　一一・二

一九五七年　一二・六

年々高くなっているが、それでも祖国における五五年三九・八、五六年四〇・七、五七年四〇・一にくらべると非常に低いことがわかる。くだいていうと、日本の全国平均では人口千人に対して乳児の死亡は四十人程度であるが、沖縄ではそれが十人程度であるわけだ。

死亡率をあげた同じ国際連合調査によると一九五六年の乳児死亡率で千人に対して三十人以下の国々をあげると、スエーデンの一七・四を最低として、オランダ二〇・一、オーストラリア二二・〇、イギリス二五・七、アメリカ二六・五、スイスがアメリカと同格で二六・五人となっている。一九五六年の沖縄の乳児死亡率は一一・二となっているから世界で一番低いスエーデンより六・二低いし、アメリカ本国にくらべるとなんと一五・三人引きはなしている。アメリカ統治下の沖縄は正に乳幼児の天国という次第である。

乳児死亡の原因は大別して先天性とか、胎児性とかにあるとよくいわれる。乳児にとって母体的条件が決定的に支配するものと、食餌性、伝染性で、いわゆる下痢腸炎、肺炎のように乳児の生活環境、せまい意味では哺育条件が決定的に作用するものである。その意味からいっても沖縄の「みどりご」の死亡率が世界一低いという数字は将来の研究課題として最も重要な対象となるに違いない。

いままでのべてきた人口問題に関するかぎりでは、沖縄は人口密度と、死亡率、乳児死亡率では世界一、出生率の高いことでは日本一の栄誉をとった。そこで、琉球アメリカ民政府と琉球政府は、一九五九年三月十三日、出生、死亡、自然増加の総括表ともいうべき「沖縄の生命表」を共同発表した。アメリカの統治になってから両政府が、ものものしく共同発表したのは土地問題をのぞくとこれがはじめてであるので、それに、どれほど宣伝価値を求めているかがわかる。共同発表の生命表によると、平均寿命は男子が六十六歳、女子が七十二歳となっている。沖縄の一九三五年当時の平均寿命男子四十七歳、女子五十二歳にくらべると、二十年間でそれぞれ二十歳もいのちがのびたわけである。共同発表の要旨はつぎの通りである。

一九五八年から統計調査した生命表によると、現在の乳幼児男子は六十六歳まで生存し、女子は七十二歳まで生きる。現在の平均寿命を過去の平均寿命と比較すると、男子は四十七歳（一九三一年から一九三五年間）から六十六歳（一九五〇年から一九五七年間）に、女子は五十二歳から同じく七十二歳となっている。この寿命の伸長は、すべて戦後におきたものと思われる。二十年間で男女ともに二十歳近くも平均寿命がのびた事実は驚異的である。これにはいろいろの原因が考えられるが、その主な原因は、「食生活がいちじるしく改善されたこと」「生活環境が整備されたこと」「医学の進歩および公衆衛生知識が発達したこと」の三つの要因があげられる。今回分析した資料によると、現在二十歳の男子は、平均して四十九年間の余命があり、六十九歳まで生きられることになっている。また四十歳の男子は平均して三十三年の余命があり、七十三歳まで生きられる。六十歳の男子は、平均してあと十四カ年も生きることができるし、女子は平均してあと二十一年間も生きることができるといえよう。十歳から十五歳までがもっとも安定した年齢層で、この年齢層では一カ年間に千人に一人しか死亡していない。この数字は、いくぶん誤差を生じることもないではないが、実際の数字にほぼ近いものである。この統計からはっきりいえることは、寿命ののびが先進国家と肩をならべたということである。国連の報告でも生活水準と寿命が関係のあることがいわれており、琉球の寿命の伸びは、それだけ生活水準が高まったことを示し、したがって生活水準も先進国とそう遠くないものといえよう。(一九五九・三・一四『沖縄タイムス』)

以上が共同発表の要旨であるが、最後に、平均寿命の大幅な伸長、それによる人口増加の問題に対しては家族計画による人口調節を推進していかなければならないと結んでいる。共同声明は平均寿命の伸びた原因を、一、食生活が一般によくなったこと、二、環境衛生がととのってきたこと、三、医療面の技術が進歩したこと、の三つをあげ、特に平均寿命においても生活水準においても、沖縄が先進諸国と比肩するまでにこぎつけたことを強調している。

長生きしたいということは人類一般を通じての願望であるし、これほどよろこばしいことはない。平均寿命ののびた三つの原因については、三の医療面の技術の進歩については戦後の世界的あらわれであり、だれしも不思議に思わない。ところが食生活や環境衛生については説明が必要であろう。なぜなら生活水準については、実感としてそのままうけとるには県民のくらしはそう楽でないからである。さすがに同じ新聞もそのことを社説にとり上げ、「食生活が向上したといっても、直ちにくらしが楽になったことにはならない。生活費と収入のバランスからいうと、沖縄の生活はまだまだ苦しいのである。だから生活からくる実感としては、依然として窮乏感を脱していない、それに人口の増加は、当然食生活を圧迫してくるので、これをどう処理していくか、目前の大きな課題であろう」と指摘している。

第3図　1世帯の消費支出額の構成
（1958年9月）

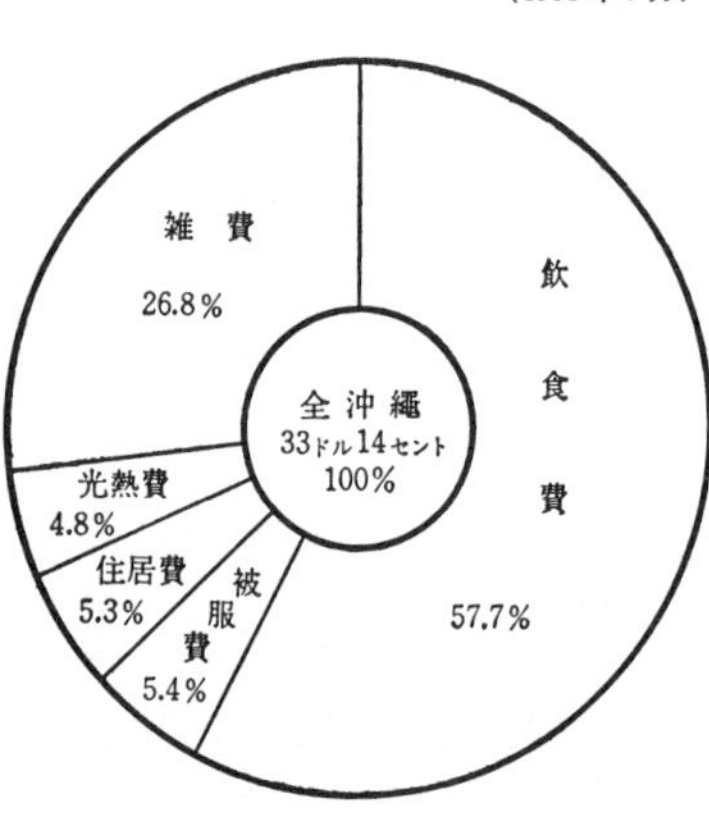

ここで沖縄県民の生活水準がどれ位高くなっているか、あるいは戦後の祖国の同胞の生活とくらべてどうなっているかを示す指標になると思うので、この生命表を発表する一カ月ほど前の二月十七日『琉球新報』で発表になったエンゲル係数をとり上げて参考にしたいと思う。

「企画統計局の調べによると、われわれの世帯経済は依然として五八台のエンゲル係数を示し、消費支出の半分以上が、飲食費に費されている。このことは、エンゲル係数において米国の三〇、日本本土の四〇台と比べて、どんなにわれわれの世帯経済が食うのに『せい一杯』であるかということを示すもので、いいかえれば沖縄の人々はまだまだ文化生活を営む余裕のあるところまではいっていないということになろう」と同紙は報道している。こころみに企画統計局の発表した一九五八年九月の一世帯当りの家計支出の内訳をあげるとこうなっている（第3図参照）。

支出総額が四十ドル四十六セント、うち実支出が四十三ドル七十八セント。実支出額のうちの消費支出は、三十三ドル十四セントであるが、飲食費が十九ドル十五セントになっているから、エンゲル係数は五七・七の高率を示している。そして、消費支出のうち、住居費一ドル七十六セント(五・三%)、光熱費一ドル六十セント(四・八%)、被服費一ドル八十二セント(五・四%)、雑費八ドル八十一セント(二六・五%)となっている。これを前年の同月と比べると飲食費は二十ドル三十七セント、係数五七・七となっているから同率を示している。これに反して、住居費は二ドル二十セント(六・二%)、光熱費一ドル五十八セント(四・五%)、被服費一ドル八十八セント(五・三%)、雑費九ドル二十七セント(二六・二%)である。

以上の数字からみると沖縄県民の一般的な食生活は一年前とほとんど変らず、生活程度は少しも向上したとはいえない。エンゲル係数については「農民のくらし」の章でもくわしくふれるが、六〇近い係数では、先進諸国と肩をならべたなどといえないではないか。

6 「琉球人」は国際的に通用しない

琉球政府企画統計局は、例の生命表を発表した直後、二〇〇〇年までの沖縄人口の推計を公表した。推計は一、広範囲な地域にわたる天災がおこらないこと、二、非常事態がおこらないこと、三、一般に経済状態、社会状態が漸次回復の方向に向うこと、の三つを前提条件に、一

第9表　1956年～2000年の推計人口

年次	推計人口	年次	推計人口
1955	801,065	1978	1,148,000
56	819,000	79	1,166,000
57	835,000	80	1,183,000
58	850,000	81	1,201,000
59	863,000	82	1,219,000
60	876,000	83	1,238,000
61	889,000	84	1,256,000
62	903,000	85	1,275,000
63	917,000	86	1,295,000
64	930,000	87	1,314,000
65	945,000	88	1,334,000
66	959,000	89	1,354,000
67	973,000	90	1,375,000
68	988,000	91	1,396,000
69	1,003,000	92	1,417,000
70	1,018,000	93	1,438,000
71	1,034,000	94	1,460,000
72	1,049,000	95	1,482,000
73	1,065,000	96	1,504,000
74	1,081,000	97	1,527,000
75	1,098,000	98	1,550,000
76	1,114,000	99	1,574,000
77	1,311,000	2000	1,598,000

資料：琉球政府企画統計局

九五五年十二月一日の臨時国勢調査による八〇万一〇六五人を基準人口として、二〇〇〇年までの四十五カ年間における予想人口を第9表のように算出している。それによると一九六九年には沖縄の人口は百万人を突破するし、今年から四十一年目の二〇〇〇年には現在の二倍、一五九万八千人に達する勘定である。

沖縄のように狭い地域で、現在でさえ世界一の人口密度をもっているところに、これ以上人口が殖えたのでは、社会不安をおこすことは明らかであるので、アメリカ民政府は人口対策として四つの点をあげ、琉球政府を督励してその実施に努力している。人口対策は、第一に第二次産業を振興して労働力を吸収する、第二に八重山群島の開発と沖縄本島内未墾地の開拓、第三に海外移民の送り出しである。ところが、第一の第二次産業の振興はあとでのべるように、沖縄の経済的な諸条件が、その急激な振興をさまたげているので思うように行くものでなく、第二の八重山開発はもう限度にきているし、ただ本島内の未墾地の開拓による戦後の新興産業としてのパインアップル栽培が傾斜地に適しているところから、特に北部の山林地帯を切り開いていけば、僅かながらではあっても農村の潜在失業群に仕事を与え得るものとして期待をかけられている。とはいえ毎年一万以上もふえる労働人口に対して、それだけでは焼石に水であることをよく知っているので、最も頼りにしているのが第三の海外移民の送り出しである。

アメリカ民政府は、五八年現在ですでに、ブラジル、ボリビアなど南米諸国に八千人の移民を送り出した。そしてさらに、五九年から五カ年計画で、一万九四〇〇人の移民を送り出す計画をたて、それに要する資金は、総額四七九万ドルを見込み、ワシントン政府に援助してもらおうというもの。そして、軍用地に田畑をとり上げられて戸まどっている農民を優先的におくり込むというわけである。海外移民といっても現在のような国際情勢のもとでは、どこの国でもいいというわけにはいかない。ワシントン政府の息のかかっている南米のブラジルとボリビアが最適だといわれ、主として両国が、沖縄移民を受け入れる外国に指定されている。

ところが最近沖縄の移民問題を根本にさかのぼって考えなければならない事件がおこった。一つはボリビアにおける移民の惨殺事件で、一つは盗難事件である。

惨殺事件

ボリビアの原住民に惨殺されたのは、仲里村出身の金城俊子さん。彼女は珍行氏と結婚、二児の親となったが、生活苦から、一九五七年琉球政府の第四次ボリビア移民に加わり、ボリビアのコロニアに入植、夫の珍行氏は、戦前は南洋サイパンで養豚、養鶏を手びろく営み、十年の農業経営の経験をもつ、うってつけの開拓移民といわれていた。しかしコロニアでの教育環境がよくなかったので、子供らを引きつれて、入植後八カ月後にサンタクロース市の郊外に移った。珍行氏はそこから入植地に通い開拓に従事、俊子さんは家で洋裁屋を開いていたが、美貌と相まって、その装いは人目をひき、ことに原住民から羨望されていたという。事件の当日(一九五八年九月二十三日正午)珍行さんは入植地にでて不在であった。犯人のアンヘル・モンテーロは、珍行さんの雇い人。彼は珍行さんの留守をねらって白昼俊子さんを襲い、鈍器でめった打ちして殺害、さらに子供たちにも傷を与えて逃亡した。

盗難事件

琉球政府の移民監督官伊集朝規氏は、同じく第六次ボリビア移民を引率して、一九五九年一月十八日コロニア入植地についたが、途中輸送費六千ドルの大金が盗難にあった。そのためせっかくもっていった営農資金から、差し引いて輸送費にあてたため、入植地での営農資金がなく、困りぬいているので、琉球政府から送金して貰いたい、との文面が同氏から社会局に届けられた。

移民達は、いままでに数多くの殺害事件や盗難事件にあっており、入植地から沖縄の家族や親戚あての手紙で事件は訴えられていたが、琉球政府は、ひたかくしにしていた。ところが、前記金城さん家族の殺害事件の発覚でどうにもならず、那覇の新聞に報道せざるを得なくなった。これらの事件は『東京新聞』にも取り上げられ、内外の注目をあつめているが、本質的なものは、入植地における沖縄移民の生命と財産を主としてどの国が保護に当るかの問題である。

ボリビアは南米諸国のうちでもっとも親日親米的であるといわれているが、同時にもっとも政情不安な国の一つである。人口三九〇万人のうち、白人は四〇万前後で、のこりはインディアンと混血児の国である。昔はインカ帝国の一部であり、無尽蔵の鉱物資源と、広い土地が開発されないまま残っているというのが宣伝文句。ボリビア政府は、開発のため日本人移民を希望しているので、日本政府としても南米の農業移民促進のため、農林省や外務省が共同でボリビアとアマゾン地域に調査団を派遣することをきめ、五月ごろ出発の予定だと東京の新聞は報じている。そこでいまさきふれたように、沖縄からの移民の生命財産の保護であるが、沖縄県民の国籍は、現在アメリカの統治下にあっても日本にある。ところが日本政府が、積極的に保護できないのは、ボリビア移民の際の沖縄県人は、旅券に日本人ではなく「琉球人」と書かれ、発給者はブース高等弁務官となっているからだという。同じ沖縄県人でも、ブラジルなどへの移民はアメリカ政府の中だちがないため、沖縄から神戸へきて、日本政府発行の旅券をもって渡航する。この場合は日本人となっているから、日本政府の正式な保護が受けられるわけである。

ところが「琉球人」という名の場合はそうはいかない。そのため、ボリビアでの殺害事件は、さすがにブース弁務官にも衝撃を与えたようで、アメリカ民政府はボリビア移民にアメリカ人と同様な保護を適用すると声明した。那覇にいるアメリカの総領事デミング氏はこの声明発表のあとで、「米国が沖縄の行政権を保持している限り、琉球人が米国の身分証明書を発給されるのは当然である。琉球人がどこの国に住もうと、その身分保証については、全責任をもつ」と語っていることは注目に値しよう。ところが沖縄の県民が法的に米国市民権をもっていないかぎり、前記のような事件がおこった場合、果してワシントン政府がアメリカ市民なみの取扱いをし得るかは問題である。政治的に県民の不安と憤激をおさえるための宣撫的声明発表であるというなら、はなしはまた別であるが、法的に解釈して、その上に立って解決するとなると問題は本質的に違ってくるのである。

その証拠に金城俊子さんが惨殺されてからはすでに七カ月をすぎている。にもかかわらず、ワシントン政府も、アメリカ民政府の高等弁務官もその具体的処置をする努力をしないのみか、琉球政府社会局に命じてその公表を控えさせている事実はどう解釈すればいいのであろうか。現在の沖縄県民の地位は「名」は日本国民ではあるが、実質的にはアメリカの一方的な統治下にある、しかも信託統治でもない、暫定的処置としてアメリカ政府が支配しているのであり、琉球政府も外交権をもたない、たんなる高等弁務官の職務の一部を代行する偽政府にすぎないのである。「琉球国」がない以上「琉球人」という名は実際的にも形式的にも国際的には通用しない。

「琉球政府」といい、「琉球人」という言葉はワシントン政府が沖縄統治の必要から、つくり出したよび名にすぎない。一九四八年十二月十日国連第三回総会で採択された世界人権宣言は、

何人も、生存、自由および身体の安全を享有する権利を有する(第三条)

何人も、単独でおよび他の者と共同して財産を所有する権利を有する(第十七条)

と宣言し布告した。ところが「いきる」権利、「財産をもつ」権利を有するといってみたところで、その二条件はいざという場合の保護を実際上どの政府がそれにあたるかということにある。沖縄県民はいまのところ、ひとたび那覇をあとにして外国の土地にすむようになると、日本政府もワシントン政府に気がねして積極的に保護できないし、ワシントン政府は米国市民なみにとりあつかうと声明したところで、実際上は手を引かねばならない現状にある。沖縄の移

民は軍用地に田畑をとられたそのためにのみ不安は抱きつつも、いどころさえかえれば何とかなろうと、あきらめとふんまんの入り乱れた感情をじっと胸にひめて、ボリビアの不毛の高原地帯をめざしておくり出されているのである。沖縄県人からきれいさっぱりと「琉球人」というよび名をぬぐい去って、名実ともに「日本国民」として生きる道をみつけ出すようにしなければ、百の人権宣言も空念仏に終ってしまうのである。

アメリカのもっている沖縄に対する施政権の返還が、どんなに急を要するものであるかは、ただ一つのこのような事件だけをほり下げてみてもはっきり理解できるのではなかろうか。

Ⅱ　経済の成長

1　高等弁務官のメッセージ

ブース高等弁務官は「能率的な責任ある政府の発展、住民福祉と安寧の改善、ならびに経済、文化向上の促進」を大眼目にしている大統領行政命令を忠実に実施するために活動しているわけだが、彼は、一九五九年二月二日立法院定例議会開会劈頭にメッセージをおくって、「経済の分野ほどわれわれの目的達成に向って進んでいるものはない。第二次大戦前沖縄県は日本全国で最も貧しい県であった」とまえおきして、確信にみちて、つぎの通りのべている。

だが戦後、沖縄の地位は比較的に急速に向上してきており、一九五六年には沖縄は個人所得において日本の七県をしのぎ、大抵のアジア諸国をしのいでいることはもちろんいうまでもありません。一九五八会計年度の国民所得は一億四四四〇万ドルで一九五七年度の国民所得一億三八六〇万ドルを遙かに上廻っており、一九五八年度の個人所得は一七四ドルであるから前年度のそれを四ドル上廻っているのであります。

沖縄の経済状態が弁務官の説明のようであってほしいことは山々であるが、事実はあべこべ

第１表　日本，琉球の住民１人当り所得比較

年度	地名	人　口	国民所得	国民１人当り所得	
		千人	十億日円	日円	ドル
1956	日本	90,400	7,457	82,489	229.1
			百万B円	B円	
〃	沖縄	800	15,201	19,000	158.3
			百万日円	日円	
1955	愛知	3,769	330,128	87,590	243.3
			(〃)	(〃)	
〃	岐阜	1,583	102,414	64,712	179.8
			(〃)	(〃)	
〃	秋田	1,349	82,005	60,795	168.9
			(〃)	(〃)	
〃	鳥取	614	39,659	64,591	179.4
			百万B円	B円	
〃	沖縄	788	14,073	17,900	149.2
			(〃)	(〃)	
1957	沖縄	817	16,632	20,400	170.0

資料：琉球政府企画統計局「琉球の国民所得」

で、沖縄は相変らず日本全国で一番貧しい県にふみとどまっている。というのは、弁務官のいう能率的責任のある琉球政府企画統計局から発表された「琉球の国民所得」は、第１表のように、完全に彼の自信たっぷりな所信披瀝をくつがえしているから。

すなわち一九五六年の日本全国平均国民所得は二二九・一ドルに対し、沖縄は一五八・三ドルとなっており、一人当りで七十ドル余りの開きで、日本の六八％にしか当らない。また同じく五五年の秋田県の一六八・九ドル、鳥取県の一七九・四ドルを上廻っていないことはこれまたあきらかである。弁務官が他の七県をしのいでいるといっているのは、どのような資料にもとづいているかはっきりしないが、同じ企画統計局資料の日本各県と沖縄の産業別所得比較でも、彼の説明にたしかな基礎を与えるどころか、むしろ完膚なきまでにたたきつぶされているようだ。

こころみに第2表の一億ドル台の県をひろってみると、山梨県が沖縄より一〇〇万ドル上廻る一億一九〇〇万ドルで最も沖縄に近く、つぎは奈良の一億三六〇〇万ドル、福井一億四二〇〇万ドル、徳島一億四三〇〇万ドル、滋賀一億七七〇〇万ドル、石川一億八九〇〇万ドルの順で、六県となっている。その三年後の一九五八会計年度で、弁務官は沖縄の国民所得総額を一億四四四〇万ドルといっているから、各県の生産が三年間同じところで道草を喰っていたとしても、山梨、奈良、福井、徳島の四県を僅かにしのいでいるに過ぎないといえる。また一人当り所得では、一七四ドルといっているから秋田の一県を七・一ドルおいこしているだけとなる。だがそんな仮定の上に立つことは、「すべては動く」というわれわれの常識がゆるしてくれない。

第2表　日本各県と沖縄との国民所得比較

県　名	年度	所得総額(百万ドル)
北海道	1955	1,094
青　森	〃	220
岩　手	〃	216
宮　城	〃	295
山　形	〃	229
福　島	〃	374
新　潟	〃	425
千　葉	〃	349
神奈川	〃	741
山　梨	〃	119
富　山	〃	207
石　川	〃	189
三　重	〃	313
福　井	〃	142
滋　賀	〃	177
京　都	〃	446
兵　庫	〃	940
奈　良	〃	136
和歌山	〃	203
岡　山	〃	330
広　島	〃	407
山　口	〃	330
徳　島	〃	143
沖　縄	〃	118
〃	1956	126
〃	1957	138

資料：琉球政府企画統計局『琉球の国民所得』

いまのブース＝メッセージについて、総理府首都圏整備委員会企画室長、黒田俊雄氏は、本土の新聞でメッセージの掲載されていたのは『日本経済新聞』だけであったから、あるいは間違っているかも知れないがと用心しながらではあるが、つぎの通りやんわりと反駁している。

このメッセージは、まず第一に、一九五八会計年度の琉球の国民所得は前年度の一億三八六〇万ドルから一億四四四〇万ドルに四・二％増加したとある。

これは全琉球人口八五万人とすれば、一人当り年一七〇ドルである。日本の同年度一人当り国民所得は二六〇ドルであったから、その約六五％である。年一七〇ドルは東南アジアのタイ、ビルマの水準に相当する。日本の二六〇ドルはアメリカの七分の一、イギリスの四分の一、あるいは三分の一程度とみられているので、琉球の一七〇ドルはアメリカの九％、イギリスの一六乃至二一％程度ということになろう。（一九五九・三・六『琉球新報』）

黒田氏の言い分からあきらかなことは、一九五八会計年度の日本国民の一人当り所得は二六〇ドルとなっているから、一九五六年度の二二九・一ドルに比し二年間で約一三％の三一ドル増加していることになる。ところが、沖縄のそれは、一九五六年度一五八ドル、一九五八年度一七四ドルとなっているから同じく二年間で一〇％に当る一六ドル増加しているにすぎない。この国民所得の増加率から推察しても、日本の七県をしのいでいないことは申すまでもない。

さらに「大抵のアジア諸国をしのいでいることはもちろんいうまでもありません」との弁務

官メッセージは黒田氏の反駁だけでも、統治権者の事実にもとづかない宣伝文句であることはあまりにもはっきりしているので、ここでながながと述べるだけやぼであろう。

弁務官メッセージの宣伝文句にたいする分析はここらあたりでおわかれすることにしたいが、ひとことつけ加えたいことは、日本政府からの経済援助を陳情するにしても、ワシントン政府の補助金をもっとふやして貰う運動にしても、ただいまの弁務官式沖縄経済分析のしかたでは成功おぼつかないと思う。なぜなら、彼のメッセージの通りだとすれば、今や沖縄は全国でも貧乏県の汚名を返上して雄々しく立ち上りをみせ、たくましい進展を見ているし、進展の大道はもはや坦々たるものであるとの印象しか与えないからである。だからといって事実にもとづかないで、貧しい、苦しいを連発して、援助だ、補助金だと乞食根性を大いに発揮せよというのではない。事実は事実として示し、この際勇気をふるって科学的な立場に立ち、なにごとであれ、正直に率直に冷静さを失わずに発言したり発表する自由を得るために努力したいものである。

その意味で、沖縄の県民所得について、もっとつっ込んだ分析をすることにしよう。

2　県民所得の分析

琉球政府が、沖縄の県民所得を公表したのは、一九五五会計年度からである。それ以前の一

第3表　実質県民所得

項目＼年度	1955 A	1956 B	1957 C	対前年比 B/A	C/B
名目県民所得	百万円 14,073	15,201	16,632	108.0	109.4
消費者物価指数	100	94.1	94.4		
実質県民所得	百万円 14,073	16,154	17,619	114.8	109.1
1人当名目所得	円 17,900	19,000	20,400	106.1	107.4
1人当実質所得	円 17,900	20,100	21,600	112.3	107.5
総人口	千人 788	802	817	101.8	101.9

資料：琉球政府『経済振興第一次五カ年計画修正書』(1958年5月発行)

九五三、五四両会計年度の所得を政府内政局が発表したのがあるが、それは立法院での予算説明用に、無理につくられた感を深める個所が多いので、正確を期するためには、政府に企画統計局がおかれてからの、その公式発表の数字を利用するのが無難であろう。

第3表によると、一九五五年度の名目県民所得は一四〇億七三〇〇万円で、県民一人当り所得は一万七九〇〇円、一九五六年度は、一五二億〇一〇〇万円と八%増加し、一人当り所得は一万一千円増、五七年度は、基準年度の九・四%増の一六六億三二〇〇万円となっているから、年ごとにふえている。また実質所得は、物価が五五年度を一〇〇として下降線にあるため、その増加率はより高くなっている。これだけでみると、県民所得は年々増加するし、物価も下る一方だから、ゆたかな生活が保証されているように思われるが、実際生活では、労働者や農民、中小企業者など中間層の生活は楽になるどころか、だんだんぬかるみに追い込まれている現状にある。これは高額所得階層と低額所得者との開きがあまりにもかけはなれていることを物語っているからであるが、それについてはのちほどくわしくふれたい。

では逐年進展してやまない名目県民所得の構成はどうなっているかをしらべよう。普通、経済の成長が順調であるという指標は、ものの生産所得の増加につれて、サービス所得がふえていく傾向にあることだといわれている。したがって、サービス所得が物的生産所得の増加率におかまいなくというと語弊があろうが、はるかにおい越して極端に増えることは好ましくないわけである。

そのみかたに立って県民所得の産業別構成を検討すると、第4表のごとく五七年度で、第一次産業の農林水産業所得が全所得の一七・七％に当る二九億三七〇〇万円、第二次産業の工鉱業、建設業が一二・八％の二一億三〇〇〇万円であるから、いわゆる物的生産所得の総額は僅かに三〇・五％で、金額にして五〇億六七〇〇万円にしかすぎない。

五七年度の「もの」の生産所得と五六年度のそれとを比較すると、二・四％の一億二六〇〇万円減少していることになる。ところが、沖縄の主要生産業である農林業所得の減少は著るしく、五億八六〇〇万円となっている。農林業所得がこのように大幅に減少した理由として、琉球政府ではさすがにかくし切れず、四度の颱風と再度の旱魃、そのほかに三反未満零細農家の離農

第4表　産業別県民所得　（単位百万円）

項目＼年度	1955	1956	1957	対前年比		構成比		
	A	B	C	B/A	C/B	A	B	C
第一次産業	3,909	3,486	2,937	89.2	84.3	27.8	23.0	17.7
農林業	3,623	3,222	2,635	88.9	81.8	25.8	21.2	15.9
水産業	286	265	302	92.7	113.9	2.0	1.8	1.8
第二次産業	1,400	1,707	2,130	121.9	124.8	9.9	11.2	12.8
工鉱業	738	810	1,045	109.8	129.0	5.2	5.3	6.5
建設業	662	897	1,085	135.5	120.9	4.7	5.9	6.3
第三次産業	8,764	10,008	11,565	114.2	115.5	62.3	65.8	69.5
卸,小売,金融及び不動産	3,618	4,010	5,954	110.8	148.5	25.7	26.4	35.8
運輸通信その他公益事業	598	712	783	119.1	109.9	4.3	4.7	4.7
サービス自由業	1,357	1,640	1,091	120.9	66.5	9.6	10.7	6.5
軍雇用者	2,279	2,629	2,700	115.4	102.7	16.2	17.3	16.2
公務	912	1,017	1,037	111.5	101.9	6.5	6.7	6.3
合計	14,073	15,201	16,632	108.0	109.4	100	100	100

資料：前掲『経済振興第一次五カ年計画修正書』

をあげているが、経済外の要因である気象その他自然的悪条件に、主要生産業が振わないことと破壊されて行くことの原因を転嫁するのでは、沖縄の経済の順調な発展を保証することは困難であろう。いうまでもなく、颱風といい、旱魃というのも県民の心からの支持をうけた政府の政策如何によっては、その被害を最少限に喰いとめ得ることはもう常識となりつつあるからである。

つぎに第二次産業の「もの」の生産所得だけについていうと、その成長は五五年度が全所得の九・九%であったのが、五六年度は一一・二%となり、更に五七年度には一二・八%と、逐年いくぶんの進展はしている。しかし全体的に経済構造の面から今までのべたことを総括すると、国民所得総額にしめる「もの」の生産所得の割合は、五五年度が三七・七%、五六年度が三四・二%、五七年度が三〇・五%となり、近代的生産業部門といわれている第二次産業も、五七年度で総額の僅かに一二・八%に達しているにすぎない。農林水産業といい、製造、建設業といい、「もの」の生産力が沖縄でどんなに貧弱なものであるか、従って生活必需品の殆どが祖国やアメリカからの輸入品でまかなわれなければならない理由はそこにある。

今まで農林水産業が急激におとろえて、製造業や建設業はやや順調、またはあしぶみ、商業などサービス業は驚くほど発展していることがはっきりしたが、イギリスの著名な経済学者サー・ウィリアム・ペティ（一六二三―一六八七年）があみ出したいわゆるペティの法則によると「農業よりは製造業の方が利益があり、製造するよりは商売する方が有利である、だから商工その他新奇な工芸が発達するにつれて、農業は衰える」とあるので、ペティの法則をそのまま持ち出してくると、沖縄の経済の成長は順調である、との主張も成り立つと思われる。だれしも、旱魃や水害になやまされながら、土まみれになって働いても、儲けがないだけならいいが、生活をささえていけないとなれば農業をすてる。そして、製粉工場を経営するなり、パインアップル工場で働いたりして、比較的高い賃金を貰って生活をたてていくことを好むだろう。またそれよりみいりがいいなら、運転手になったり、立ち売りしたり、小料理店を出したり、アメリカ軍人相手の店を開いたりして、よけいかせげるところへ働き場所をかえるなり、仕事をかえた方がいいことになろう。ところが近代産業といわれる第二次産業(工業、鉱業、土建業、ガス電気業など)はあまり発展せず、むしろストップしているのに、第三次産業(商業、配給業、運輸通信業、公務自由業、軍作業など)が軍事的な政治的な目的をはたすために、急激に膨張したとなると、ことは重大であり、経済の成長はノーマルであるとはいえない。

沖縄経済が底があさい、不安定きわまるものであるとよくいわれているのは、主としてアメリカの軍事優先政策をはたすためにかえられたためであるが、こころみに、産業別の実質所得について戦前と戦後を比較して検討してみよう。

第5表にみられるように、戦前所得総額の五一・九%をしめていた第一次産業は一九五七年には、一七・七%に転落している。これに反して近代化への経済成長の第一運動の段階といわれている第二次産業は、戦前一八%からその五・二%を減じて一二・八%をやっと維持している状態にある。ところが、第三次産業となると戦前三〇・一%であったのが二倍以上にふくれ上って、六九・五%を示すに至っている。そこで真先に目につくのは、六九・五%のうち、戦前なかった軍雇用者の所得が一六・二%をマークしているが、その金額は二十三年前の一九三四―三六年平均の物価に換算すると、一七七二万八千円、五七年の所得では前掲第4表の通りで、二七億円である。

第5表 産業別実質所得対戦前比較 (戦前物価に換算，単位千円)

項目 ＼ 年度	戦前 (1934～1936)	1955	1956	1957	構成比			
	A	B	C	D	A	B	C	D
第一次産業	26,516	24,220	22,959	19,287	51.9	27.8	23.0	17.7
農林業	25,039	22,449	21,211	17,299	49.0	25.8	21.2	15.9
水産業	1,477	1,771	1,748	1,988	2.9	2.0	1.8	1.8
第二次産業	9,227	8,675	11,236	13,987	18.0	9.9	11.2	12.8
工鉱業	7,365	4,570	5,330	6,865	14.4	5.2	5.3	6.5
建設業	1,862	4,105	5,906	7,122	3.6	4.7	5.9	6.3
第三次産業	15,408	54,298	65,886	75,933	30.1	62.3	65.8	69.5
卸，小売，金融，不動産業	7,555	22,415	26,398	39,093	14.8	25.7	26.4	35.8
運輸，通信，公益事業	1,781	3,703	4,691	5,143	3.5	4.3	4.7	4.7
サービス業	3,285	8,406	10,798	7,161	6.4	9.6	10.7	6.5
軍雇用者	—	14,123	17,305	17,728	—	16.2	17.3	16.2
公務	2,787	5,651	6,694	6,808	5.4	6.5	6.7	6.3
合計	51,151	87,193	100,081	109,207	100	100	100	100
物価指数	1	161.4	151.9	152.3				
総人口	人 592,200	787,700	802,000	817,000				
1人当所得	円 銭 86.37	110.71	124.75	133.68				

資料：前掲『経済振興第一次五カ年計画修正書』

つぎに著しく上昇した所得が、卸、小売、金融、不動産業の三五・八%である。卸、小売などの商業と金融業も盛んになったことはいなめないが、不動産業の中に、九億七二〇〇万円の軍用地料が含まれている。この軍用地料を二十三年前の戦前基準年次に換算、すなわち、一五二の物価指数で割ると、六三九万四八〇〇円となる。そのほかに、米人向けサービス業などを加えるとその合算は、卸、小売、金融、不動産業所得の大半を占めているので、この産業から約二千万円程度の所得が戦前に見られなかった非生産的所得といえよう。従ってこの金額と前記の軍雇用者賃金の一七七二万八千円の合計額三七七二万八千円を、第5表の五七年度総所得一億〇九二〇万七千円から差し引くと、七一四七万九千円の所得しか残らないことになる。この額を人口八一万七千人で割って一人当り所得を出すと僅か八十七円五十一銭となり、二十三年前の八十六円三十七銭と大差ないことがわかる。農林業の破壊からくる第一次産業所得の衰退、沖縄県民のための製造業や建設業がその生産性においてむしろ戦前より後退している理由については「農民のくらし」の章にゆずることにして、つぎは五七年度の有業人口から見た生産性の動向についてふれてみよう。

産業人口の移動する基本的な要因は産業間の収益の差にあるといわれている。わかりやすくいうと、儲けの多い仕事に人々は群がり移るというのである。そこで水が低いところへ流れるように、もうけやすい方へ流れる人々がおちつく仕事、その属する産業の平均生産性があきらかになれば、沖縄県の経済ののびやちぢみ、進度や衰退の傾向または、実態が理解できる筈である。各産業の平均生産性を出すには、国民所得を有業人口一人当りに割当てた額であり、あるいはそのパーセンテージで示される。この平均生産性はいうまでもなく、産業間に差があって第一次産業よりは第二次産業、第二次産業よりは第三次産業という順序で高くなっていることが経済成長の正常な形だといわれている。そのみかたに立って沖縄の産業の生産性をしらべることにしよう。

第6表は一九五七年度の県民所得総額一六六億三二〇〇万円の各産業別所得をそれぞれの有業人口で割って、一人当り所得を算出したもので、第一次産業の生産性は一万五五〇〇円となり、全産業平均の三二・七%である。第二次産業を含めていわゆる物的生産業の一人当り生産性は、全産業平均の四七・六%にしか達していないことがわかる。このように沖縄の物的生産性が極めて低位にある理由は農林業者の一人当り所得が一万四三〇〇円で、全平均所得四万七四〇〇円の僅かに三〇・二%という低い生産性をかかえているためである。しかるに第三次産業は、第二次産業をはるかに飛び越えて一九三%という高い生産性を示している、このことは、経済成長の高度な伸展を表わしているというよりはむしろその不安定性と脆弱性をばくろしているにすぎない。という

第6表　1957年度産業別就業者1人当り所得

	就業者数		一人当り所得	平均所得との比率	
	人数	構成比			
	人	%	円	%	
第一次産業	189,600	54.0	15,500	32.7	物的生産所得 47.6%
農林業	84,300	52.5	14,300	30.2	
水産業	5,300	1.5	57,000	120.2	
第二次産業	34,900	9.9	61,000	128.8	
工鉱業	18,900	5.4	55,300	116.7	
建設業	16,000	4.5	67,800	143.1	
第三次産業	126,400	36.1	91,500	193.0	サービス生産性所得 193.0%
卸，小売，金融，不動産業	41,500	11.8	143,500	302.7	
運輸，通信，公益	11,200	3.2	69,900	147.5	
サービス自由業	19,700	5.6	55,400	116.8	
軍雇用者	36,000	10.0	77,100	162.8	
公務	19,000	5.5	54,600	115.1	
合計	350,900	100	47,400		

資料：琉球政府企画統計局

のは、第三次産業の卸、小売、金融、不動産業は、三〇二・七%というおどろくべき高率を示し、その中には軍用地代や利潤などのような非勤労所得が大きい比重を占めているからである。また就業人口の移動から見た場合も、同じく第二次産業に目もくれずに第三次へ跳躍していることがわかる。ミサイル基地をつくるためにアメリカ軍に土地をとり上げられ、耕地を失った農民やその子女が、わずかばかりの賃金めあてに軍作業へ、あるいは那覇、コザ市などの基地の町へとむらがり移っている事実が、ここでもはっきりあらわれているといえよう。

沖縄を訪ねて帰京した祖国のお客さんは、口を揃えていう。「那覇というまちは東京に一番よくにてバタ臭い」と。文芸春秋新社の池島信平氏は、「沖縄雑観」を三月四日の『東京新聞』に書いている。

那覇の町に、桜坂という盛り場がある。盛り場といってもキャバレーやおでん屋など、ゴタゴタした飲食街である。沖縄の人は、遠来の客をねぎらうつもりで桜坂へ案内したがるが、こちらは一度いっただけであまり気がのらなくなった。つまり東京の場末の盛り場をうろついているようで少しも「琉球」まできたような気がしないのである。アメリカの兵隊が酔っぱらって路地から横丁へとうろうろしているし、それに米韓連合の演習があったのか、韓国兵が奇声をあげて横行濶歩しているところ、少なからず気味がわるかった。

アメリカのあるところ、消費文化栄ゆ――という大原則は東京も那覇も、例外ではない。しかもその消費面がテンプラで、表面ばかりで中身が乏しい。林立するキャバレーも、一歩裏へ廻れば、まるでスラムである。うっかりすると、みぞに足をつっ込み、ゴミ箱がひっくりかえっているのにつまずく。

アメリカのあるところ、消費文化栄ゆ――、全くその通りで那覇に住む私もかえす言葉がない。いままで見た統計資料でも、あきらかのように、「もの」をつくる力が全所得の三割しかないので、どうしても生活をささえて行くためには県外からの輸入品にたよらなければならない。私の家の生活がそうである。住んでいる家は瓦だけが県内産で、木材は全部宮崎もの、たたみは那覇でつくられているが、原料は祖国からのもの。たべているものは野菜と味噌醬油と水の外はこちらではできない。水といえば、アメリカ軍は沖縄の水をのんでいるが、その余りは那覇市民に売っている。水を売っている説明は項をあらためてかく。お米はときにはビルマ米、ときにはタイ米、韓国米、今度は加州米が六千トンどっとおしよせてくるそうだから、やがてそれがおわんにもられるだろう。コンロは東京もの、燃料のケロシンはテキサスもの、シャツや肌着は名古屋産、洋服は香港でき、三割どころか九割以上が県外のものである。

うちの雑貨店の品物も例外ではない。薬は全部アメリカと祖国、罐詰類も同じで魚の罐詰は祖国、ソーセージ、肉の罐詰はアメリカ、そうめん、ちり紙は祖国、ネスコーヒー、スーパー

第7表　1957年度国民総財貨支出額に占める輸入財貨額の割合　(単位百万円)

	総財貨支出額 A	輸入財貨額 B	輸入依存度 B/A(%)
個人の財貨消費支出額	11,593		
政府の財貨消費支出額	503		
小計	12,096	8,493	70.2
民間総資本形成	3,669		
政府資本形成	776		
小計	4,445	1,955	44.0
合計	16,541	10,448	63.2

資料：琉球銀行為替統計

粉石鹸はアメリカ、たばこは、ピンク、オアシス、ポッピー、スメルなど県産も並べられてはいるが、幅を利かせているのは祖国産のピースからアメリカ生れのトゥ・ライオン、ラッキー、チェスターフィールド、フィリップ・モリスなど、さらにスリー・キャスル、ウェストミンスター、マーシャルなど香港ものといった具合で、私の生活のぐるりには外国製品の亡霊どもがうようよしているといっていいようだ。

　では沖縄県民生活の輸入依存度はどうなっているかをしらべよう。

　第7表によると、国民総財貨支出額に占める輸入財貨額の割合が六三・二%であるが、個人、政府を合せて消費財貨では、七〇・二%という高率な輸入依存度を示し、金額にして消費支出総額一二〇億九六〇〇万円のうち、輸入財貨は八四億九三〇〇万円となっている。よくもこれほど莫大な輸入品にたよっていられると不

第8表 1957年度国際収支 (単位千円)

受取り		支払い	
商品	3,084,000	商品	11,508,000
貿易	2,328,000	海外への送金	1,128,000
油脂販売	216,000	外人請負者の本国送金	600,000
軍へのドル売上	540,000		
貿易外	10,920,000		
円販売	6,744,000		
海外からの送金	996,000		
外人請負者のドル売上	600,000		
軍用地料	972,000		
土地売上	420,000		
恩給年金	792,000		
移住資金	240,000		
ガリオア資金	84,000		
その他	72,000	収支差	768,000
合計	14,004,000	合計	14,004,000

資料：アメリカ民政府統計部

思議なくらいである。「もの」をつくる力は三割程度しかないのに一体どこからこれだけの品物を買う力を出しているのであろうか。

琉球列島アメリカ民政府(USCAR)発表の一九五七年度国際収支表をのぞいてみると、それがはっきりあらわれている。

第8表の受取りというのが、沖縄におちた金で、支払いは県外に流れ去った金額である。すなわち県民が一九五七年度で手に入れた金額は一四〇億〇四〇〇万円で、手放したのが、一三二億三六〇〇万円だから差引き七億六八〇〇万円の受取り超になっているというわけだ。

五七年度の一年間で沖縄が手に入れた金額の内容にふれると、商品のうち油脂販売の二億一六〇〇万円は、カルテックス石油会社の代理店、琉球石油会社のガソリンやケロシンなど油類の売上げ代金から差益吸収の形で琉球政府への納付金の形をとっているが、琉球政府歳入面の金額と相当のくるいがある。軍へのドル売上げの五億四〇〇〇万円は、清浄野菜または牛肉などのように駐留米軍への売上げ代金となっているようだが、これもはっきりした根拠がない。そこらあたりを念頭にいれて分析を進めていくと、貿易収入の二三億二八〇〇万円だけが、沖縄内でつくられる品物の値段だということになる。そうすると県外貿易で得た金は受取り総額の僅かに一六・六二%にしかあたらない。そして、貿易外で得た金額が七七・九%にあたる一〇九億二〇〇〇万円であるから、八割近い受取りは、その殆どが県内で得られたことになる。それは貿易外収入の六一・八%を占める円販売にあらわれている。円販売というのは、軍作業関係約五万人が賃金その他の形でアメリカ軍から受けた二七億円を筆頭に、アメリカ人相手の商売で得たお金である。アメリカ軍人相手にはいろいろある。特飲街におちた金、おみやげ品の売上げ代金などである。だから貿易外収入のうち、海外からの送金、日本政府から支給された恩給年金の合計一七億八八〇〇万円の差引き九一億三二〇〇万円は、その殆どが基地的な収入であり、その額は貿易外収入の実に八三・六%に当っている。

しかし基地収入のうちで、今のべたように大きい比重をしめている円販売は、その伸長度が年々漸減する傾向にあることに注目しておきたい。その大半が軍工事請負関係、軍作業員の給与、外人商社やクラブ、ＰＸなど従業員の諸給与、米軍人軍属その他外国人の個人消費などの基地収入であるので、将来原水爆基地の構築工事が完了するにつれて激減するたちのものである。

第9表の国際収支内訳表で目につくのは、例の円販売額が、五六年度では伸長率が基準年次より〇・八％減じているが、五七年度では一四％ふえていることだろう。それは、軍用地代値上げの県民総抵抗運動におされて、アメリカ政府が、五六年度の一億四三〇〇万円に対して、五七年度ではその八倍以上の九億七二〇〇万円を、地主に支払った結果のあらわれである。また琉球銀行取扱分の収入で大きく伸びているのは、日本政府からの恩給年金などによるものである。さきにのべた第8表の国際収支で、受取り超が七億六八〇〇万円となっていたが、もし日本政府からの恩給年金七億九二〇〇万円がなかったなら、五七年度の国際収支の帳尻は、二四〇〇万円の支払い超となっていたことになる。そのことは、基地収入だけでは県民の生活を支えていけないことをものがたっている。県民が岸政府に経済援助を陳情しているのは、こころあたりにも数字的な裏打ちがある。

以上のべたことで、沖縄県の国際収支を大きく左右しているのは、基地的な収入と日本政府からの恩給や年金などであることがあきらかになったが、今度は輸入貿易のバランスがどうな

第9表　国際収支内訳表

(単位千ドル)

会計年度 / 区分	1955			1956			1957		
	金額	比率	伸長率	金額	比率	伸長率	金額	比率	伸長率
貿易収入(A)	10,823	% 15.9	100	17,405	% 21.1	160.8	19,343	% 18.7	178.7
貿易外収入	57,457	84.1	〃	65,146	78.9	113.3	84,414	81.3	147.0
円販売	48,197	70.6	〃	47,822	57.8	99.2	54,938	52.9	114.0
海外送金	673	1.0	〃	859	1.3	127.7	1,462	1.4	217.1
琉銀取扱	3,309	4.8	〃	7,230	8.7	218.5	11,200	10.8	338.5
その他	5,276	7.7	〃	9,235	11.1	175.0	16,814	16.2	318.7
外貨収入計	68,280	100	〃	82,551	100	120.8	103,757	100	152.0
貿易支出(B)	58,522	93.9	〃	73,650	94.1	125.9	90,754	93.2	123.2
貿易外支出	3,824	6.1	〃	4,639	5.9	96.2	6,601	6.8	136.8
外貨支出計	62,346	100	〃	78,289	100	125.6	97,355	100	156.2
$\frac{A}{B}$ (%)	18.5			23.6			21.3		

資料：琉球政府企画統計局

第10表 貿易収支表 (単位千ドル)

区分	1955 金額	1955 伸長率	1956 金額	1956 伸長率	1957 金額	1957 伸長率
貿易輸出(A)	10,823	100	17,895	165.3	19,418	179.4
貿易輸入(B)	54,142	〃	72,169	133.3	87,072	160.8
$\frac{A}{B}$(%)	20.0		24.8		22.6	

資料:琉球銀行

っているかをみよう。

第10表でわかるように、貿易の伸長率では、五五年度を基準にして、五六年は、輸出において六五・三%、五七年は同じく七九・四%それぞれ増加し、輸入も三三・三%、六〇・八%増で非常に堅実な歩みをつづけている。ところが、輸出入のバランスは極端なほど均衡を失している。というのは、輸出と輸入の対比は、五五、五六、五七の三会計年度がそれぞれ二〇%、二四・八%、二二・六%で相変らず八割近くの輸入超過である。生産力は極めて脆弱であるにかかわらず、消費面のみが年を追うて高まっていくなさけない生活の実情がつぎの輸入品構成表でうかがえる。

第11表の食料品をはじめ日常必需品の合計で、比率では五五年度の七八・九%から、少々よくなって五七年度では七四・三%になっているが、金額では四三〇〇万ドル余から二一〇〇万ドルもふえて六四〇〇万ドル台に飛び上り悪化している。

第二次産業の生産手段である原材料や産業機器は逐年発展して、伸長率では、基準年次より五六年度が五四・六%増加し、五七年度では約二倍の九四・四%増を示している。
　ところがこれも輸入総額に占める地位は二一・一%、二四・七%、二五・七%となり、相変らず二割台で足ぶみしている状態である。

第11表　輸入品構成表

(単位千ドル)

会計年度 外貨 区別	1955 金額	1955 割合	1955 伸長率	1956 金額	1956 割合	1956 伸長率	1957 金額	1957 割合	1957 伸長率
食料	18,565	34.0	100	20,591	28.5	110.9	23,776	27.3	128.1
嗜好品, 飲料	2,639	4.8	〃	3,340	4.6	126.6	3,296	3.8	124.9
日用品	16,009	29.3	〃	22,297	30.9	139.3	23,902	27.5	149.3
その他雑貨	5,928	10.8	〃	8,152	11.3	137.5	13,726	15.8	231.5
小計	43,141	78.9	〃	54,379	75.3	126.0	64,700	74.3	173.2
原材料	7,238	13.3	〃	10,067	14.0	139.1	11,400	13.1	157.5
産業機器	4,268	7.8	〃	7,717	10.7	180.8	10,967	12.6	255.0
小計	11,506	21.1	〃	17,784	24.7	154.6	22,367	25.7	194.4
合計	54,647	100	〃	72,163	100	132.1	87,068	100	159.3

資料：琉球銀行

第12表　戦前戦後貿易率の比較（単位百万円）

年別＼項目	県民所得 A	輸出額 B	輸出率 B/A	輸入額 C	輸入率 C/A	貿易率 B+C/A	輸出入比較 B/C
3カ年平均 1934〜36年	51	18	35.3%	26	51.0%	86.3%	69.2%
1955会計年度	14,073	1,298	9.2	7,022	49.9	59.1	18.5
1956　〃	15,201	2,088	13.7	8,837	58.1	71.8	23.6
1957　〃	16,632	2,330	14.0	10,890	65.5	79.5	21.4

資料：『琉球貿易要覧』1958年版

3　輸入の首位はお米

沖縄の輸出入貿易の内容に立入る前に、戦前と戦後の貿易率について簡単にふれておきたい（第12表参照）。戦前の一九三四年から三六年の三カ年平均の沖縄の県民所得の推計額は五一〇〇万円であり、輸出額が一八〇〇万円であるから、輸出率は三五・三％。同じく輸入率では五一％である。県民所得に対する貿易額の比率すなわち貿易率は八六・三％を示している。また輸入に対する輸出の率は、七〇％弱を示しているから、貿易収支はかなり順調であったといえよう。ところが戦後十三年を経過した一九五七年においてもなお、輸出率において戦前の三五・三％に及ばないこと二一・三％であり、逆に輸入率においては、五一％から一四・五％も引離して六五・五％に飛躍している。また輸入額に対する輸出額の比率は、戦前の六九・二％から大幅なひらきを見せて、僅か二一・四％に転落している。戦後は輸入が激増したにも拘らず、貿易率では戦前の八六・三％に及ばず、いまだに七九・五％でふみ

第13表　食料物資の輸入高

品目	1957年の輸入額	%
米	ドル 7,577,870 (67,459トン)	30.4
小麦，小麦粉及び麺類	2,500,304	10.0
魚（罐詰，冷凍，乾燥塩蔵）	2,854,259	11.4
鳥獣肉類及びその調製品	720,998	2.9
鶏卵	1,014,575	4.1
果実類（生鮮，調製品）	1,443,015	5.8
野菜類（生鮮，乾燥貯蔵）	2,130,104	8.5
砂糖	220,320	0.9
塩，醬油，味噌，その他の調味料	1,265,361	5.1
ラード及びラード代用品	730,480	2.9
植物性油脂	864,431	3.5
茶	603,402	2.4
酪農製品	627,815	2.5
その他	2,392,383	9.6
合計	24,945,317	100

資料：『琉球貿易要覧』1958年版

とどまっている。その原因は貿易収支の構造が戦前と戦後ではまったく逆な形をとっており、基地的性格が左右して基本的に変化しているからである。

輸入品の構成からみると戦後は前にもふれたように、生産財の占める割合が、次第に増加しつつあるとはいいながら依然として消費財が七〇%あまりを占めているが、その主なる品目を第13表であらわすことにしよう。

輸入品の中で一番大きいのが、米の三〇%強で、七五七万七千ドル、小麦、小麦粉および麺類が一〇%であるのを考慮に入れると、主食が四〇%以上の比率をしめていることになる。この品目のうちで、ラードおよびラード代用品は沖縄の養豚業者を苦しめているものであり、全農家がその輸入の制限や禁止をいくたびか琉球政府や民政府に陳情しても、アメリカの過剰物資の流入を防ぎとめることができないで、年間七三万ドルも輸入されている。砂糖にしても、お砂糖の島に一年間で二二万ドル流れ込んでおり、第一次産業の農林水産業を本腰入れて育成する政策をとるならば、それらの商品も加えて、魚(二八五万四二五九ドル)、鶏卵(一〇一万四五七五ドル)、野菜類(二一三万〇一〇四ドル)などの輸入を県内産で補給することができる筈である。ところが、これら資本制商品の県外からの流入にたちうちするにはあまりに農漁村の生産力を増強する対策がなさすぎるので、根本的な政策変換、いいかえると、軍事優先政策から県民生活保護をまっさきにする政策にかえるのでなければ、いつまでたってもおどろくべき入超を克服することは困難であろう。

さて、輸入食料品のうち三〇%を占めている米の生産は、戦前も全消費の三四%程度であった。すなわち戦前の米の消費量は年によっていくぶんの差はあっても毎年三五万から三六万石を上下していた。そのうち県内で生産されるのが一二万石程度であったので、六割余りを県外からの輸入米でおぎなっていたわけである。ところが戦後は毎年増加して、一九五七年には輸入量が、一九三六年の約二倍、四五万石に達している。五七年の県内生産米は二〇万石であるから一年間で六四万石も消費したことになる。

米の生産量と消費量の比率は戦前が三四%であったが、戦後の一九五七年では、三一%におちている。米の場合も消費の増加に対して生産がまだまだ戦前に追いついていないことがあきらかである。

一方米の輸入先では、戦前は台湾をふくめて全量を祖国から入れたのであるが、戦後はビルマ米を筆頭にタイがそれにつぎ、南ベトナムなど、東南アジアのいわゆる自由主義陣営からの輸入に依存しており、祖国の白米は完全にしめ出されていることは注目すべきであろう(第14・15・16表参照)。

第14表　米穀の輸入量，価格戦前対比

年度	項目	輸入量	比	輸入額	年度	項目	輸入量	比	輸入額
戦前	1936年	石 232,099	100	円 5,965,456	戦後	1955年	石 342,809	148	(711,256,680円) 5,927,139ドル
	1937〃	240,513	103	7,038,139		1956〃	374,250	161	(779,710,320円) 6,497,586ドル
	1938〃	233,582	101	7,357,281		1957〃	450,665	194	(909,344,400円) 7,577,870ドル

資料：琉球政府経済局商務課作成(1959年3月)

1. 戦前は『沖縄県統計資料』による.　2. 戦後は『琉球統計年鑑資料』による.
3. 1936年(昭和11年)の輸入量及び価格を100と見做して比率を算出する.

第15表 戦前

品種別	仕入先別	1936年		1937年		1938年	
		石	円	石	円	石	円
内地白米	本土	17,687	27,781	16,497	601,417	14,490	560,703
同糯米	本土	283	12,712	472	20,497	407	17,346
同玄米	本土	418	14,094	479	16,131	512	17,669
台湾米	本土	182,478	5,259,100	187,285	5,539,594	182,672	5,812,099
同糯米	本土	2,692	91,600	8,063	246,892	5,877	224,138
朝鮮米	本土	6,175	208,373	368	11,920	598	20,865
外米		22,366	351,796	27,349	601,688	29,026	704,461
砕米		—	—	—	—	—	—
計		232,099	5,965,456	240,513	7,038,139	233,582	7,357,281

資料：第14表と同じ

第16表 戦後

品種別	仕入先別	1955年		1956年		1957年	
		輸入高	輸入額	輸入高	輸入額	輸入高	輸入額
		石	ドル	石	ドル	石	ドル
ビルマ米	ビルマ	181,448	4,245,889（ビルマ米～糯米計）	182,618	3,642,437（ビルマ米～糯米計）	183,806	6,152,556（ビルマ米～糯米計）
加州米(救援米)	米国					55,000	
サイゴン米	ベトナム					59,636	
糯米	タイ国	33,956		8,270		55,490	
砕米	タイ国	127,405	1,681,250	183,362	2,855,149	96,733	1,425,314
計		342,809	(711,256,680円) 5,927,139ドル	374,250	(779,710,320円) 6,497,586ドル	450,665	(909,344,400円) 7,577,870ドル

資料：第14表と同じ

4　輸出の王座はスクラップ

県民所得の産業別、就業人口別の分析の項で、第一次、第二次産業、すなわち物的生産所得について一人当り所得がいたって低く、生産性において僅かに平均の四七・六％であること、貿易の面では輸出入の不均衡があまりにひどく、輸出総額は、輸入総額の二〇％台で右往左往していることを見た。だがどんなに貧弱だとはいっても輸出品をつくり出す力はある。九万戸の農家が血みどろになって働いてつくり上げた黒糖や野菜、労働者が低賃金にあえぎながら、仕上げたパインアップル罐詰、泡盛や織物など、輸出品目中に与えられている地位はどうなっているか。第17表はあまりにもあざやかに農民や労働者の生産力が弱体であることを示している。

まず県内生産物の合算と、スクラップ類の金額との割合に目を通して貰いたい。

一九五七年度は農産物の一一万三千ドル、水産物の八二万七千ドル、すなわち第一次産業でつくられたのが、九四万ドルで、比率は四・九％。労働者や農民が力を合せて生産した第二次産業では、黒糖を筆頭にパインアップル罐詰、泡盛、織物など合せて六四〇万七千ドル（三二・九％）となっているから、県内産の合計は金額にして七三四万九千ドルで、輸出総額の三七・八％というなさけなさ。その代り、スクラップが四七二万ドルも引きはなして、一二〇六万九千ドルで、実に六二・二％の高率を示して王座をしめ、貧弱な県産品を睥睨（へいげい）している始末である。

第17表　輸出品構成表

（単位千ドル）

区分＼会計年度・外貨	1955 金額	1955 比率	1955 伸長率	1956 金額	1956 比率	1956 伸長率	1957 金額	1957 比率	1957 伸長率
農産物（野菜，その他）	51	0.6	100	72	0.4	141.3	113	0.6	223.6
黒糖	6,142	56.7	〃	6,637	37.1	108.1	5,270	27.1	85.8
分蜜糖	1,050	9.7	〃	1,172	6.6	111.6	330	1.7	31.5
パインアップル罐詰	110	1.0	〃	355	2.0	321.7	328	1.7	296.8
織物，帽体，泡盛等工芸，工業特産品	121	1.1	〃	221	1.2	182.8	396	2.0	327.2
水産物（貝殻，海人草，鰹節）	1,044	9.6	〃	914	5.1	87.5	827	4.3	79.1
畜産物（獣皮骨その他）	37	0.3	〃	52	0.3	159.8	83	0.4	222.2
県内生産物計	8,555	79.0	〃	9,425	52.7	11.0	7,349	37.8	86.0
スクラップ類	2,268	21.0	〃	8,470	47.3	373.4	12,069	62.2	532.2
合計	10,823	100	〃	17,895	100	165.3	19,418	100	179.4

資料：琉球銀行

いまスクラップ（鉄屑）におさえられ第一次第二次産業が僅かに三七・八％のなさけなさという言葉をつかったが、スクラップ拾いというと、コザ市の与那嶺悦子さんの惨殺事件を思いだすからである。彼女は軍作業に仕事を求めたがはかばかしくいかないので、一家を支えるため、戦争中アメリカが打込んだ砲弾の破片拾いに、美里(みさと)在の米軍部隊の柵内に這入った。柵が切れていたので、土を掘りおこすのに気をとられていつのまにか、オフ・リミッツ地帯に足を踏み入れていた。とたんに銃弾が飛んできて彼女はあけにそまって絶命した。この事件を知らない県民はもう一人もいないほどである。というのは、射殺したアメリカ兵は無罪で、彼女は部隊に入ってアメリカの砲弾の破片をぬすんだからというので窃盗罪の汚名まで着せられたのであるから、どんな忘れん坊でも記憶から消すわけにいくまい。このようにいのちがけで得られた水中、土中の鉄屑が全輸出額の六割以上を占めていること。しかし、一九五八年、五九年と年を追ってこの鉄屑が激減していっていることを考えると沖縄の輸出産業の脆弱性がよくわかると思う。

スクラップ類は五五年度二一％、五六年度四七・三％、五七年度六二・二％と年毎に増加しており、伸長率では五六年が三・七倍、五七年では五倍を越して、どんどん殖えているではないかと抗議がきそうだが、例の特攻隊のために沈められた海中の艦船の破片も、打込まれた砲弾も残り少なになって、今年(一九五九年)のスクラップはとるに足らないだろうとは政府経済局の溜息であり、また五六年と五七年の金額の増加は、屑鉄値段の変動によるものであることをつけ加えておきたい。

県内生産物の品目別に輸出の足どりをみると、取り上げるべきことが五つほどある。野菜そ

第1図　55年，56年，57年の輸出品目構成

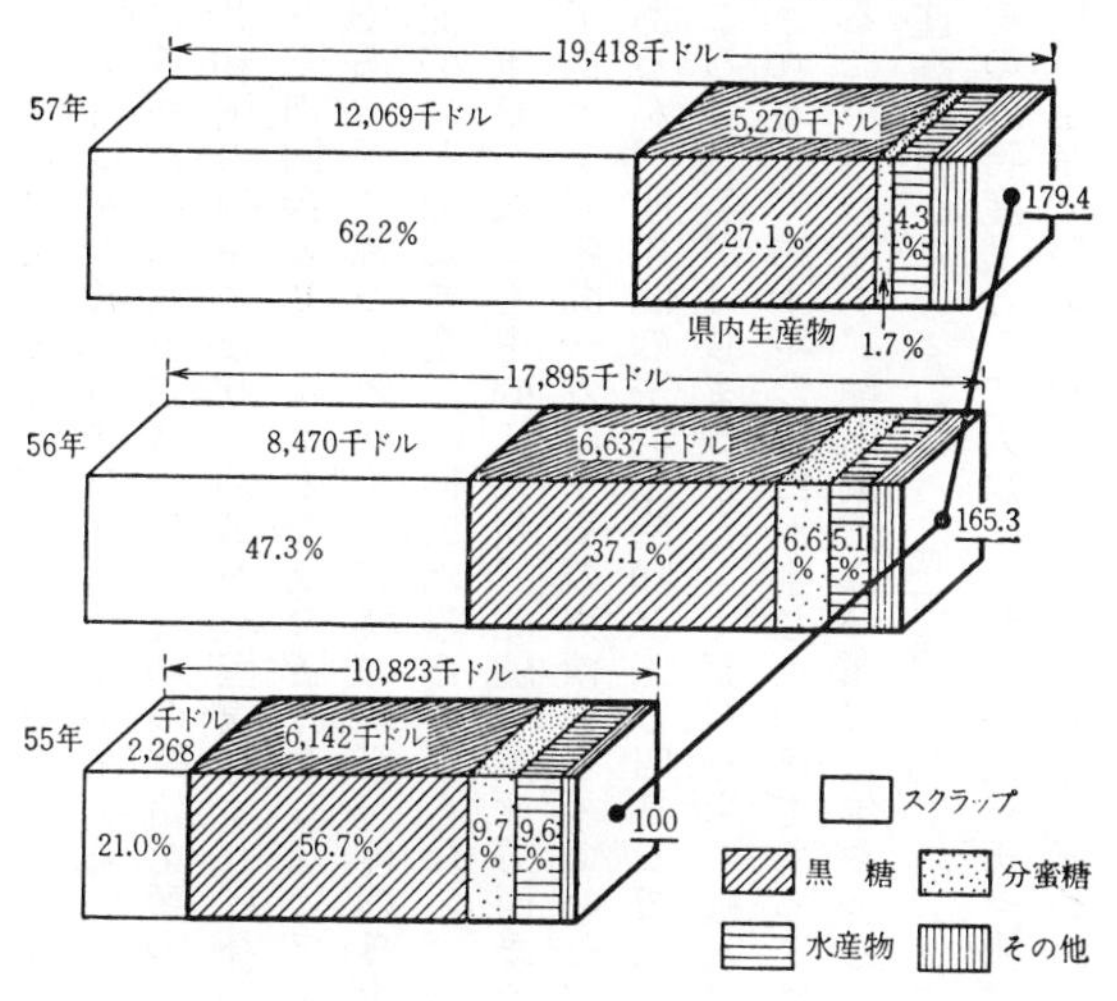

の他の農産物、パイン産業などがのびたこと、泡盛などの特産品および砂糖の激減したことである。野菜類の輸出のふえたのは、韓国にいるアメリカ兵用のものが、アメリカ本国から冷凍船ではこぶより沖縄産の方が安上りであり、距離も近いために、新たに輸出品に加わったためである。パイン罐の輸出は戦前なかったもので、戦後の新興産業の生産品として有望であり、現在台湾パインと競合い、内国扱いにすべきだと政治問題に発展している。その輸出の実績でも一九五三年二万八千ドルから逐年増加して一九五七年には三二万八千ドルに達している。沖縄のパイン産業が、これ以上発展するかどうかは台湾パイン罐の輸入を制限、もしくは禁止して、沖縄パインを内国扱い

にして貰うことにかかっている。岸政府にそのようなことが可能かどうかは別として、沖縄では、パインの生産関係者は工場で働いている従業員をはじめ工場主までが、中国の承認とその上にうちたてられる正常な日中貿易の開始を願っている。それは黒糖と同じで、台湾が中華人民共和国の治下になり、沖縄が祖国復帰すれば今のように、やれ台湾パインがどうの、沖縄パインを内国扱いせよなどと面倒な苦労をしないでもいいことを、労働者的直感で知っているからである。沖縄の新興パイン産業は政経一体の日中国交回復を心から願っているのである。

泡盛など沖縄特産品の輸出はみるかげもない。戦前は、日本全国に「琉球泡盛」の名で知られ、東京、大阪を中心に九州、北陸、東北方面まで販路をもっており、砂糖につぐ重要な輸出品であって、年間一万四千石の実績をもっていた。一九三六年から三九年の四カ年平均輸出額であるが、同年間の平均生産額は三万四千石であったので、四一%を輸出していたことになる。ところが戦争がはじまるとともに原料砕米の輸入は杜絶した。その後一九五一年民間貿易が再開されるまで約十年の空白が生じたわけである。戦後はその生産高ではむしろ戦前を上廻っているにかかわらず、輸出実績は一九五六年やっと二八六〇石にこぎつけた程度であり、これは生産高の僅かに〇・八%で、戦前輸出高のたった二〇%にしか当っていない。

その外特産品として大事にされていたパナマ帽、漆器や陶器、宮古上布などの民芸品に至っては、生産も輸出も戦前のおもかげさえとどめぬほど衰微するに任せている状況である。

5　黒糖は東北の農民とつながっている

現在の輸出品のうちで、スクラップにつぐのは矢張り砂糖であり、鉄屑が底をつけば輸出品目中では戦前と同様再びその首座にいなおる糖業について、その現状と将来の見透しについて、かいつまんでふれることにしたい。

第18表　砂糖の移輸出総額対比

(単位，当時の日円)

年度	移輸出総額	砂糖輸出額	比　率
1930	13,713,439	8,584,129	62.60
1931	12,279,053	8,177,847	66.60
1932	12,908,386	9,093,874	70.45
1933	17,252,948	12,270,013	71.12
1934	17,332,297	11,283,137	65.10
1935	18,748,118	11,860,202	65.71
1936	19,463,318	12,737,288	65.44
1937	21,452,541	13,995,370	65.24
1938	24,665,375	15,376,820	62.34
1939	31,950,049	21,119,570	66.10
平均	18,976,552	12,449,825	65.60

資料：琉球政府経済局

第17表によると、五七年度は黒糖と分蜜糖合計は金額で五六〇万ドルで輸出総額の僅かに二八・八％にすぎない。ところが戦前どんな不景気による砂糖の値下りや風水害、旱魃のための減産にあっても輸出総額の六〇％を下ったことがなく、十カ年平均六五・六％を維持していたことを思うと、沖縄の農工業の主生産力であった糖業がどんなにみじめにいためつけられているかがわかる(第18表参照)。

さていま、砂糖の対輸出総額比率が、戦前六五・六％であったのが、戦後は二〇％台に急降

第19表　対戦前産糖比較

年度		黒糖(含蜜糖)	白糖(分蜜糖)	計	対比	反収
戦前	1938	千斤 95,267	千斤 47,718	千斤 142,985	100	斤 9,128
	1939	144,832	58,829	203,661	142	12,115
戦後	1955	44,862	17,855	62,717	43	9,731
	1956	66,045	19,534	85,579	59	9,593
	1957	43,622	16,841	60,463	41	6,600

資料：琉球政府経済局

下したことをみたが、砂糖の生産量とその輸出額では戦前と戦後ではどのような開きがあるかを調べよう。

第19表は生産量の比較であるが、一九三八年を基準にしたのは、反当り収量においても総生産額でも平均に近い年度であるためである。戦前の基準年度にくらべて一九五七年ではその四一％であること、一九三九年の大豊作とでは、その三〇％程度の生産しかあげていないことがわかる。それよりも戦後十三年も経過しているのに、反収においては一進一退、前進のあとがみいだせないのは、沖縄の主産業である糖業に対して、アメリカ民政府や、琉球政府がどんなに冷淡であり、無責任であるか明らかである。農業技術の進歩、労働力はありあまるほどあっても、生産が進まない理由については、次章にゆずることにして、輸出糖について戦前との対比の説明を忘れてはならないと思うのでつぎにのべる。

第20表の戦前価格は当時の金額を一五〇倍にして現在価格に換算した。一五〇倍以上になっていることは、意見の一致する

第20表 対戦前輸出糖比較 (単位、数量千斤 価格千円)

品目	項目＼年度	1940	1955	1956	1957
黒糖(含蜜糖)	数量(A)	94,035	42,155	53,556	42,686
	価格(B)	2,637,199	716,312	778,405	593,610
	A ノ 比	100	44	50	45
	B ノ 比	100	27	28	22
白糖(分蜜糖)	数量(A′)	25,310	8,851	11,293	2,482
	価格(B′)	884,550	140,152	155,940	34,910
	A′ ノ 比	100	35	44	9
	B′ ノ 比	100	16	17	4

資料：琉球政府経済局

ところであるが、動向をみるに止めるため端数は切りすてたので、御諒承願いたい。ところで輸出糖の戦前対比で目を引くのは数量が減じている事実についてはこれまでの説明でもほぼ推察できるのであるが、数量比の減と価格比の激減の開きが桁はずれであることである。特に分蜜糖の場合価格比率がおちているのは、戦前、沖縄県時代、国内移出であり、政府の特恵処置によって値段が維持されていたのが、戦後は沖縄がアメリカの統治下におかれ、祖国と切りはなされ、まるで実質的にはアメリカの属領となり、外国扱いにされているため、関税を除き、外国産の分蜜糖と競争しなければならなくなったこと、戦後は戦前とちがい、日本政府は粗糖を入れて国内で分蜜糖をつくり、甜菜糖を製造する政策をとっていることが原因となっている。

第21表は日本政府の砂糖に対する関税、消費税と沖縄砂糖についての処置をあらわしている。分蜜糖も含

第21表　国内砂糖関税，消費税の改正と沖縄砂糖の関係　（単位日円，斤当り）

			関税	消費税	計
分蜜糖	現行	外国分蜜	8.40	28.00	36.40
		国内分蜜	0	28.00	28.00
	(1959.4月)改正	外国分蜜	26.21	12.60	38.81
		国内分蜜	0	12.60	12.60
含蜜糖	現行	台湾赤糖	8.40	17.50	25.90
		沖縄黒糖	0	4.00	4.00
	(1959.4月)改正	台湾赤糖	26.21	7.20	33.41
		沖縄黒糖	0	3.00	3.00

資料：琉球政府経済局

蜜糖も関税は特恵処置で課されていないが、分蜜糖の場合、斤当り二十八日円の消費税がキューバや台湾などと同等扱いされたため、太刀打ちができないで、結局、沖縄県内の分蜜糖会社はその産糖量の殆どを県内消費に当て、黒糖まで製造して、それを輸出するという芸当をやっている。黒糖が分蜜糖にくらべて輸出向けであるのは、この表にも見られるように、台湾赤糖は斤当り関税が八円四十銭、消費税が十七円五十銭計二十五円九十銭の課税に対して、沖縄黒糖の場合は、無関税である上に消費税でも十三円五十銭の開きがあり、しめて斤当り二十一円九十銭の特恵が与えられていることにもよるのである。

日本政府は一九五九年四月から砂糖の関税と消費税を改正したが、それによると、分蜜糖が外国輸入税との対比で、斤当り現行で八円四十銭の差益しかなかったのが、二十六円二十一銭の差益となり、黒糖が同じく二十一円九十銭から三十円四十一銭の開きとなって、可成り有利になることは間違いない。

もちろん祖国の一般消費者側からすれば、この改正は、輸入精白糖を一斤なめるごとに改正前より二円四十一銭余計に税金を支払うことになり、含蜜糖の場合は、台湾赤糖が斤当り七円五十一銭高となり、沖縄黒糖が一円安くなっているわけである。

この改正は要するに祖国における砂糖独占資本の利益を擁護し、沖縄の砂糖会社のもうけを確実にするものであろうが、その点については後の章で詳述する。

さて、沖縄の分蜜糖が戦前のように祖国への移出が振わない理由は、さきにもふれたように、消費税が外国産なみに課されたということだけではない。戦後砂糖の島だった台湾が外国になったのも原因して、日本政府が独占資本の要請にもとづいて、精白糖を直接外国から輸入することなく、輸入粗糖を国内で精白する国策をたてたことにも大きい影響をうけている。第22表は一九五五年度において日本にどれだけの砂糖と原料糖が輸入されたかを示すものである。原料糖では台湾、キューバ、インドネシア、ブラジルなどが主なる輸出国となっているが、パイン産業と同じく、含蜜糖では沖縄黒糖は相変らず台湾赤糖と競り合っているありさまである。パインの項でもふれたが、台湾が中華人民共和国に統一され、沖縄が祖国復帰を実現して、政治経済が一体化されたならば、沖縄の主生産業がいきいきと国内市場で息をふきかえし飛躍的に発展することを約束されているといえよう。

第22表　日本の1955年国別砂糖輸入量　(単位トン)

国別	含蜜糖	粗糖	精白糖	計
沖縄	26,675	1,027	7,281	34,983
台湾	11,997	352,266	1,051	365,314
フィリッピン	2,689	19,900	—	22,589
インドネシア	1,394	163,726	—	165,120
アメリカ		576	27	602
キューバ		302,885	212	303,097
ペルー		80,021		80,021
ブラジル		106,794	7	106,801
オーストラリア		62,225	271	62,496
ドミニカ		21,682		21,682
ハイチ		4,802		4,802
東オーストラリア		154		154
その他		120	5	125
合計	42,755	1,116,177	8,854	1,167,786

資料：琉球政府経済局

第23表　県内砂糖需給状況　(単位千斤)

分類 ＼ 年度		1954	1955	1956	1957	1958
県内産分蜜糖	生産量	9,398	17,855	19,534	16,841	19,073
	輸出量	—	8,851	11,298	2,482	4,056
	県内消費量(A)	9,398	9,004	8,236	14,359	15,017
輸入分蜜糖量 (B)		6,196	8,798	7,464	5,510	3,358
分蜜糖県内消費量(A+B)		15,594	17,802	15,700	19,869	18,375
黒糖(含蜜糖)	生産量	29,646	44,261	66,045	43,622	54,633
	輸出量	21,565	42,154	53,556	42,686	53,692
	県内消費量(C)	8,081	2,107	12,489	936	941
全消費量(A+B+C)		23,675	19,909	28,189	20,805	19,316

資料：琉球政府経済局

以上説明した通り、国内で、外国から仕入れた粗糖を分蜜して精白糖をつくる国策は、沖縄県内における分蜜糖会社の生産量とその輸出量の関係にはっきりとあらわれている。第23表がそれである。一九五四年は、県内生産量の九三九万八千斤では県内消費をまかないえず、「お砂糖の県」へ逆に六百余万斤の外国産精白糖が流れ込んだ。それだけではない、一九五四年から五八年までの五カ年間で、輸出したのが、二六六八万七千斤に対して輸入量はなんと三一三二万六千斤で精白糖の輸入超過四百六十余万斤という奇現象を呈している。植民地沖縄の特徴的経済現象の一つであろう。

分蜜糖の輸出量と生産量の対比は一九五八年では二一％であるが、黒糖の場合は同じく五八年で、生産量の九八％は移出していることがわかる。このことは関税や消費税の関係でもあるが、北海道や青森、岩手など東北地方の貧しい農村民の需要が戦前と相変らず高いことを示すものである。それは沖縄の農民の汗の結晶である黒糖が祖国の貧農層の血と直接つながっていることを説明してあまりあるものといえよう。そして、黒糖の場合はいうまでもなく、特に分蜜された精白糖の場合、祖国と一体であり、戦前同様沖縄県の地位を保っていたとすればどんなに有利であったか、琉球政府経済局糖業課のお役人さえ、口を揃えて「一日も早く祖国復帰が実現すればいいですな」と、慨嘆している実情にある。

Ⅲ　農民のくらし

1　土地をとられた農民

日本青年団協議会主催の全国青年研修会にまねかれて、沖縄青年団体協議会からも二十五名の代表が加わったので、沖縄問題がとり上げられ、真剣な討論が行われた。進行の中途で、東北の農村代表から、沖縄代表の職業は何かという質問が飛び出した。二十五人の代表がことごとく、銀行員、教員、会社員、軍作業などに属する職業と答えると、「なんだ農業は一人もいないのか」「土地がない証拠のようなものだな」というささやきがもれた。(一九五九・三・三『琉球新報』)

アメリカの軍用地に農地をとられて、もう農業で生活をたてていく青年はいないのだろうとうけとられたのも無理ないことである。土地と農民を引きはなして考えることはできないからである。というのは土地をもたない農民は農民でないというのではない。農村にはどこでも生産手段である土地や農具をもたない農民もありはする。そういう階層は階級的には農業プロレタリアートといわれている。しかしこの農業労働者でも、人手をかりなければやっていけないような土地をもっている農民のところで、働いてかせいでいるので、つまるところ土地と密接にむすびついているのである。

農民を階層別に分類して、農業労働者、貧農、中農、富農、地主といった分け方が現在では常識のようになっている。そういう意味での階層分析に立入る前に、まっ先に明らかにしなければならない問題は土地と農民との関係である。終戦直後祖国では、例の農地調整法の改正により、第一次、第二次と農地改革が行われた。第二次農地改革で「二百万町歩以上の小作地につき二年間(一九四八年末まで)に自作農を創設する、国が地主から強制買収し、これを小作農に売渡し、地主小作人の相対売買を認めない」等、日本の伝統的地主制度の搾取から、小作農を解放する意味で、土地問題がとり上げられた。

ところが沖縄では農地に対する政策はまるっきり逆であった。経済外的要因、すなわち軍権によって、アメリカ占領軍は沖縄の地主どころか、自作農からも、田畑をとり上げてしまった。占領軍の占有使用している土地の面積はあまりに広大であるため、農業経営規模は一層零細化され、戦前も五反百姓といえば沖縄農民の代名詞のようになっていたのであるが、現在では三反百姓に追いこまれてしまった。アメリカ占領軍はすでに御承知の通り、沖縄の全群島を占領し、一九四五年の八月、日本政府がポツダム宣言を無条件に受諾して降服するまで、沖縄本島十カ所にキャンプをつくって県民のうちの非戦闘員を強制収容していたが、同年九月頃からそ

第１図　軍用地の分布(全琉球)

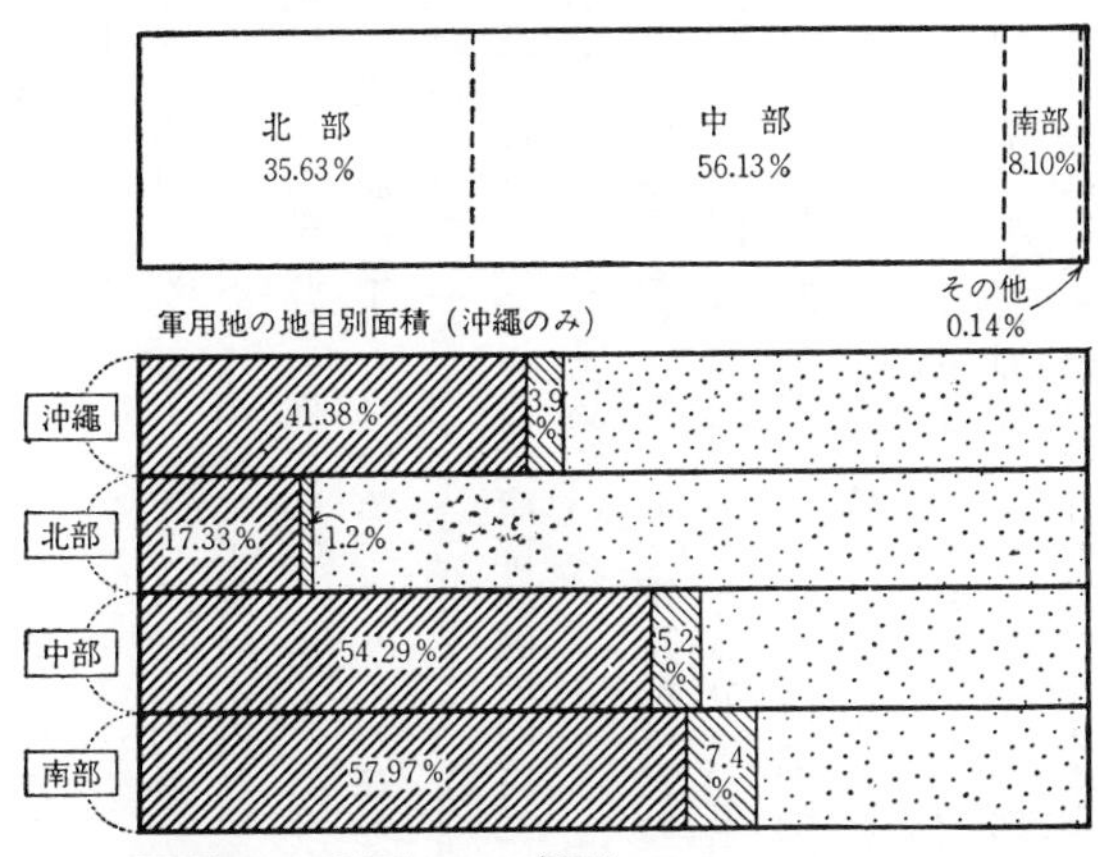

れぞれの村にかえることを許し、翌年の四月までには居村復帰はほぼ完了した。ところが部落に居ついて、いざ農耕にいそしもうにも、家畜もいなければ、農具も殆どないという始末であった。豚、山羊、牛、馬など食えるものは戦争中、日本軍の徴発にあい、わずかに残されたものは、いのちにはかえられず屠殺されて、飢えをしのぐ足しにされたため、さて農耕という段になると、どこの部落にも二、三頭の馬や牛がやせ衰えて目をしばたたいていたことを今でもおぼえている。それにも増して農民を苦しめたのは、耕地が占領軍によって使用されていたことである。その後「占領目的を果すために必要以外の農地は耕作を許す」といかめしい名目をくっつけて、だんだんはりめぐらされた金網がとかれた。とこ

ろが現在でも、アメリカ占領軍が占有使用しているいわゆる軍用地の総面積は五三四一万四六九九坪に達している。

五千余万坪といえば、一万七八〇〇町歩余りになるが、その軍用地のひろがりが地域別にはどのようになっているかをまず説明すると、第1表のように、宮古、八重山両群島における軍用地は、その総面積の僅かに〇・一四%に当る七万七千坪であるので、それを除く九九・八六%が、沖縄本島に集中している。ミサイル基地の中核役を果している有名な嘉手納飛行場のある中部地区が五六・一三%で、面積にして二九九七万九千坪、つぎは北部地区の三五・六三%、一九〇三万坪となっている。南部地区の四三二万坪はジェット機専用の那覇飛行場のある旧小禄村がそのほとんどを占めている。

では陸地の総面積に対して、軍用地はどのような比率になっているだろうか。沖縄県の陸地総面積は、七億二二四三万坪であるから、軍用地はその七・三九%であり、中部地区では、それが三四・四四%の高率を示している。中部地区といえば基地の町として知られているコザ市をはじめ、十一カ町村にまたがっているが、そこでは、沼地や原野も入れて百坪のうち、約三十五坪はアメリカ軍が占有していることになる(第2表参照)。

沖縄に基地があるのではなく、基地の付属物として、沖縄県民がそのまわりに蝟集しているとよくいわれているが、中部地区のミサイル基地はその広さにおいて、またアメリカ軍人軍属

第1表 軍用地の分布

	全琉球	沖縄	北部	中部	南部	その他の群島
軍用地面積	坪 53,414,699	坪 53,337,339	坪 19,033,287	坪 29,979,279	坪 4,324,773	坪 77,360
比率	100%	99.86%	35.63%	56.13%	8.10%	0.14%

第2表 陸地総面積と軍用地面積

	全琉球	沖縄	北部	中部	南部	その他の群島
陸地総面積	坪 722,436,550	坪 453,952,675	坪 255,001,450	坪 87,056,475	坪 111,894,750	坪 268,483,875
軍用地面積(旧国県有地は含まない)	53,414,699	53,337,339	19,033,287	29,979,279	4,324,773	77,360
比率	7.39%	11.75%	7.46%	34.44%	3.87%	0.02%

第3表 軍用地の地目別面積

	沖縄	比率	北部	比率	中部	比率	南部	比率
耕地	坪 22,070,100	% 41.38	坪 3,298,292	% 17.33	坪 16,264,935	% 54.29	坪 2,507,088	% 57.97
宅地	2,112,514	3.96	230,239	1.21	1,561,514	5.21	320,761	7.41
その他	29,154,510	54.66	15,504,756	81.46	12,152,830	40.54	1,496,924	34.62
総面積	53,337,339	100	19,033,287	100	29,979,279	100	4,324,773	100

第1表，第2表，第3表の資料は沖縄軍用地問題折衝渡米代表団発行のパンフレット『沖縄における軍用地問題』(1958年6月)による．

などの家族の住宅や学校、病院、ゴルフ場なども加え、白堊の殿堂で大地が占められているため、文字通り同地区は人間が基地に蝟集しているのはいうまでもなく、軍用道路をふくむ、軍事施設が農地や宅地をおおっているので、耕作地や、住民の家屋敷はかげうすい存在になってしまっている。

軍用地を地目別に分類すると第3表の通りである。

沖縄全島では耕地と宅地の占める比率は全軍用地の四五・三四%であるが、中部地区では、五九・五〇%に当る一七八〇万坪の耕地と宅地が完全に潰されてしまった。南部地区で宅地と耕地の占める比率が高く、六五%強になっているのは、旧小禄村の七割以上が飛行場とその付属建物のために取り上げられた結果であり、同村では一人当り耕地面積が僅かに十四坪という深刻な農業経営におち込んでいる。いまは故人となったが、都市計画の権威として那覇市で招聘した早稲田大学の石川栄耀博士が、小禄の村長さんをつかまえて、「あなたはむしろアメリカの村長さんといったかっこうですね」と、笑えない挨拶をされたエピソードがあるほどだ。

軍用地がもとの農地や宅地をどれくらいつぶしたかを具体的にもっとはっきり頭にきざみ込むために、日本全国にわたる米軍使用面積と沖縄のそれとを比較してみるとよい。第4表がそれである。

日本の場合、全国の民公有地五八六億余坪に対して、アメリカ軍使用面積は僅かに〇・三三

第４表　日本全国と沖縄における米軍用地の地目別対比

地目	日本				沖縄県			
	全国民公有地面積 A	米軍使用面積 B	$\frac{B}{A}\times 100$ %	Bの百分比	全県民公有地面積 A	米軍使用面積 B	$\frac{B}{A}\times 100$ %	Bの百分比
総坪数	坪 58,653,837,000	坪 191,444,354	0.33	100	坪 396,908,100	坪 48,982,506	12.34	100
宅地	1,541,385,000	4,705,328	0.30	2.4	14,477,400	2,033,121	14.04	4.1
農地	17,926,311,000	6,899,059	0.04	3.6	108,260,700	21,482,070	19.84	43.8
山林	28,286,604,000	135,519,970	4.98	70.8	261,559,200 (山林・原野)	17,134,233	6.55	34.9
原野	5,910,546,000	35,357,165	7.64 (原野・牧野)	18.5				
牧野		4,489,046		2.3				
野積場	4,988,991,000 (野積場・その他)	138,668	0.09 (野積場・その他)	0.2				
その他		4,335,123		2.2	12,610,800	8,333,085	66.07	17.1

資料：琉球政府経済企画室『軍用地関係資料抜萃』

1）日本のA全国欄の数字は総理府統計局発行の『日本統計年鑑』に記載されたもので、これは1950年１月１日現在の土地台帳によって，法務省民事局第三課が調査した資料による．

2）米軍使用面積欄は調達庁不動産部管理課が1954年11月１日現在として調査した数字である．

3）沖縄のA全県欄の数字は琉球政府統計部が1953年12月末現在調査し，1954年１月末現在登録証明書（リスト）により，アメリカ民政府法務部土地課により作成提供された資料による．

4）数字総数欄と一致しないのは四捨五入による．

%にしか当っていないが、沖縄の場合はその対比が、日本の場合と段違いで、一二・三四%になっている。

さらに日本の場合、宅地が〇・三〇%、農地が〇・〇四%に対し、沖縄ではそれぞれ一四・〇四%、一九・八四%の高い比率を示している。一方軍用地の百分比においては、日本の場合、山林、原野が全軍用地面積の八九%以上を占め、農地と宅地の計では僅かに六%しかとっていないのに反して、沖縄ではそれが逆で、山林、原野では三四・九%、農地と宅地の合算では、実に四七・九%を占めている実情にある。沖縄の軍用地問題が農民にとってどんなに重要であり、死活の問題として、とり上げられているかはこのような事情からもあきらかであろう。

つぎに嘉手納(かでな)飛行場のある中部地区における農地や宅地の潰れた実情を、その代表的な市町村の軍用地を地目別にして見るともっとはっきりするので、第5表で示すことにしよう。中部地区の基地街は、コザ市を中心に、北谷(ちゃたん)、嘉手納、読谷(よみたん)、宜野湾(ぎのわん)、コザの五市村が隣接しているので、軍用地はこの地区に殆どまとまっている。耕地と宅地の計では宜野湾が村内軍用地の七三・二一%を占めて首位である。ここには宜野湾飛行場をはじめ、高等弁務官が日常執務をしているところの総司令部の豪壮な建物がある。この建物をセンターにしてアメリカ人の家族部落がつくられ、そこには鉄筋コンクリートの恒久的建物が密集している。沖縄の人より、アメリカ人の方がはばを利かしているので、村民はその中でうたたねをしているといった感が深

第5表　中部地区代表市町村別の軍用地地目別対比

	中部	比率	北谷，嘉手納	比率	読谷	比率	コザ	比率	宜野湾	比率
耕地	坪 16,264,935	% 54.25	坪 4,081,744	% 60.96	坪 3,185,164	% 46.54	坪 2,114,751	% 41.55	坪 1,560,348	% 64.81
宅地	1,561,514	5.21	439,790	6.57	257,076	3.75	204,898	4.02	202,297	8.40
その他	12,152,830	40.54	2,174,361	32.47	3,402,305	49.71	2,770,591	54.43	644,904	26.79
総面積	29,979,279	100	6,695,895	100	6,844,545	100	5,090,240	100	2,407,549	100

資料：前掲『沖縄における軍用地問題』

い。つぎは北谷、嘉手納両村の六七％強であり、読谷村(その中心部は旧日本軍飛行場のあったところ、そのまま拡張されてミサイル基地になっている)の五〇％強。コザ市の四五％の順である。中部全地区平均では、耕地と宅地の占める比重は同地区全軍用地の六割に達している状態にある。いまみたように、中部の代表的な五市村では、軍権によって従来の農地と宅地が合せて六割も接収されていることがあきらかになったが、ではこの地区において、戦前と戦後では、農家一戸当りの耕地面積はどのように変ってきたかをみることにしよう。第6表に目を通して下さい。戦前一戸当り一八九〇坪をもっていた北谷、嘉手納両村(戦前の北谷村が戦後分村した)の農家は、耕地が四八一万二六〇〇坪から僅かに六二万五二〇〇坪に減じたため、現在では、一戸

第6表　中部地区における代表市町村別農家1戸当り平均耕地面積

	戦前			戦後		
	耕地	農家	1戸当耕地	耕地	農家	1戸当耕地
	坪	戸	坪	坪	戸	坪
北谷,嘉手納	4,812,600	2,557	1,890	625,200	1,575	397
読谷	5,844,000	2,990	1,950	1,751,100	2,834	618
コザ	3,258,300	1,623	2,010	750,000	1,830	401
宜野湾	3,579,300	2,562	1,410	1,361,700	2,201	619

資料：前掲『沖縄における軍用地問題』

当り戦前の五分の一、三九七坪の農地しか手にないことを示している。人口は両村とも戦前よりふえており、農家が二五五七戸から九八二戸も減じてさえこの状態であるから、戦前の農家がみんな揃って耕すとすれば、一戸当り二四四坪の計算である。一戸当り二百坪内外では、生産意欲どころか、ひぼしにならないためにはどうしても離農して、基地の労務者に走らざるを得ないのである。読谷、コザ、宜野湾の三市村も、大同小異であり、一戸当り五、六百坪の農耕地では、もはや零細農家というにはあまりにみじめな状態である。青年男女はいうまでもなく、これら中部の農家はほとんどといっていいほど、農業収入だけでは身動きができず、軍作業員となって、くらしを立てる道を進んだ。

軍作業員というのは、部隊に直接雇用されている労務者から、PXの売子、米人家族のメイドや草刈り、ナイキやマタドールなど近代兵器をすえつけるための土建の請負業者のもとで働いている土建労働者などいろいろある。またいくらか資力のあるものはアメリカ人相手のおみやげ品店をほそぼそながら営んでいるわけである。こう見てくると、地主である沖縄の農家が借地人であるアメリカ軍の下で働いているということになる。しかも土人扱いされながらも、背に腹はかえられず、朝から晩まで、生命をつないでいくために、歯を喰いしばって、わずかに生きている姿を想像して貰いたい。そうすれば、祖国の政府からどんなに冷淡に扱われていても「祖国恋し」といつかは祖国の同胞と同一のからだになることをむしろ悲願とし、黙々として働きつづけている県民の魂とエネルギーが、そこにひめられているという実感がにじみ出るのではないだろうか。

沖縄の日本復帰運動、軍用地問題調査のため、日青協では平沢常任理事を団長として、三月のはじめ(一九五九年)沖縄視察に乗り込んできたが、各党代表との懇談会がすんでから、代表たちは特に軍用地問題、経済事情について、中、南、北部をみてまわった感想をのべているが、示唆に富んでいるのでその言葉をそのまま記すことにしよう。

一般に青年の生産意欲が低調のようだ。南部の一部の話では、耕地四十坪では生計を立てていることが不安で、生産意欲がないというのも無理でないと感じもした。しかし何かしら青年たちには、暗い表情があり、その複雑さが思いやられた。中部では南部と違い、戦争状態に入ったという感じをうけた。一部の青年達だとみているが、風紀は紊乱し、堕落に陥り、不親切であった。中部の大半は軍用地に接収されているが、一般の生活は基地のなかに、仮寝しているという印象をうけた。北部は、中、南部よりやや落着きをみせ、青年達も生産意欲をもっているようにみうけた。そこには狭いながらも山らしい山と、耕地らしい水稲がみられたが、東側は矢張り軍用地があり、農村とはちがったものがあった。全般的にみて、生活状態は非常に複雑に構成されているので単純な判断は下せない。(一九五九・三・一五『琉球新報』)

沖縄本島だけに限ってみても、一般的にいって、青年の生産意欲が低調であること、中部では青年も含めて、生活が基地のなかで仮寝しているとの印象をうけたこと、北部は、中南部よりやや落ちつきを見せていること、結論として生活状態は複雑で単純な判断は下せないことなどを日青協代表は指摘している。生産の背骨ともいうべき青年男女が一般的に生産意欲が旺んでないことは否めないが、特に農村において、たがやす土地が軍権により一方的に取り上げられている事実は、生産意欲を減殺する最たる要因であると思うので、今度は沖縄本島の場合の戦前と戦後の耕地面積の分解状態にふれることにしよう。

沖縄本島の戦前の耕地面積(第7表参照)は、一億二六四五万四五〇〇坪であったが、戦後は八二六八万六六〇〇坪となった。四割近い減少でその面積は四三七六万七九〇〇坪である。そのうち軍用地が五割以上にあたる二二〇七万〇一〇〇坪を占めている。これで見ると軍用地でない耕地がまだ二一〇〇万余坪もたがやされないままで、残されている数字になっているが、そ

第7表　戦前戦後の耕地面積

	戦前耕地面積	戦後耕地面積 A	較　差 B	軍用地による減少耕地面積 C	C/B
	坪	坪	坪	坪	%
沖縄	126,454,500	82,686,600	△43,767,900	22,070,100	50.43
北部	35,228,100	25,864,200	△ 9,363,900	3,298,200	35.22
中部	4,771,100	21,262,200	△23,508,900	16,264,800	69.19
南部	46,455,300	35,560,200	△10,895,100	2,507,100	23.01

資料：前掲『沖縄における軍用地問題』

1）戦前の耕地面積は1938年沖縄県統計による．戦後の耕地面積は1956年12月現在の琉球政府統計部資料による．

2）軍用地面積は1958年3月末現在の軍用地関係事務所の資料による．

3）△印は減を表わす．

第8表　耕地面積と農家戸数の戦前戦後の比率

	戦前			戦後		
	耕地	農家	1戸当耕地	耕地	農家	1戸当耕地
	坪	戸	坪	坪	戸	坪
沖縄	126,454,500	73,061	1,746	82,686,600	71,158	1,162
北部	35,228,100	20,174	1,710	25,864,200	21,455	1,206
中部	44,771,100	27,309	1,650	21,262,200	27,161	783
南部	46,455,300	25,578	1,830	35,560,200	22,542	1,578

資料：前掲『沖縄における軍用地問題』

の大部分は宅地を軍用地にとられた農民が立退先にこまって戦前の畑を宅地に当てたこと、及び戦災によって耕地として活用できないほどあらされた状態にある土地が含まれているためである。

　さきに基地の町、中部における農家一戸当り平均耕地面積にふれておいたが、第8表で今度は全島的に見た農家の経営規模を紹介しよう。それによると、戦前沖縄本島七万三千の農家が一戸当り平均一七〇〇坪余り耕しており、いわゆる五反百姓という名はこの事実から出ているが、戦後は農家が二千戸も離農して、七万一千戸にへってさえ一戸平均一〇〇坪あまりの耕地である。文字通り三反百姓になっている。中部では、さきにのべた五市村も含めて、十一カ市町村の農家一戸当り平均が僅かに二反歩にすぎない。

いままでのべてきたことのむすびとしていえることは、耕地面積が四割も減じていることは、接収された軍用地のためであること、戦前も五反百姓という日本一零細農経営が、さらに零細化されて三反百姓の超零細農化した原因も、経済外的要因である軍権による土地の接収にあったということである。そして、沖縄本島の七万農家のうち五四〇〇万坪の軍用地に直接関係している農家がざっと五万戸に及んでいる事実を心にとめて前に進むことにしたい。

2　破綻する農家経済

沖縄の農業は、戦前諸産業中もっとも重要な地位を占め、その生産額は総生産額の六五％に達し、県民の経済活動の主軸をなしていた。ところが戦後は以上で見たように経済外的要因が大きく作用し、また次項でのべるように資本制商品の侵入や、独占資本の攻勢によって大きくねじまげられ、生産総額は戦前の六割にやっと達しているにすぎない。一方総人口を産業別配分からすると、戦前は農家戸数は八万九四七八戸（一九三九年）もあって全戸数の七割以上をしめていた。ところが戦後は人口が一・三倍強に増加しているにかかわらず、農家戸数は相変らず八万九千台である。もちろん沖縄本島においてはさきにみたように二千戸も減じており、宮古、八重山両群島を合算すると戸数においては殆ど増減が見られないという現象を示してはいるものの、全戸数との対比は五四％になり、農家は激減していることがうかがえる。そこで問題となるのは、沖縄本島では三反百姓という超零細農化したことを見たが、全沖縄を一括して、自、小作及び経営規模別にどのような構造変化をおこしているかということである。第9・10表及び第2図は、戦前自作農家が、全農家の六六％（五万八七七七戸）を占めていたのが戦後は五六％に転落し、戸数において八八〇〇戸も減じていることを物語っている。

祖国では戦後、農業経営を合理化するために、自作農を創設する努力がなされ、そのための農地改革が行われたのであるが、沖縄では農業政策といえばアメリカ軍が基地建設の労働力の給源を農村人口に求め、むしろ土地取上げによる離農と資本制商品の流し込みによって自給体制をうちこわし、生産意欲を失わせるような仕方を意識的に、継続的にとったがため、農業経営の安定性はぐらつき出し、自作農は、自作兼小作及び小作農へと追いやられている。いまみたように戦前に比べて戦後は八八〇〇余戸も自作農が減っているが、それは、急速な分解作用をおこして、それぞれ自小作へ六七〇〇、小作へ二一〇〇戸と移っている。

農家経営を耕地面積別に見ると、超零細農化が一層はっきりした形ででている。まず総括的にみて、戦前五反未満の農家は総農家の五五％（四万九一二七戸）にすぎなかったのが、戦後はそ

第9表　自小作別経営規模別農家戸数

年次	農家総数	自小作別			経営耕地面積別						
		自作	自小作	小作	0.5反未満	1反未満	3反未満	5反未満	1町未満	3町未満	3町以上
	戸	戸	戸	戸	戸	戸	戸	戸	戸	戸	戸
1939(戦前)	89,478	58,777	21,252	9,449				49,127	25,147	13,678	1,526
1956(戦後)	89,405	49,930	27,948	11,527	6,048	11,761	25,928	20,153	16,526	8,086	903

資料：『琉球統計年鑑』1956/7年版

第10表　1956年の群島別　同上

	農家総数	自小作別			経営耕地面積別						
		自作	自小作	小作	0.5反未満	1反未満	3反未満	5反未満	1町未満	3町未満	3町以上
	戸	戸	戸	戸	戸	戸	戸	戸	戸	戸	戸
沖縄本島	71,158	36,816	23,679	10,663	5,440	10,667	24,027	17,552	11,142	2,077	253
北部	21,455	13,731	5,989	1,735	974	2,655	7,349	5,673	4,051	749	4
中部	27,161	12,184	9,058	5,919	3,226	5,638	10,652	5,389	1,988	268	
南部	22,542	10,901	8,632	3,009	1,240	2,374	6,026	6,490	5,103	1,060	249
宮古群島	11,025	8,598	2,131	296	466	704	1,071	1,939	3,475	2,957	413
八重山群島	7,222	4,512	2,138	568	142	390	830	662	1,909	3,052	237

資料：『琉球統計年鑑』1956/7年版

この調査で農家とは50坪以上の耕地を経営している世帯をいう．戦前の数字は『昭和15年沖縄県統計書』による．

れが戸数において一万五千戸近くもふえ、比率において総農家の七二%(六万三八九〇戸)となっている。それとは逆に、一町未満では二八%(二万五一四七戸)から戦後は八千戸も減じて一八%(一万六五二六戸)となり、同じく三町未満では一五%(一万三六七八戸)から九%(八〇八六戸)へ、三町歩以上ではなおめだって、同じく二%(一五二六戸)だったのが半減して一%(九〇三戸)に激

第2図　農家数の構成

(戦前と戦後の比較，全琉球)

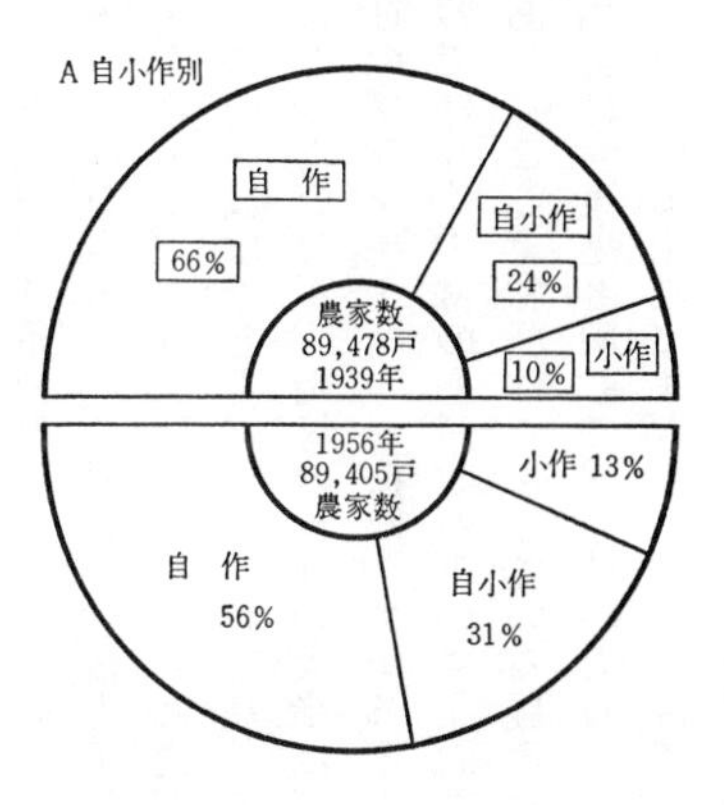

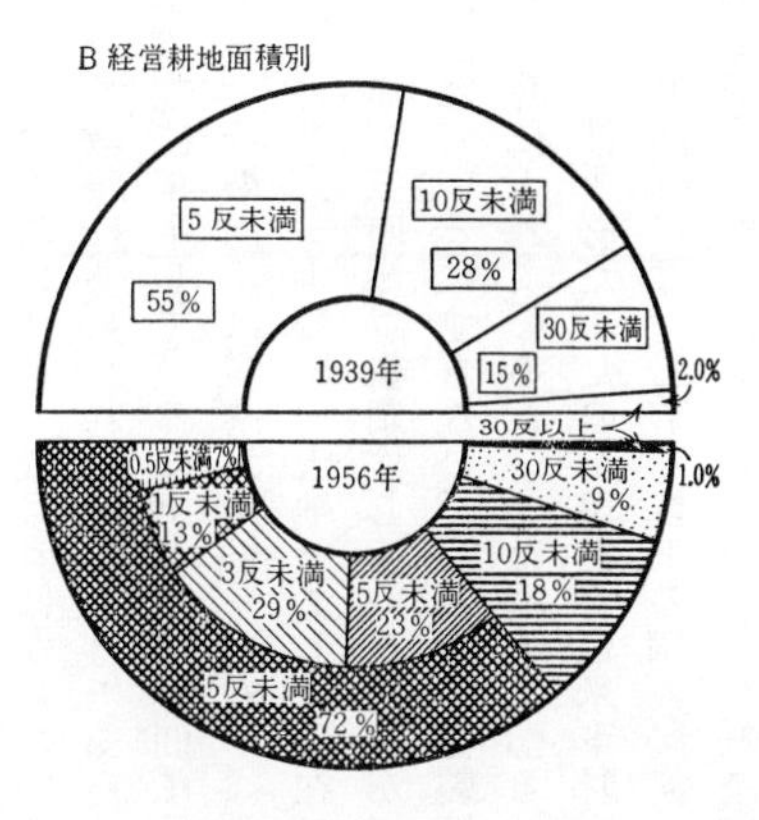

減している。一方〇・五反すなわち一五〇坪以下の農家が六千戸、一反未満が一万一千戸余り、合せて一万七千戸余が全農家の二〇%を占めているが、この層も合せて三反未満が全農家戸数の四九%を占めている事実は、全沖縄を包括してもさきにのべたように三反百姓におち込んでいることが判明する。

なお三町歩以上の農家九〇三戸を群島別にすると、宮古群島がその筆頭で四一三戸、つぎは沖縄本島の二五三戸、八重山群島二三七戸の順である。ここで注意しなければならないのは、三町歩以上の耕地をもっている農家が戦後も千戸近く数字にあらわれていることである。ところが、沖縄本島では、二五三戸のうち二四九戸が南部に集中しているので、市町村別に検討してみたら、この戸数はほとんどが南北大東島である。その内訳は、南大東村一六五戸、北大東村七三戸となっているが、両村の土地の大半は、もとの大日本製糖の土地である。現在では大東製糖会社のプランテーションになっているので、事実三町歩以上耕作している戸数が二百戸余りあるのではなく、村の全戸数がそのまま記載されているにすぎない。宮古も沖縄製糖関係の土地であり、ここで甘蔗作りをしている農家を計算に入れているといった調子である。八重山群島の場合は大東島と同じく、戦前の大日本製糖会社所有だったのが現在では米軍財産管理部で管理されている土地にすぎない。こうみてくると沖縄には、三町歩以上の個人農家は十指で数えられるほどであり、そのほとんどが、会社や国県有地であること、そして会社で実質的

第11表　農家経済調査

（1956年7月〜1957年6月の1ヵ年，単位円）

科目		全沖縄	3反未満	3〜5反	5反〜1町	1町以上
概算農家所得	総額①	70,275	66,406	81,993	61,208	83,274
	概算農業所得	25,402	16,169	23,478	32,206	65,028
	概算農外事業所得	2,612	3,831	2,818	−106	746
	労賃俸給地代利子収入	42,261	46,406	55,697	29,108	17,500
農家所得から控除すべき支出	総額②	75,187	69,486	87,938	67,182	93,970
	負債利子	1,274	1,361	1,207	1,010	1,444
	諸税公課諸負担	2,240	2,114	2,866	1,666	2,663
	家計支出	71,673	66,011	83,865	64,506	89,863
経済余剰③		−4,912	−3,080	−5,945	−5,974	−10,696
被贈扶助金補助金等の収入④		12,122	12,166	15,756	7,986	12,056
農家の総収支差引額③＋④		7,210	9,086	9,811	2,012	1,360

資料：『琉球統計年鑑』1956/7年版

には農業労働者として働き、あるいは軍財産管理部へ小作料を金納して働いているわけである。

小作人といっても、不労地主の搾取のもとで耕作しているのではなく、家族労働だけではやっていけないが、といって人手を借りてまでしてはひき合わないから、二、三百坪は借した方がよいといった自作農の土地、または、軍相手の商売の方が利廻りがよいから僅かばかりの土地は小作に出した方が便利であるといったような土地を小作しているにすぎない。

琉球政府の『統計年鑑』に示された農家経済調査は端的に以上のことを裏付けている。

第11表の農家経済調査は農業経営規模を四段階に区分して説明している。

まず全沖縄平均に目を通して貰いたい。概算農家所得総額は、七万〇二七五円で、それから控除すべき額は七万五一八七円になっているから年間に四九一二円の赤字を出している。この赤字は、経営規模が大きくなればなるほど増大している傾向は注目に値しよう。特に一町歩以上の農家では年間の赤字が一万円を突破していることである。概算農家所得のうち、一町歩以下の農家と比較すると、労賃、俸給、地代、利子収入の全所得に占める比重が軽く、一万七五〇〇円であるから、殆ど自家労働で純農業をしていることを物語っており、そのことは沖縄の農家が一町歩以上耕しても、純農業では立ち行かないことを如実に証拠立てている。

農業経済の総体的な赤字を黒字に転化している要因は被贈、扶助金、補助金等の収入である。それによる黒字も全沖縄平均では七二一〇円になっているが、この黒字もまた三反未満九〇八六円、五反未満九八一一円、一町未満二〇一二円、一町以上一三六〇円となり、経営規模が大きくなるにつれて漸減している始末である。

農業という割のよくない仕事はやめにして、基地の街である中部地区や那覇あたりにでて、「どれ一稼ぎしてくるか」と、農村の青年男女が都市に集中するのも無理ないことであろう。

では問題の黒字を生み出している被贈扶助等の収入内訳をしらべることにしよう(第12表参照)。

全沖縄平均でその総額は一万二一二二円になっており、日本政府からの年金給付金が一六四一円、農業施設奨励費等、琉球政府の補助金が三四八円となっている。その他に他出家族から

第12表　被贈扶助等農業以外の収入(1戸当り平均)

(1957年7月～1958年6月の1カ年，単位円)

科	目	総額	他出家族からの送金	被贈	収穫扶助等の年金給付金	農業共済金	農業施設奨励補助金	家事収入
全沖縄	総額	12,122	1,218	8,134	1,641	26	348	755
	現金	10,416	1,218	6,461	1,641	26	348	722
	現物 外部取引	1,702	—	1,673	—	—	—	29
	現物 家計仕向	4	—	—	—	—	—	4
3反未満	総額	12,166	1,293	7,657	2,300	49	218	644
	現金	10,676	1,293	6,214	2,300	49	218	597
	現物 外部取引	1,483	—	1,443	—	—	—	40
	現物 家計仕向	7	—	—	—	—	—	7
3—5反未満	総額	15,756	2,284	10,891	1,500	—	442	639
	現金	13,215	2,284	8,377	1,500	—	442	612
	現物 外部取引	2,541	—	2,514	—	—	—	27
	現物 家計仕向	—	—	—	—	—	—	—
5反—1町未満	総額	7,986	222	6,458	131	—	83	1,092
	現金	6,749	222	5,241	131	—	83	1,072
	現物 外部取引	1,237	—	1,217	—	—	—	20
	現物 家計仕向	—	—	—	—	—	—	—
1町以上	総額	12,056	454	8,119	1,219	—	1,305	959
	現金	10,052	454	6,115	1,219	—	1,305	959
	現物 外部取引	2,004	—	2,004	—	—	—	—
	現物 家計仕向	—	—	—	—	—	—	—

資料：『琉球統計年鑑』1956/7年版

の送金一二一八円が算入されているが、総額の七割近くが被贈金になっている。被贈金なるものがこの全収入の内訳を解く鍵であるが、これは他出家族からの送金と同じもので、次三男または娘たちが基地の街で働いて得たお金である。お前達は真黒になって耕しているからお金を上げましょうと、どこの国でもただで贈呈するような費用はないのである。この統計の作成に当った琉球政府のお役人たちに説明を求めたら、御想像に任せますと、ヘラヘラ笑っていたことを付記するに止めよう。

さすがに政府の農業補助金は一町歩以上の農家にその殆どが集中されているのを見逃がしてはいけない。しかし、このことはさきにみたように、三町歩以上の経営農家としてあらわれているのがその殆どといっていいほど、政府の特権官僚とつながっている独占会社やアメリカの買弁会社とむすびついた補助金であるので、直接真面目に働いている農家の経済をうるおしていないことだけは確かである(詳細は「琉球政府のからくり」の章にゆずる)。

いずれにしても、一般的にいって農業経営規模が大きくなるにしたがって収入がふえるという常識は、沖縄の農家経済では完全に打消されているという事実は、戦後における農業経済がどんなに底があさく、脆弱なものになってしまったかを証明してあまりあるようだ。

琉球大学の招聘で、沖縄に一月ほど滞在したことのある東京大学の大政正隆教授は、一九五九年三月二十四日の『読売新聞』に投稿して、
だが一歩裏街に入れば、そこには貧しさがあふれている。さらに農村ともなれば天災に悩まされ、政治的に放任された過去のあきらめになれて、善良と従順と哀調によって占められているだけで、近代的といわれるものとは、おおよそかけはなれた存在になっている。農法は極端ないい方をすれば昔ながらの略奪農法に終始して、土地の生産力をねむらせ、いたずらに貧しさをかこっている。そしてこの島を毎年のようにおそう颱風と季節風の脅

威を運命として甘受し、農耕資源の沃土が雨水によって海に棄てられるのを傍観している。

それどころか、農民は自分達の生活の基礎の喪失に、まったく無関心でさえある。と沖縄の農民を鼓舞激励しておられる。

だが沖縄の農民は、じっと黙してはいるが、自分たちの生活の基礎の喪失に無関心ではいられないほど苦しくなっている。あとでふれるように、政府によって意識的に、着実につくり上げられた「所有と生産」の基本的矛盾の解決にいつかは立ち上る自分達の運命をみつめて歯をくいしばって生きているのである。琉球政府やアメリカ民政府からみはなされた農民は、祖国復帰まではと頑張り、衰退し行く農地を死守している状態におかれている。少々道草を喰ったが、今までみたように、沖縄の農業経済の主軸をなしている農業外収入の労賃、俸給、地代、利子収入の分析をすれば、僅かに残された土地にしがみつきながら生きている農民のくらしがさらにうきぼりにされよう。

試みに、概算農家所得の総額に占める農業外収入の労賃俸給等収入の対比に留意しよう。

その全沖縄平均では収入総額に占める労賃俸給等収入の比率は六〇%となっている。いいかえると、一町歩以上の農家も入れて、農業外収入がその六割をしめていること、このことは農業以外の仕事からかせいだ収入をいれてもなお赤字を出していること、さきにふれた被贈恩給年金などの農業外収入でやっと露命をつないでいることを教えている。そして経営規模別に見るとよくわかるように、収入総額に対する労賃その他の収入の比率は、三反未満では七〇%、三反から五反までの階層が六七%、五反から一町歩が四七%、一町歩以上が二一%であることから推論すると、沖縄農家経済では五反から一町までの農家になってはじめて農業収入の方が、農業外収入よりいくらか多くなっているし、したがって五反以下の耕地をもっている農家は軍作業員や商売を片手間にやっているのではなく、事実は農業は兼業といった形をとっている。

3　エンゲル係数五八・九

さきに第11表で検討した農家経済調査は一九五六年七月から五七年六月までの一年間の農業経済をまとめたもので経営耕地五十坪以上を有する全農家を母集団とし、農区別、地区別、階層別に区分し、有意選択の方法で、全沖縄で百戸の農家を対象にしての調査結果である。琉球政府企画統計局では、その後、一九五七年七月から一九五八年六月末日までを調査期間として、こんどは範囲をずっとひろげ、七四六〇世帯を対象にして、綿密に調査した結果を一九五八年八月号の『統計月報』で発表した。この調査が沖縄で一番新しい統計であるので、それにもとづいて農業収入及び家計費経営費などを地区別、経営規模別に分析してみると最近の農民の生活実態がより深く理解できると思うので数字をもって説明することにしたい。

今まで「農業ではやってゆけない」を連発したきらいがあったが、経営規模別にみて、沖縄

第13表 田畑経営面積規模別1カ月当り農業収入及び支出(1世帯当り平均)

(1957年7月〜1958年6月)

経営規模	全沖縄平均	3反未満	3反〜5反未満	5反〜1町未満	1町以上
調査世帯数	戸 7,640	戸 4,048	戸 1,301	戸 1,432	戸 859
収入総額	円 2,600	円 1,319	円 2,937	円 4,271	円 5,495
米類	307	120	399	561	624
麦類	4	2	3	6	14
大豆	55	27	46	80	162
イモ	658	423	790	924	1,122
甘蔗	403	68	194	841	1,563
蔬菜	294	195	382	449	375
その他の作物	113	22	76	186	473
養畜	667	421	849	1,077	874
農産加工	9	7	14	13	6
農業雑収入	90	34	87	134	282
農業経営費	908	588	1,071	1,212	1,670
雇用労賃	62	28	74	72	185
種苗,苗木	35	10	34	24	170
肥料	95	30	110	148	293
飼料	462	364	625	603	446
農用薬剤	5	3	6	6	10
諸材料	4	2	1	6	17
動物	172	124	179	237	283
農具	18	9	10	24	63
農具修繕費	4	1	1	8	16
賃借料及び料金	20	2	10	36	89
小作料	6	7	3	6	9
加工原料	1	0	0	1	4
農業雑支出	24	8	18	40	85

資料:『統計月報』1958年8月号

の農家は月平均いくらぐらいの収入を農業からあげているかをまっ先にしらべよう。第13表はそれを示している。三反未満が月平均一三一九円、三反から五反までが二九三七円、五反から一町未満が四二七一円、一町以上になるとぐっとふえて五四九五円、平均して全沖縄で二六〇〇円となっている。ここでは経営規模が大きければそれだけ農業粗収入が増大しているので、まず常識通りにいっている。全沖縄平均で収入を項目別にすると、養畜が全収入の二五・六%(六六七円)を占めて首位、イモの二五・三%(六五八円)がそれにつぎ、甘蔗の一五%(四〇三円)、米類一一・八%(三〇七円)の順になっている。経営規模別にみてもうなずけるように、沖縄の農家経営は畜産をぬきにしては考えられないほど、それは重要な地位を占めている。これはもちろん牛馬のような、大家畜は純農家でなければもっていないが、豚をはじめ、山羊、鶏、兎などの小家畜はどんな貧しい農家でも飼っている。

第14表を御覧になればわかるように、牛だけは役肉用、乳用とも戦前の一九四〇年にはまだ及ばないが、豚、鶏などの小家畜は、はるかに戦前を上廻っている。飼養数からみると九万農家として牛は十五戸で一頭、馬は十戸で二・三頭の割であるが、豚は一戸当り一・五頭、山羊は一頭余り、鶏は同じく三羽強である。

畜産収入につぐイモが戦後も養畜と肩を並べて大きい農家の収入源となっているのは、全農家が、イモ食は昔の話で「戦後はお米の御飯を食べていて生活程度はぐっと上ったのだ」と、那覇など都市の生活状態を見ただけで、ひとりぎめしている人々の考え方が正しくないことを教えているようだ。

甘蔗は黒砂糖や精白糖の原料で、戦前は換金作物の王者であったが、戦後は輸出入貿易の項でもふれたようにいろいろの政治的、経済的な条件に制約されて、ここでもそれがはっきりあらわれ、わずかに米に先行しているにすぎない。

さて、支出の面における農業経営費では、飼料が半分以上の四六二円となっており、これにつぐのが動物の二〇％（一七二円）であるから、両方を加えると全経営費の七割近くが養畜のための経費となっている。金肥が一〇％（九五円）程度であること、それに雇用労賃が、年雇は全然といっていいほどなく、すべて臨時雇用で、それも沖縄独特の「ユイ」という相互扶助的な労務の出し合いを賃金で表示したものである事実などから推察すると、沖縄の農業経営がどんなに原始的であるか、その意味では大政東大教授のいわれる略奪農法がそのままここではあたっているといえよう。

家計費では全沖縄平均で一戸当り五四五一円で、耕作面積

第14表　家畜飼養頭羽数

種類＼年次		1956	1940
牛	役肉用牛	13,446	29,820
	乳用牛	200	310
馬		21,940	—
豚		142,024	128,793
山羊		96,380	118,139
鶏		288,752	142,205
兎		11,756	—

資料：『琉球統計年鑑』1956/7年版

第15表　経営規模別農家1戸当り家計費

(1957年7月〜1958年6月)

経営規模	全沖縄平均	3反未満	3〜5反	5反〜1町	1町以上
調査世帯数	戸 7,640	戸 4,048	戸 1,301	戸 1,432	戸 859
平均世帯人員	人 5.4	人 4.8	人 5.6	人 6.1	人 6.8
支出総額	円 5,451	円 4,656	円 5,732	円 5,962	円 7,932
実支出額	4,420	4,008	4,497	4,824	5,584
消費支出額	4,330	3,931	4,399	4,726	5,458
飲食費	2,552	2,267	2,638	2,891	3,211
主食	1,194	1,005	1,290	1,428	1,558
非主食	1,340	1,242	1,335	1,449	1,618
外食	18	20	13	14	25
住居費	208	199	207	242	199
光熱費	193	157	177	205	365
被服費	324	297	332	347	403
雑費	1,053	1,011	1,045	1,041	1,280
非消費支出額	90	77	98	98	126
実支出以外の支出額	1,031	648	1,235	1,138	2,348

資料：『統計月報』1958年8月号

が大きくなるにしたがって増大し、一町歩以上では七九三二円となっている。さてここで問題となるのは、農家の消費支出額に対する飲食費の占める割合、すなわちエンゲル係数である。第15表と第16表とを比較対照しながら検討すると、一般的に農家の生活程度が低いことがよくわかる。第16表は沖縄の全世帯一カ月間の一世帯当り家計の実態調査である。それによると、全沖縄平均のエンゲル係数は五五であるが、農家の全沖縄平均では、三・九も殖えて五八・九に上昇している。第16表による地

第16表　全世帯1カ月間の1世帯当り家計総支出額
(1957年7月〜1958年6月)

	全沖縄	沖縄群島				宮古群島	八重山群島
		北部	中部	南部	那覇市		
調査世帯数	戸 14,896	戸 2,050	戸 4,890	戸 2,116	戸 3,615	戸 1,344	戸 881
平均世帯人員	人 4.7	人 4.7	人 4.6	人 5.2	人 4.4	人 5.1	人 4.9
支出総額	円 5,676	円 5,322	円 3,275	円 4,830	円 6,851	円 5,600	円 6,039
実支出額	4,751	4,155	4,603	4,086	5,950	4,085	4,626
消費支出額	4,649	4,072	4,517	4,003	5,799	4,008	4,529
飲食費	(55.0) 2,560	(59.6) 2,427	(54.8) 2,474	(59.1) 2,369	(51.2) 2,974	(55,9) 2.241	(57.3) 2,596
主食	985	1,132	905	1,121	875	996	1,200
米	662	801	605	736	703	372	755
その他	323	331	300	386	172	624	445
非主食	1,471	1,250	1,444	1,229	1,933	1,188	1,257
外食	104	49	125	19	166	57	139
住居費	278	247	268	175	427	188	166
光熱費	198	115	185	132	229	411	169
被服費	396	294	397	319	555	257	376
雑費	1,217	989	1,193	1,008	1,614	911	1,222
非消費支出額	102	83	86	85	151	81	97
実支出以外の支出額	925	1,167	672	742	901	1,511	1,413

資料：『統計月報』1958年8月号

「実支出以外の支出額」は貯金，保険料(火災，傷害保険を除く)，無尽掛金，借金返済，掛買払い等を含む．

区別対比では、沖縄北部の五九・六が一番わるく、沖縄南部(五九・一)、八重山群島(五七・三)、宮古群島(五五・九)、中部(五四・八)の順で、那覇市が五一・二を示して、沖縄では最上のくらしが保証されているかに思われる。ところが、同年間(一九五七年七月—五八年六月)の総理府統計局家計調査による全都市全世帯平均のエンゲル係数四二・六にくらべると、最上のくらしが保証されているという言葉は遠慮しなければなるまい。

さて、いままでの地区別エンゲル係数を念頭において、第15表に移ることにしよう。さきにふれたように農家平均のエンゲル係数は五八・九を刻んでいるが、経営規模別にみていくと沖縄の農業経営の複雑さが克明にあらわれている。というのは、五反から一町未満の農家が最低のくらしで六一・二、つぎは三反から五反未満が六〇、一町歩以上の農家がそのあとをついで五八・八となり、三反未満の農家は五七・七で農家の階層別では比較的に楽なくらしをしているということになっているからである。エンゲル係数の一番高い五反から一町未満の農家は沖縄においては純農家の仲間入りをさせられているが、あとでのべるように農業粗収入が農業外収入とほぼ同額であって、勤労収入が比較的に少く、そうかといって一町歩以上の農家のように農業収入では保証されていない状態、右足は農林業に、左足は製造業や商業などサービス業において目を白黒させている恰好が、この階層である。どちらかの足場がぐらつきだすと、からだ全体が変調子になるわけである。だからこの層が農家ではもっとも人間らしくない生活をしているといってよいのであろうか。そして、三反未満は農家というより生産性の高い第二次、第三次産業などから上る収入の方が多いので、同じ「口から手へ」のくらしとはいえ、わりに気楽であるといえるのだろうか？　ところがそのような推論は、もとより比較的なことであって、いま論じているのは、すでにエンゲル係数が五〇を越している人間らしくない生活、酷い言葉でいうと、動物に近い非近代的生活のわく内での比較論をやっているということを忘れないようにしなければならないと思う。

経営規模別のエンゲル係数では、農家の四階層のうち五反から一町未満が最低の生活をしているようになっており、三反―五反未満、一町以上、三反未満の順であるということは、戦後の沖縄における特異な、そして速断を下せないほど複雑性をおびた実情をそのままさらけ出しているようなものである。したがって、戦後おどろくべき速さでおしよせた資本制商品の奔流の中で、自給自足の後進的農業経営になれていた沖縄の農民が、抜手を切って進むにも彼岸はみつけられず、右往左往しているありさま、それに政治的にアメリカ軍政府というバックを背景に、着実に、地歩をかためていったところの産業や商業の独占的、買弁的資本の侵入によってもかきみだされつつあること、アメリカ民政府の代行機関、琉球政府の財産をまかなうための直接税や間接税の重圧、祖国にくらべてつねに高い物価からの脅威など、多方面からの検討のすえでなければ、正しい総括をするのは困難であろう。このような総括にたどりつく過程として、さらに地区別に、経営規模別に、農業粗収入と支出のアンバランスについてふれることにしたい。

第17表は農家経済の地区別特色を明確にしたものである。さきにもふれたように沖縄平均農家の農業粗収入は二六〇〇円で、経営費と家計費など農家総支出額は六三五九円であるからその比率は四〇・八％ということになる。わかりやすくいえば、沖縄の農家は、一月平均百円支出する場合、四十円八十銭しか農業収入からあげることができない。残りの五十九円二十銭は農業外の仕事や家族の稼ぎ先からの送金でもってどうにかこうにか埋め合せをしているということである。家計費の中には、琉球政府や市町村への税金、教育税、PTAなどへの寄付金等は一円も含まれていないことを考慮に入れると、七割以上の基地的収入によってやっと輸入超過をおぎなっている貿易収支の事実が、農家の経済生活の面からも立証されているようである。

第17表　地区別農家経済調査

(1957年7月〜1958年6月平均)

地区別＼項目	農業粗収入 A	農家総支出 B 経営費	家計費	計	A/B
	円	円	円	円	%
沖縄平均	2,600	908	5,451	6,359	40.8
北部平均	2,709	943	5,468	6,411	42.25
中部平均	1,802	802	5,316	6,118	29.6
南部平均	3,334	1,661	4,815	6,476	51.45
宮古平均	3,066	728	5,794	6,522	47.0
八重山平均	3,541	1,033	6,687	7,720	45.86

資料：『統計月報』1958年8月号

地区別にみると基地街の中部地区の農民は平均して支出百円のうち、たった二十九円六十銭しかまかなえないので、七十円四十銭は基地的の収入で補っており、この地区では、農業だけで台所を支えている農家は、殆どないことを教えている。中部についでよくないのは、沖縄北部の四二・二五％であり、八重山群島の四五・八六％、宮古群島四七％の順である。南部は五一・四五％となっているからこの地区だけは農業粗収入の方が農業外収入より多く、純農家が部落集団をなして農業にいそしんでいることがわかる。

第18表 経営規模別農業粗収入の1カ月当り支出総額に対する割合

(1957年7月〜1958年6月)

経営規模別＼項目	農業粗収入 A	支出総額 B			A/B
		経営費	家計費	計	
沖縄平均	円 2,600	円 908	円 5,451	円 6,359	% 40.8
3反未満	1,319	588	4,656	6,244	21.1
3〜5反	2,937	1,071	5,732	6,803	43.1
5反〜1町	4,271	1,212	5,962	7,174	59.5
1町以上	5,495	1,670	7,932	9,602	57.2

資料：『統計月報』1958年8月号

第18表は、経営規模別に、農業粗収入と支出の割合を示したものである。この表ではエンゲル係数のところで説明したように、五反から一町未満の農家になってはじめて、農業収入で支出の半分はまかなえること、五反未満の農家は農業外収入の方が農業収入より遙かに多いことが示されている。

食物だけでも自給しようと生産にはげんできた農家が、戦後は今まで説明した通り、経済的、経済外的要因の直接むき出しの影響をうけてぐらつき出し、そのもろさを随所にあらわしているが、一九五八年におそった旱害の祟りをうけて、食糧難と借金を背負い込んで村をあげて身動きできなくなり、村民税も払えない惨状を呈しているという村の話をつぎにあげてみよう。

地区別エンゲル係数でもっとも悪かったところの沖縄北部の伊是名、伊平屋両村の場合――伊是名村は人口五六八九人、世帯数九九四戸、伊平屋村人口四〇〇八人、世帯数七〇〇戸、両村とも純農業地帯で、戦前は「米の島」といわれたほど、農業の主体は稲作。離島ながら主食は米で、自給して余り、文化的にも沖縄では最も高い水準にあったところ、その「米の島」がたった一回の旱害でたたきつぶされてしまった。

田圃の九割は天水田に占められているため雨がないとてきめんに被害をうける。それで昨年二期米の植付面積は小さなダムや溜池のあるところを中心にして、両村とも昨年の二割程度にとどまった。それだけでなく、植付前の肥料を入れるころまではわずかながら水があったので肥料を入れたところ、結局植付けはできず、入れた肥料は捨ててしまう結果になった。伊是名村の場合、四千袋(八千ドル分)の肥料を入れ、そのうち三千袋(六千ドル)がすてたも同然になったという。しかしこの分は民間会社(琉球肥料)から購入したため、急な請求におされて無理してそのうち五千ドルの代金を支払った。それより先に同村では昨年一期作用として、中央農林金庫から借入れた肥料代一万ドルが未払いとなっている上に、さらに今年一期作用として、一万ドルを借入れした。差引き現在の借金高は肥料代だけで二万三千ドル。

伊平屋村の場合も事情は同じで、これまでの肥料代の借金が一万二千ドル。さらにこのほか、両村とも旱害対策食糧購入資金として昨年十二月に中央金庫から融資をうけており（伊是名村一万三二〇〇ドル、伊平屋村一万二千ドル）、結局両村の負債をまとめると農協扱いだけでも六万ドルを突破する。食糧難もこれからひどくなる一方、戦前は両村とも米のおかげでくらし向きはよかったが、戦後は事情ががらっと違い、金廻りが悪く、収穫期に全部米を売り尽してしまうため、今ごろの端境期になると逆に外米を輸入する状態にたち至っている。それだけ平年度もぎりぎりの生活をしていたところへ、こんどのひでりにおそわれたため、食うのがせい一杯でとても借金返済までは首がまわらないという。そのため税金の徴収も悪く、伊是名村では、今年度の村税四九〇〇ドルに対して徴収額わずかに四百ドルにすぎず、年度三分の二をこえる今までほとんど政府の交付税で、役所費をまかなっている状態。

こんどのひでりでよくなったのはキビ作だけだが、それでも砂糖売上げ代金から借金に廻せるのは伊是名村の場合六三〇〇ドルのうち二千ドルで、三〇％程度、七〇％は食糧費へつぎ込まれるといわれ、馬鈴薯も二七万一千キログラム（五千ケース）のうち、出荷できるのは一千ケースで、四千ケースは直接食糧用に廻される。こうした借財をかかえて両村とも家庭のすみずみまで耐乏生活が徹底しており、伊是名村では平年百頭もつぶすという旧正月用豚を今年は二十五頭でがまんしなければならず、伊平屋村でもお正月はこれまで一人当り四斤の豚肉量だったのを四分の一にへらすなど、消費生活面で切り捨てるべきものを容赦しないといった緊縮政策の実行へ村民あげて努力しているが、この二、三年は赤字生活から解放されないと暗い表情をみせている。(『沖縄タイムス』)

4　略奪農法下の農民

さきに「農業経営規模が大きくなるにしたがって収入がふえるという常識は、沖縄の農家経済では完全に打消されている」といったが、それは、「土地に対する労働と資本との追加的投下は、それに照応する収穫量の増大をもたらさないで、その収穫量を逓減していく」という土地収穫逓減の法則が、沖縄の農業経営で行われているという意味ではない。むしろその逆で、沖縄の農業経営においては、戦後ますます略奪農法が全般的に行われている事実が、基本的な特徴となっている。略奪農法というのは、さきに引用した大政教授の「極端ないい方をすれば略奪農法に終始して、土地の生産力をねむらせ、いたずらに貧しさをかこっている」「農耕資源の沃土が雨水によって海に棄てられるのを傍観している」ということだけでは、その核心にふれて、ありのままのすがたをうきぼりにするには不十分である。

いうまでもなく、小規模農業における略奪性は、農民が「従順である」「そぼくである」「哀調をかなでるだけである」とかいう、永年つちかわれた農民の性格から生まれたり、無関心であったり、傍観したりしているためにうみ出されたものではない。それは資本主義的生産様式が支配的となっていく過程で内在し、成長するものであって、特に沖縄の農業経営においては、農法の略奪性は民主主義に偽装された植民地政策によっても促進されたものであることに留意する必要があろう。戦後の農業経営規模が、軍事基地のために土地がとられて零細化し、三反以下の農家が全農家の四九％を占め、五反以下ではその七二％に達している点については、さきにのべたが、このことは、農業経営に支配的位置を占めているのは、小規模経営であることを実証するものである。ところで小規模経営を維持しているのは、あらゆる略奪である。それは第一に土地の生産力の略奪の上にたっている。しかしそれだけではない。第二に家畜の能力をも略奪している。第三に戦後大きい比重をもって登場し、たゆみなく進行してやまない農民の労働と生命力の略奪である。

では順をおって零細農業を維持している略奪性について説明しよう。

第一に、土地は合理的に利用されているか、施肥はどのようになっているだろうか。土地の合理的利用や、適期適切な施肥は作物の反当り収量からも明らかなように、むしろ戦前より悪くはなってもよくはなっていない。灌漑や排水は農民の生活からの叫びであるに拘らず、戦後十四カ年を経過した今日ようやく手をつけたばかりである。

土地は生きている。生きている土地は有機物を含んでいるからこそ、その自然の力をおしまげずに利用すれば正直に支払った代価を農耕者にかえしてくれるのである。それには働く人々と同じく休養を与えてやらねばならない。肥料も満足でなく、深耕して空気中の窒素を吸収する余裕も与えないで、年がら年中耕作をしつづけていたのでは、土地は、もっていた有機物を失い、蛋白質の欠乏で慢性飢餓にひんしている人間に似て、栄養失調におちいる。ところが、沖縄の小農経営は、一カ月でも土地に休養を与えようものなら、かんじんのこちらがまっ先に干ぼしになる。

休耕についで、輪作がある。宮古群島の例をとろう。そこでは毎年問題になるのがメンガ虫のような病害虫の被害である。宮古の農民達は換金作物として甘蔗だけしかない。甘蔗とイモの輪作をやれば有機物を保存することもでき、作物の成長を助けることぐらい伝来の経験でいやというほど知らされている。ところが輪作にイモや蔬菜を植えたのでは金にならない。だから春植え、夏植えとひっきりなしにおなじ甘蔗をいやでも植えつけて金にかえないわけにいかない。このようなくりかえしであるから、栄養失調の土地には栄養不良の甘蔗が生れ、病害虫にやられる可能性がちゃんと用意される始末である。灌漑にしても、排水にしても、また深耕、休耕やたくみな輪作にしても、土地のもつ自然の力を十二分に発揮して貰い、余計に収益をあげるための合理的な土地の利用である。そうしてはじめて、改良された品種もものをいうし、栽培の改善も地についてやれる。いろいろ手をつくして荒廃から土地を守り、育てあげ、理にかなった農法をすれば、収穫も多くなり、生活がいくらか楽になるだろうことを知らない農民はいない筈である。ところが、そのわかり切った道理がどうにもならないのである。先立つものは資本である。「手から口へ」の牛馬に等しい生活、「胃袋に入れるより懐ろへ」のきりつめた消費生活にあえいでいる小農にそんなことを求めるのがどだい無理というものである。他に道はない。たよりにできそうなのは、琉球政府だけとなる。なぜなら、苦しい中から過重な税金を納めているのであるから当然農業の振興に補助金をあてにすることができるという次第だが、それも焼石に水程度である。このような始末だから土地の荒廃と酷使は極点に達している。

だが、それだけではない。地力を減退させている要因はまだ外にもある。戦禍による打撃である。第二次大戦中、アメリカ軍がたたき込んだ砲弾は、沖縄本島の山河をかえた。亜熱帯の緑の島は変貌した。森林はいうまでもなく青草さえかげをひそめていた。その弱味につけ込んで、年中行事のように襲いかかる颱風と豪雨は樹木のない土地を洗い流し、はだかにしてしまった。そのため戦前大雨の時、学童の足をすくったことのある川は、田畑の表皮といわれている豊饒な土壌をたくわえてあさくなっている。真珠やかき養殖の大家である郷土出身の宮城真淳氏の研究によると、那覇港の海底実測で、戦前三十年間に、陸地から流された土が、四、五寸程度であったのが、戦後はわずか十年間で五尺から六尺の土がたまっているとのことである。近海の砂は陸地から流れでた有機物で満腹していることは、琉球大学の仲田助教授の測定によって明らかにされている。

土地はすでに肥料を保存する力を失っている。戦争で蹂躙された沖縄の田畑は、与えられる肥料さえ満足に消化しうるすこやかな胃袋をもっていないということである。

さて、肥料についていえば、その値段の高いことでは他府県の農民とやや同じ立場におかれている。ちがう点は、金はあっても、農民がほしい単肥をいつでも時期をみて手に入れうる仕組にはなっていないことである。肥料が農民の手に渡るまでのからくりはこうである。

一九五五年四月琉球肥料協会ができた。琉球農業協同組合連合会(農連)、琉球製糖会社、大東製糖会社、沖縄製糖会社、琉球肥料会社の五つがその構成員である。この協会は、硫安、過石、塩加などの単肥の年間需要高をまとめて、琉球政府に申込む。琉球政府は、一九五二年七月の「本土と南西諸島との間の貿易及び支払いに関する覚書」にもとづいて、日本政府に通達する。日本政府は、年間硫安一万五千トン、過石五千トン、塩加千五百—二千トンを限度に、国内扱いすることをたてまえとして、硫安は日本硫安、過石は三菱商事、塩加は第一物産の各会社にそれぞれ指名輸出をさせている。

那覇港に陸揚げされた肥料は、琉球肥料協会加盟の五団体が、まえもって協定した所要量に応じて、それぞれの倉庫に搬入される。農連と四つの会社は、これらの単肥を配合する。

水稲、甘蔗、馬鈴薯、パインアップル、芝草、蔬菜の名をつけた六種類の配合肥料である。

前記の三製糖会社は甘蔗配合肥料だけ、農連と琉球肥料会社は全配合肥料を取扱う。戦前配合肥料の構成比の正否をしらべる検査官がいたが、いまはいない。農民はそれに不満をもっている。単価の高い硫安をへらして配合されても、やみくもで、だれにもわからないから文句をつけるわけにいかない。また硫安だけほしいからといって、単肥としては売らないのであるから、不満ではあっても独占会社や農連のいいつけ通りの肥料を売りつけられて施肥しなければならない。政府経済局では「単肥を自由に売ると使用法を知らない農民のことだ、地力を減殺するおそれがあるので」という。農民は、自分達の土地が何をほしがっているか、水稲、野菜、甘蔗やパインがどのように調合されたこやしをもとめているかぐらい、役人さまよりよく知っているのだと抗議する。がどうにもならない。それに、正面切って要求するにもまた先立つものは金である。というのは、前借りをしないで肥料を買える農家はごく限られているからである。沖縄の金融を独占支配するためにアメリカ民政府によって設立された琉球銀行は、肥料協会の構成員にはいくらでも融資する。また琉球政府は農林業の保護育成の名目で毎年農連に補助金を与えているので、これらの会社や団体は、進んで前貸しして、農民を借金の鎖でしばりつけておく。悪いことには、農民を商業や産業資本の搾取から守るためにとつくられた筈の農連は、いまではむしろ独占資本家となれあって、小農経営の上にのしかかり、もうける機関に転身してしまった(一九五七年十一月から五八年六月までの八カ月間で農連のあげた利潤は一〇三五万四千円である)。

農家が施肥するまでのコースは概略以上のようになっているから、適期適切な施肥どころの騒ぎではない。

第二は畜力の略奪である。牛馬の頭数については、まえにもふれたように、戦後十四年もったというのに、戦前の半数にも達しない。一九五六年現在、牛は沖縄全島で一万三千頭、馬は二万二千頭足らずで、その後ふえた形跡はない。そのうち役用にどのくらい廻されているか確実な資料はないが、約五分の一程度と推察されている。牛馬耕は主として八重山や沖縄本島の南部と北部の農村で行われているが、小規模経営農家にとって肉用と違い、すぐは金にならない牛馬に、高い飼料を買って与えるゆとりはない。青草とイモヅル、それに濃厚飼料といえば煮詰めた甘藷である。バラカスや豆腐のしぼりかすを混入する場合は必ずといっていいほど一日十時間もぶっ通し酷使したときである。牛馬とはいえ、このような飼料で一日十時間もこき使われたのでは、能率の上ろう筈がない。老いた百姓が鞭を加えるが十四、五分もうつろな眼をしばたたいてたちどまっている牛馬をよく見うける。しまいには使い手もつかれはて、へたばってしまう図はむしろ悲惨そのものである。役用牛馬にふれたついでに、養豚について付記しよう。

養豚は飼い方が牛や馬よりわりに容易であり、金になるのも早いので、小農経営と密接にむすびついている。そのためでもあろうが、戦前の一九四〇年一二万八千頭であったのが一九五六年では一四万二千頭にふえている。もちろん人口の対比からすれば、五六年には一・三倍に人口は増加しているので、豚は一六万五、六千頭になっていなければならないことになる。それはさておき、売るための養豚事情はどうなっているだろうか。那覇の新聞はほとんど毎日のように豚価が下落して農家は悲鳴をあげていると報じている。現在豚の生体斤当り十七セントまで下落しているので、農家も、生活のたしに豚を飼っている軍作業員の家族も、一様に不安のおももちである。沖縄では生体斤当り二十セントを割ると生産費をつぐなわない。というのは豚の濃厚飼料である甘藷の小売価が那覇や基地の街コザ市では斤二・〇セント、農村では一・五セントが平均相場、豚は一日十斤食うので十五セント、それが大体二百日で一五〇斤の肉豚に成長するまでに三十ドルの甘藷が飼料として消えるのであるから、生体二十セントを割るといも代にも達しない計算。だから農家は損して売るより三百日で一五〇斤になってもいい、一日十斤の甘藷飼料を六、七斤にへらして与え、成長を故意に引きのばす飼い方をよぎなくされている。それが、アメリカ軍部隊の近くでは様相が違ってくる。飼料が残飯であり、蛋白質を甘藷より余計含んでいるので豚の肥育も早いし、肉質も極上というわけである。

残飯は欲しければだれにでも手に入るものではない。部隊内でも食堂勤務の作業員に限られる。アメリカ軍は残飯だからといってただではやらない。食堂勤務の作業員に処分させるのが便利でもあるところから、いままで入札制にして売っていた。ところが最近軍作業員への残飯払下げ禁止事件がおこり、残飯がとうとう政治問題化して物議をかもしてしまった。それは、土地取上げ―零細農化―基地労働者への転落―低賃金―副業としての養豚の径路がよくわかり、小規模農家の生活を集約的にあらわしているので、四月二十一日(一九五八年)の『沖縄タイムス』の記事を要約してみたい。

軍の残飯処理には内規があって、ミサイル基地の嘉手納航空隊では昨年から入札制になった。そこで同隊内の食堂従業員四百名は、低賃金(月二十五ドル)を支えるため残飯を払下げて貰い、家族に豚を飼わせて、ほそぼそと暮しをたてていた。ところが四月十八日残飯処理の契約期限がきれ、更新しようとしたが、部隊側は、軍雇用条令に反するとの理由をもち出して、従業員との契約は打切り、某買弁会社に一方的に落札してしまった。いままで残飯目当てに、三頭から五頭の豚を飼い、低賃金をカバーしていた食堂従業員四百名は、直接家族の生活にひびき、また全部で二千頭余りの豚をみすみす餓死に追いやることにもなるので、結束をかためて中部市町村議会に働きかけた。コザ市会では、いち早くこれをとり上げ、四月十三日本会議を開いて残飯払下げの陳情を全会一致で可決した。

軍食堂従業員は軍雇用員のうちでも比較的に低賃金労働者であり、家族を扶養するためには、職場で入手できる残飯で養豚を営み、これによって最低生活を維持している現状である。しかし今度の契約更新期には、軍食堂従業員を除外して某会社に落札させたことは、零細業者(軍作業員)の生活権をおびやかすことであり、社会的にも由々しい問題である。したがって、市会の名において強く世論に訴えると同時に軍当局に食堂従業員に従来通り残飯を払下げてもらうよう要請する。

この決議にもとづいて、中部市町村長会でも再三にわたり、航空隊にかけ合ったが、軍側は極東軍司令部(立川)の命令だといってその意向をかえない。従業員が飼育している豚の処理期間として一と月だけ、契約をのばしただけだった。コザ市長の大山朝常氏は、近く所用のため上京する際、立川まで足をのばし、極東軍司令官と会って、陳情することになっている。大山市長は「沖縄の現状を強く訴えれば、これまで通り従業員へ払下げて貰える」と語り四百人の従業員もそれに期待をかけている。

大体以上の通りであるが、ミサイル基地の残飯は東京の軍司令部へ波打っていく。労働者と小規模経営の農民とのつながりはこのように沖縄では直接台所でむすびついていること、大衆の窮乏化の極にはいつでも買弁的な独占的な資本力が蠢動していること、アメリカ軍は残飯であれ、塵芥であれ、ただでは与えないことなど、養豚と残飯問題は基地があるかぎりいつまでも物議の種になるしろものらしい。

第三の農民の労働と生命力の略奪について。むつかしい言葉でいうと過度の労働と過少消費

第19表　産業及び従業上の地位別就業者数

(1958年6月現在)

			総　数	男	女
			人	人	人
全産業			376,000	195,000	181,000
非農林業			182,000	112,000	70,000
農林業			194,000	83,000	111,000
	自営業主		77,000	50,000	27,000
		有給の従業者を有しないもの	76,000	49,000	27,000
		有給の従業者を有するもの	1,000	1,000	0
	家族従業者		113,000	30,000	83,000
	雇用者		4,000	3,000	1,000

資料：『統計月報』1958年6月号

である。小農経営をもちこたえるためには、労働を強化するだけではなく、消費も極度に切りつめなければならないわけであるが、その説明に先立って農林業に従事している就業者がどの位いるかを明らかにしておきたい。

第19表によると一九五八年六月現在総人口八三万七千人のうち就業者数は全産業三七万六千人で、その五二%弱の一九万四千人が農林業に従事している。男女別では女が一一万一千人で男より二万八千人多い。さらにそのうちの自営業主は男五万人に対し女は三五%にあたる二万七千人、戦争で主人をなくしたかよわい婦人達が二、三百坪の田畑にしがみついて、家計のやりくり算段にどんなに青息吐息をしているかに留意しないわけにいくまい。女の自営業主には一人の例外もなく有給の従業者がいないことだけでも、その生活の度合が推察できるからである。

第20表　全沖縄，農林業，非農林業別従業者の地位別にみた本業の週間平均就業時間
(1958年4月〜6月平均)

	平均	業主			家族従業者	雇用者			
		平均	有給の従業者を有しない者	有給の従業者を有する者		平均	官公雇用者	軍雇用者	民間雇用者
総数	44	46	45	55	33	53	50	48	56
農林業	36	42	42	42	32	42	49	—	41
非農林業	52	52	51	56	43	54	50	48	57

資料：『統計月報』1958年6月号

とはいうものの、男の自営業主にしてもその九八％までが有給の従業者をもっていない事実からすると、沖縄の農業経営の零細化はこの表からも明確に読みとれるし、そのうえ、家族従業者が一一万三千人もあることを考慮に入れると、業主も加えて一自営業主のもとに二・五人の働き手があることになっている。

第20表は、農林業非農林業別、従業上の地位別にみた週間の平均就業時間をあらわしている。農林業では全沖縄平均農家の就業時間は七日間で三十六時間となっており、非農林業にくらべると十六時間も少い。非農林業はこの表からは、一日ほぼ八時間労働ということになり、農林業では五時間労働である。一日に五時間働いて生活が支えられるとすればまさに天国という次第であるが、働くものたちの国、ソ連や中国あたりでもまだまだどうして五時間労働制にはなっていない。ではこの数字は何を教えるのか。むしろそれは農村における潜在失業者がどんなに多いかを示すものであって、自営業主が平均四十二時間であるに反して、一一万三千の家族従業者が週平均三十二時間し

か働いていないことを表示していることからでも容易に推察できよう。労働力の不完全消化と過度の労働は表裏一体となってあらわれているに過ぎない。

那覇市近郊の豊見城村や南風原村の野菜地帯の子女は、未明の六時にはちゃんと那覇市の農連市場に野菜類をはこび込んで小売り商に渡し、その二時間後にはもう朝食をのみ込んで畑仕事にでている。うす暗くなってやっと家路につき、女たちはそれから豚や牛馬の飼料に甘藷を煮つめて与え、さて夕食の仕度にとりかかる。一家団欒どころではない。食べ終ると明朝運ぶ野菜の荷づくり。それがすんでほっと一息つくときは夜の九時をすぎている。未明六時に那覇市場にはこびこむのであるから朝はおそくとも四時すぎには床を離れなければならない。五時間労働どころか十時間以上もぶっ通し働かなければやって行けないのが実情である。

これは都市近郊の野菜地帯の労働事情であるが、沖縄南部や宮古群島の甘蔗作地帯でも、また北部の稲作地帯、パインアップル栽培の八重山群島などの零細農の過度の労働も、これと大同小異である。

では家族全員揃ってこのようなきつい労働の責苦にあっているかというと否である。労働力が消化されず、あまっている場合、過度の労働を強いられるのは弱いものである。真先に白羽の矢をまともに受けるのは嫁である。嫁がいない場合は娘であり、母親たちである。そしておもむろに男たちに矢は向いてくる。家長はやはり小生産者であっても経営主の立場にあるので、家族が多ければそれだけどうしても封建的で家父長的にならざるを得ない。

ところが二反歩や三反歩そこいらの田畑に働き手が三名も四名もいたのでは、全員が精根打ち込んで耕作に従事することは、土地自体が拒否する。そこで、次男三男だけではなく、長男までが何か求めて飛び廻り那覇市やコザ市へ往来するようになる。真剣に仕事を探し求めるのであるが、限られた沖縄の労働市場は農村からあふれ出る余剰労働を受け入れるにはあまりにせますぎる。こうして沖縄の零細農経営における労働力の不完全消化と過重労働とは因となり果となり、連鎖反応を呼んでいよいよ内部矛盾を深めつつ進行する。そしてついに都市労働者の団結に支えられると、自分たちを苦しめている略奪農法のいきの根をとめるために、それを強いている資本主義的生産様式を内容とする軍事占領下の植民地制度からぬけ出すためのたたかいに、農民は生きる道を見出すようになるだろう。

第21表は家計総支出額に対する農業収入の割合を示しており、前にも簡単にふれておいたので、ここではそのうちの現金収支の度合をみよう。全沖縄平均では農業収入二六〇〇円のうち一三六九円の現金収入があり、同じく現金で支出した金額は四二八五円で、その比は三二・六％になっている。経営規模別にみると、一町歩以上の経営農家では農業収入五四九五円に対して現金収入は三四二一円となり、その比率は六二・三％である。五反から一町未満では四二七一円に対して現金収入二五二四円（五九％）、三反―五反未満では同じく二八三七円に対して一三

第21表　田畑経営面積規模別農業収入の1カ月家計総支出額に対する割合

(1957年7月～1958年6月平均)

項目	平均		1畝～3反未満		3反～5反未満		5反～1町未満		1町以上	
	総額	内現金	総額	内現金	総額	内現金	総額	内現金	総額	内現金
調査世帯数	7,640戸		4,048戸		1,301戸		1,432戸		859戸	
農業収入(A)	円 2,600	円 1,369	円 1,319	円 574	円 2,837	円 1,367	円 4,271	円 2,524	円 5,495	円 3,421
家計総支出額(B)	5,451	4,285	4,657	3,928	5,732	4,423	5,962	4,340	7,932	5,649
割合(A/B)(%)	47.1	32.6	28.3	14.6	49.5	30.9	71.6	58.2	69.3	60.6

第22表　田畑経営規模別家計消費支出に対する現物消費支出の割合

(1957年7月～1958年6月平均)

消費項目	平均	1畝～3反未満	3反～5反未満	5反～1町未満	1町以上
調査世帯数	7,640戸	4,048戸	1,301戸	1,432戸	859戸
消費支出額(A)	4,330円	3,931円	4,399円	4,726円	5,458円
現物支出額(B)	1,148	721	1,283	1,607	2,216
割合(B/A)(%)	26.5	18.3	29.2	34.0	40.7

第23表　世帯主の産業別1世帯当り家計総支出額　(1957年7月～1958年6月平均)

支出項目	平均	農林業	建設業	製造業	卸小売金融保険不動産業	運輸通信その他公益事業	サービス業	公務	その他	軍雇用
調査世帯数	14,896	5,078	928	657	2,161	591	2,459	542	2,480	1,377
平均世帯人員	4.7	5.3	5.2	4.8	4.1	5.3	4.3	5.5	4.0	4.7
支出総額	円 5,676	円 5,072	円 6,550	円 5,820	円 6,399	円 6,702	円 6,605	円 8,642	円 4,288	円 6,290
実支出額	4,751	4,106	5,105	5,052	5,416	5,794	5,482	7,080	3,795	5,161
消費支出額	(989) 4,649	(760) 4,031	(967) 5,030	(1,036) 4,975	(1,293) 5,300	(1,064) 5,641	(1,241) 5,338	(1,234) 6,790	(932) 3,730	(1,074) 5,050

六七円（四八％）、三反未満では一三一九円に対して五七四円（四四％）となり、経営規模が大きくなるにつれて、いわゆる貨幣収入は増加していることを物語っている。「胃袋に入れるより懐ろへ」という商品経済の苦闘の中でも経営が零細化するにつれて、売るものは少くなるので手もつけられないのである。

第22表は、その裏をかえしたもので、経営規模が大きくなるにしたがって現物消費は多くなっているが、五反から一町未満でも三四％の現物消費で、それが五反以下では三〇％足らず、三反以下になると一八・三％にすぎない。商品経済が全農家の生活を支配していることを示している。しかし、特に注目すべき点は、全農家の半数を占めている三反未満の農家は月平均三千円台の消費支出がやっとであるということである。そして経営が零細化する度合に応じて消費を切りつめて家計費のつじつまを合せていることがよくあらわれている。消費面を産業別に検討すれば、そのことがより明らかになってくる。

第23表がそれで、全沖縄平均の消費支出は四六四九円で一人当り九八九円（表のカッコ内は一人当り消費支出金額）となっているが、農林業は一番低く一世帯当り平均四〇三一円、一人当りにするとわずかに七六〇円である。

ではこのような統計資料は具体的にはどのようなかたちであらわれているのか、「富裕村から貧乏村へ、転落した中城（なかぐすく）、戦後ふえた離農者」の大見出しで四月二十七日（一九五九年）の『琉球新報』はつぎの通りえがき出している。

中城村は、戦前中部第一の裕福な村だったが、戦後は中部一の貧乏村にかわった。今年度もあと二カ月余りしかないが村税は七三・六%しか納められていない。昨年の同期は八〇%以上の納税率だったから一〇%近くも差がある。同村の総面積は一三〇三町歩、耕地率は六一%で全琉球平均一六%に比べると、地味肥沃で農村としての条件は恵まれているといえる。

戸数一八〇〇戸、人口一万四千名、うち約九〇%の一万二千五、六百名が農業に従事しているから中部第一の純農村といえる。耕地の総面積は八百町歩で、そのうち五十町歩は水田、七五〇町歩は畑地となっているが、畑は現在その七割程度しか耕されていない。それは戦後農業収入などより軍作業収入の方がみ入りがあり、農業より楽でもあるので離農者が次第にふえ、畑はみすてられ年々荒廃地が増したためであり、同村を裕福な村から貧乏村にかえさせた一つの原因になっている。第二に甘蔗の減収があげられよう。戦前は五〇〇万斤の黒糖をつくっていたが、現在はその四〇%しか生産されない。同村の主な農産物は戦前戦後も甘蔗にかわりはないが、特に甘蔗作を衰えさせているのは糖価の不安定性のためである。一九五〇年ごろ甘蔗作りは盛んで相当栽培していたが、糖価が大暴落したため、甘蔗作りに農家は自信を失い、栽培面積も減じたという。

つぎに養豚問題がある。昭和十八年、同村には一九七五頭の豚がいた。戦後食糧難から一時衰えた養豚も政府の畜産奨励のかけ声で飼育頭数も次第にふえ、現在は戦前の記録を破り、二八〇〇頭の豚がいる。ところが販路がないため、業者に買いたたかれ、飼料代もつづかないので、生産コストを割ってでも売らなければならない状態にある。その外に消費地の市場が遠く、交通の便が悪いことなどがあげられる。同村では一戸当り三十坪程度の野菜畑をもち、一かつぎの野菜を一日がかりでコザ、普天間、那覇の市場に出しているが、運賃とひまがかかり、基地周辺の農村に太刀打ちできないようだ。同村の総面積に対する耕地面積の割合は高いが、経営規模別にすると三反以下の農家が六九％を占め、農業以外の収入は殆どなく、そのため一カ月の収入が十ドルという農家はざらにあり、中部地区で最も困窮世帯が多い村として知られるに至った。また同村は中城湾に面し、颱風の被害が大きく、それによる年間の推定損失額は稲と甘蔗だけで二万ドルに上るといわれ、また山林面積が少く、水源が乏しいので旱魃による被害も大きいという。このような災害にも打ちかち貧乏村の汚名を返上するには、生産施設の完備、農業経営技術の改善、生産の合理化などがとり上げるべき問題となっているが、今年度の予算総額の五三％が役所費に使われ、かんじんの村興し、産業振興となる土木、産業経済費は僅か二四％にしか当らず、それも道路修理とか共進会の奨励費、病虫害発生の際の農薬費に使われており、予算の少いのが大きい悩みであり、戦前の富裕村への出口は八方ふさがりという状態にある。

5　農村生活と農民の階層

暗いという場合必ず明るさが控えているし、明るさはいつでも自分のかげにつきそわれている。農村の生活にも明暗のあることはいうまでもない。それは農民の生活の型が一色でなく、いろいろちがっているからである。苦しい生活は暗さをうつし出してみせるし、楽な生活からは光がさしてくる。苦しい生活と楽な生活をどこにめどをおいて決めるのかとなると、生活を支えていくためには何らかのかたちで生産に従わなければならないのであるから、第一、主たる生産手段である土地をもっているか、もっていないか、その広狭、第二は、生産手段を利用して、またはそのもとで働かされてあげる農業所得と農家所得との割合、この両面から検討すると農村生活のいろいろの型や、階層がはっきりし、明暗の実体がよく理解できると思う。

さきにあげた農家経済調査表(第11表)から、概算農家所得と農業所得を取り出して割合をみると第24表の通りで、全沖縄平均農家所得七万〇二七五円に対して農業所得はその三六・一%の二万五四〇二円となっているから、沖縄の農民の生活を支えるには六四%近くを農業外に求めていることを示している。農業所得は三反以下では同じく二四%、三反―五反未満でも二八%、五反から一町の農家になってやっと五二%にこぎつけ、一町以上では、さすがに七八%に

第24表　農家所得と農業所得との割合

項目 / 土地の広狭別	農家所得	農業所得	割合(%)
全沖縄平均	円 70,275	円 25,402	36.1
3反未満	66,406	16,169	24.0
3反～5反未満	81,993	23,478	28.0
5反～1町未満	61,208	32,206	52.0
1町以上	83,274	65,028	78.0

資料：『琉球統計年鑑』1956/7年版

達している。それにしても、昭和二十四年の本土の全国農家平均の農業所得の占める割合が、三反—五反未満四四・一%、五反—一・五町未満八八・九%、一・五町以上になると九二・五%であるのに比べると沖縄農家の貧しさはひどすぎるようだ。以上のことを念頭において階層の分析に移りたい。

農業労働者

土地も、家畜も、農機具などの生産手段ももたないので、他の農家で働かされて生活しているのが農業労働者である。これはもちろん一般的にいっての話で、わずかの土地や、鍬や鎌などの生産用具をもっていて自分で農業を営んでいるものもいるが、主として他人のために働いて賃仕事から上る収入で暮しているものは農業労働者である。また戦後特に三、四年まえからのびた新興産業のパインアップル工場とか、製糖工場など農業と結びついている工業で働かされるのも農業労働者である。沖縄北部の炭焼きや薪取りなどで賃仕事をしている森林労働者も、季節労働者や日雇労働者も農業労働者である。今のところ沖縄の農業労働者は、前項の第19表によると、雇用者がわずか四千人しか数字にあらわれていないので、この数字から、直ちに沖縄の農業労働者は四千だと決めてかかることは無理であろう。貧農とのけじめがそうはっきりしたものでない以上、階層的にいえば、プロレタリア的性格をもっている農業労働者の数は、それ以上になっていることだけは容易に推察できるからである。小農経営の略奪性からも明らかなように、またあとでのべる製糖やパインアップル製造企業に集中される資本によって、土地が買い占められる傾向、いいかえると資本主義的生産様式が支配的となるにつれて、いわゆるプランテーション労働者として働く農業労働者の数が激増する傾向は、すでにあらわれはじめている。アメリカの属領であるプエルトリコなどにおける糖業のプランテーション労働者と同じ方向へ進んでおり、アメリカが沖縄統治を永久化するための下部構造の基本的な分解作用が、日毎にいちじるしくなっている事実は特に注目に値しよう。『沖縄タイムス』紙は八重山群島のパイン季節労働者についてつぎのような興味ある報道をしている。

八重山ではパインの最盛期には、約一千人、のべ二二万人程度の季節労働者が必要だといわれるが、労務の需給や賃金の決定などは、業者まかせという前近代的な労働慣行下におかれているという。それで琉球政府労働局では、労務の需給関係や、賃金の決定などを事前に調査しようと係員が現地にいき、指導にあたったが、労務賃金の額で折り合いがつかず、職安ルートを通じての労務の需給は困難視されている。労働局では、八重山における失対事業の平均賃金が、時給九セントとなっていることから、この額を季節労働者の賃金として提示したようだが、業者側は、これまで赤字経営であったので、時給六セント以上は支給できないと物別れになったようだ。同局ではさらに時給九セントの線で業者との話し合いを進めることになっているが、折り合いがつかない場合は、これまで通りの業者の自由募集にまかせる意向である。（一九五九・四・三）

この報道でわかるように、パイン製造業者がこれまで季節労働者に支払っていた賃金は時給六セントであるから、一日平均十時間働くとして六十セント、月二十五日労働に堪えうるとして十五ドル、B円に換算するとわずかに一八〇〇円である。このような低賃金のもとで、業者の自由募集にまかせ、放任しなければならない前近代的労働事情、さらに業者側からすれば時給六セント以上支払っては赤字を出すという脆弱な経営基盤、このような条件だけでも独占資本の手ののびる素地は固められている。それに琉球政府が立案し、目下立法院で審議中の糖業とパイン産業振興法が、大企業の利潤確保と小企業の大企業への集中をねらっているのであるから、一方では独占資本への富の蓄積、他方では小規模農家の没落、農業労働者の増加とその貧困化の増大はおおいかくすべくもない。時給六セントの低賃金でも背に腹はかえられず、日雇稼ぎをしなければならない八重山群島の農家生活の実情がその証拠である。ところがさらに輪をかけて、借金の重荷にあえいでいるみじめな島がある。沖縄の零細農経営の縮図といわれている宮古群島がそれで、その負債について五月三日の『沖縄タイムス』はこう報じている。

今期宮古黒糖生産高は二六万七千丁(六十キロ樽詰二〇万四二六〇丁、三十キロ紙箱五万八四八四丁、三十キロ木箱四一六三丁)で昨年より一〇万丁の増産、しかし豊作というのに実収入がない。今期の黒糖代金が二四〇万ドルといわれているが、これまでの負債整理でその一割も農家の懐ろには入ってこないとのこと、ひどいところでは黒糖を出してすぐまた借金生活がはじまっている。上野(うえの)村では、一ドルの金を借りるのも容易でない。それに春植えのキビがメンガ虫のまんえんで約二〇%の減収だといわれ、今期ほどの豊作は期待できず、どの農家も暗い表情だ。

豊作でも実入りが零だ、それでまた借金生活という宮古の農民の負債状況は一体どうなっているのであろうか。本島の農家も大同小異であるが、特に同郡がずばぬけて負債の島を代表しているので、琉球政府宮古地方庁の資料からのぞいてみよう。

農家一戸当り平均負債額は二三二ドル。しかもこの負債は季節的にみて砂糖代金の入った直後で、資金的にもっとも楽な三月末日(一九五九年)の数字である。借入先別にみると、一般金融機関約一二八万ドル(五三・六%)で農家一戸当り一二四ドル余、農協、漁協系統融資約二七万ドル(一一・二%)、農家一戸当り二十八ドル余、民間貸借負債約八五万ドル(三五・二%)、農家一戸当り八十一ドル余となっており、総負債計二四一万六二八九ドルのうち三五%の高い比率を民間金融に依存している。民間金融がこのように比率が大きいのは農家経済の不利な要素となっている。農家一戸当り二三二ドルの負債に対し、平均貯蓄額は七十五ドルとなっている。このアンバランスから考えられることは金利である。まず、一般金融機関からの借入れは日歩二銭四厘、系統機関借入れ二銭、民間負債月三分とすると一戸平均で負債利子は月三ドル五十セント余りとなる。これから一戸平均の貯蓄額の利息を引いてもなお三ドル三十一セントの利息が毎月農家から生活費以外の支出となっている。つまり農家ではこのように月三分の利益をあげることは無理であるので、この差はやがて生活をおびやかす結果となる。一方貸方の立場からすれば、金貸しほどいい商売はないといえるわけだ。宮古における民間金融は高利を稼ぎながらしかもそれと並行して農産物の売買をなし、農業生産財の販売をしているのが多い。従って、その対象となるものは、売るのも買うのもすべて商売人任せとなり、貸すものと借りるものといった貧富の差が生じ、離島経済発展の大きな隘路となっている。

貧　農

小商品生産者、小土地所有者としての勤労農民のうち、農業収入だけでは経営と生活の維持ができないで、足りない部分を賃労働収入、またはこれに似たような収入で補うことによって一家の経済をまかなっている農民(第24表参照)、または略奪農法の項でもふれたように、賃仕事を探してはいるがこれという仕事にありつけないために、生活をいっそう切りつめながら農業経営だけでやりくり算段しているような農民もすべて貧農である。階級的には半プロレタリ

第25表　経営地の階層別平均構成

		全沖縄	階層別			
			3反未満	3反〜5反未満	5反〜1町未満	1町以上
総数		坪 1,527	坪 713	坪 1,315	坪 2,336	坪 4,715
自作地	計	1,238	544	1,098	1,652	4,375
	田	269	111	256	386	899
	畑	969	433	842	1,266	3,476
小作地	計	(18%) 289	(23%) 170	(16%) 217	(29%) 684	(7%) 340
	田	54	27	41	146	60
	畑	235	143	176	538	280

資料：『琉球統計年鑑』1956/7年版

アの性格をもっている。というのは、小商品生産者、小農経営者であるが、それだけでは経済を支えることはできず、その一定部分はつねに賃労働収入によって一家の経済をもちこたえているからである。

貧農は農業だけでは生活ができないのであるから、その耕地面積が狭いことはいうまでもない。経営規模別に、自作地と小作地にわけて、その構成を見ると第25表の通り。三反未満は平均七一三坪の耕地しかもたず、そのうち一七〇坪(二三%)は小作地であり、三反―五反未満では同じく一三一五坪のうち小作地が二一七坪(一六%)、五反―一町未満では二三三六坪の耕地面積をもっているが六八四坪(二九%)は小作地である。一町以上になると四七一五坪となり、他府県にくらべると段ちがいではあるが、さすがに小作地は七%にあたる三四〇坪を示しているにすぎない。五反から一町未満の農家が小作地の耕作割合が多くなっているのは、

第26表　経営規模別1世帯平均労働時間

項目		全沖縄平均 男	全沖縄平均 女	3反未満 男	3反未満 女	3〜5反未満 男	3〜5反未満 女	5反〜1町未満 男	5反〜1町未満 女	1町以上 男	1町以上 女
自家農業	家族	1,363	1,700	884	1,298	1,391	1,983	1,817	2,337	2,984	2,077
	年雇	18	—	—	—	—	—	—	—	181	—
	その他	143	70	64	35	151	97	199	94	435	156
	畜力	49		6		15		58		319	
	動力	1		0		0		1		3	
自家農業以外の仕事	家族	1,814	574	1,850	731	2,085	384	1,853	360	993	537
	家族以外	103	10	66	4	104	5	203	34	116	3

資料：『琉球統計年鑑』1956/7年版

本表は年度内の実態にもとづいて1カ年間の労働時間を平均として表示したものである．

できれば農業だけでやっていきたいとの自作農家の強烈な生産意欲のあらわれであると思われる。いままで縷々説明したいきさつをたどって見ると、五反から一町未満の農家でも、農業だけでは生活を支えられないので四八％も他に収入を求めているのであるから、沖縄の農家の九〇％までが貧農であると決めてもそう大してあやまっていないと思う。

さらに第26表に注意して貰いたい。農家の労働時間の調査表である。小農経営を維持している労働の略奪のありさまをのべたときふれたように、自家農業の家族の場合、男より女の方に労働時間が多く割りあてられ、過重労働を強いられていることを明らかにしている。それに一町以上ともなれば、畜力の利用が目立ち、それが三一九時間、主として耕耘機であるが、動力が三時間もあって比較的にゆとりがでるので、婦女子の労働時間が著しく減少している。

さらに自家農業以外の仕事で費した時間が、全沖縄平均で、自家農業の一三六三時間に対して一八一四時間さかれていることは、農家の圧倒的多数が手もとにある耕地だけではどうにもならないことを物語っている。それが三反未満の男では、自家農業八八四時間に対して、その二倍余の一八五〇時間はよそでの仕事についている。三反から五反未満でも同じく一三九一時間に対して二〇八五時間、五反から一町未満になってさえなお一八一七時間に対して一八五三時間となって、自家農業外で働く時間が多いことからでも、一町未満の農家は沖縄では一般的に貧農であるといえよう。もちろん一町未満でも、都市に近いとか、生産物の運搬が便利であるとか、反当り収量をふやす条件がそろっているとか、いろいろ有利な地位にある農家は農業収入だけでくらしをたてているものもある。その反面、一町以上の耕地をもっていても、離島であったり、耕地が極度にやせ生産費がよけいかかるとか、さまざまな悪条件が重なり合うと農業だけでは食っていけないので他の仕事から収入を余計あげている農家もある。したがって、一町未満の農家にも中農がおり、一町以上の農家のうちにも貧農がいることはいうまでもない。

中　農

小商品生産者としての働く農民である点では貧農とちがわないが、農業収入だけで経営を維持し生活をささえている農民、畜力の利用も多いし、時には耕耘機のような動力を使用する余力もあり、農繁期ともなれば農業労働者をやとったりもするが、主として自分で働いて自分で生活をしている農民が中農である。働く農民の中では階級的には小ブルジョアの典型であろう。沖縄では一町歩以上の農家がはじめて中農の階層の仲間入りができるわけだから、数からいうと全農家の一割をわずかに上廻っているにすぎない。そうなると小農経営が支配的である沖縄の農村には、中農の上の富農は指折り数えるほどしかいないことになる。富農は、他府県の例をとれば、自分も何らかの形で勤労に従事することもあるが、その外に恒常的に一定の農業労働者を使って経営を営んでいる層をいうのであるから、その階層があるにしても、沖縄ではごくわずかである。

最近ミサイル基地の構築がすすむにつれて道路網が四通八達し、もてる階層は交通運輸機関を利用するとか、軍用地代をまとめて受けとり、それをもとでに農業以外の営業、例えば製材、泡盛、パイン、豚や牛肉の加工事業などに投資し、農業経営とたくみに結合して賃労働者を使用しているから、富農が皆無というわけではない。このような層が、つぎの独占資本家とむすびついて、農村生活での陽のあたる面を代表している層といえるだろう。

独占資本家

土地に資金と労働を注ぎ込んで農産物がつくられる。それを売って、一部はすりへらされた労働力を再生する面と、一部は経営の面に支出してまた生産がはじまる。この循環の中で、小商品生産者であり、小土地所有者である農民の経済生活はいとなまれているのであるから、つぎの四つの吸盤が農民のからだに吸いついてはなれない。すなわち、「買い上げる」「売りつける」「貸しつける」「吸い上げる」の「四る」吸盤である。甘蔗を買い上げる製糖会社や農連、甘藷で大きくなった牛や豚を買い上げる畜産加工会社、野菜を買い上げる園芸組合連合会(園連)、黒糖を買い上げる農連と砂糖委託販売会社、パインアップル青果を買い上げるパイン会社、肥料と飼料を売りつけるもろもろの会社、営農資金を貸しつける中央農水金庫がひかえているといった具合に。

さらに、消費の面からはいろいろのかたちの消費税、生産の面から源泉所得税の名で吸い上げる琉球政府がある。

貸しつける吸盤の元締めは琉球銀行であり、吸い上げる総指揮は琉球政府が担当し、そのしめくくりと命令は、アメリカ民政府が引きうけているのであるが、それについては章を改めて書くことにして、ここでは「買い上げる」「売りつける」の「二る」吸盤の説明に限る。

これらの吸盤の上で、または、そのぐるりで、不労所得をあげているグループの生活は至って明るく、こよなき状態におかれていることは申すまでもなかろう。

独占資本家といっても数多くいるのではない。またパイン青果や甘蔗を集荷処理する製糖会社やパイン会社をはじめ、そのほとんどが那覇市やコザ市に営業の本拠を構えて、不在地主のように農村から利潤を吸い上げている。ほんの一にぎりの富農層は例外なく、このような団体や会社に投資の形で、また人的つながりで結びついているわけだが、資本力がそう大きくないので自力ではやっていけず、特にドル切替え後資本の流入が自由になったことも手伝って、日本やアメリカ及び台湾の民間資本との結びつきを強めていく傾向が最近顕著になっている。農業生産物のうちで、量産と金額の上から一番大きい比重をもっている糖業とパイン産業をねらって資本が集中されるのは当然で、本土の独占資本の動きについて現地の新聞は、つぎの通り報じている。

さきに外資導入で名古屋製糖が琉球製糖と組み、現在七百トン工場を来期から一二〇〇トン工場に拡張する計画が進められ、日本製糖が、八重山製糖に投資していることに刺戟されて、琉球進出が試みられたようだが、それが今年になって琉球砂糖の内国扱い特恵、ドル切替え後の外資の積極的誘致が輪をかけて本土製糖業者の琉球進出の好条件となった。農連が宮古に建設計画をしている宮古製糖に日進製糖が外資参加をしているほか、具志頭(ぐしちゃん)村地元の製糖業者が本土某製糖業者を誘致して大洋製糖(三百トン以上)の計画を進めており、農業商事会社がプラントの後払いによる五百トン製糖工場を建設する。この外神戸製糖など二、三の業者が下調査をして帰っており、近く意志表示があるものとみられている。一方三井、三菱系統の会社でも外資積極誘致の波にのって、自己の資本を投下、それを足場にして小型製糖工場の抱込みから大型工場設置にこぎつけるものと伝えられ、琉球銀行でもその対処にあわてているようである。(一九五九・四・二七『琉球新報』)

黒糖につぐ重要産業として戦後はなばなしくデビューしたパイン産業は、八重山では「青果代の未払い」「コスト高による製品のストック」など幾多の難問題を控えて生産農家をいためつけているが、一方沖縄本島北部地区では、パイン加工場の乱立や零細経営の行きなやみは赤字となってあらわれ、農連の大型工場の北部進出をきっかけに、生産者間では、大型工場一本化への声も高まっている。

このように動揺した情勢の中にあって、販路の問題、原料の確保、銀行融資の返済などで苦境にたたされた名護(など)在の琉球パイン、羽地(はねじ)在の沖縄パインの両社は、ついに工場を農連に身売りする羽目におちいった。中でも操業以来相当の赤字を出している琉球パイン会社は某銀行との債務を整理したが、運転資金として融資をうけた八七〇〇ドルを返済してあと二五〇〇ドルの負債をまだ残している(一九五九・四・四『琉球新報』)と伝えられ、零細経営の没落とその大企業への吸収は一般的となっている。

糖業と同じくパイン産業への本土資本の参加も次第に活潑になっているが、一方では、販路を独占するのは殆どが本土における大資本である。四月五日(一九五九年)の『沖縄タイムス』は、日本パイン協会は四月一日の理事会で琉球パイン罐輸入委員会を特設して、輸入に対する具体策を検討することになったが、委員会のメンバーは大同貿易、伊藤忠商事、国分商

店、小網商店、三井商事、三井物産、明治商事、明治屋、野崎産業、東京食品、大洋漁業、清水実業の十二社である。

とパイン買上げの機構がほぼ整備された旨を報じている。

しかし沖縄の零細農の上にのしかかるのは本土の資本家だけではなく、台湾政府とのむすびつきも強められつつあり、一九五九年四月二十五日アメリカ民政府の招きに応じて来島した米台農業復興連合会(TCRR)の一行四氏(T・H・シェン台湾委員、R・H・デイビス米側委員、Y・S・シャング委員会事務局長、E・ジョング委員)をかこみ農業金融に関する懇談会を行なったが、民政府から財政部長のハミルトン氏、同副部長、琉球側から経済局長ほか係官が出席、農業金融資金の在り方などについてつっ込んだ話合いが行われたと『琉球新報』は報道している。また最近韓国商工会議所から琉球商工会議所宛に、琉球商工視察団を歓迎し、経済貿易の緊密化をはかる体制が整ったと知らせがきており、近く視察団は韓国へ出発することになっているが、さらに琉球政府真喜屋企画局長はシャーペン・アメリカ民政府企画部長とともに韓国へ渡り、韓国政府復興省長官の、経済開発委員会と協議し、朝鮮米の輸入と沖縄からの生産物品の輸出について意見の一致をみたと帰来談を発表している(一九五九・五・二八『沖縄タイムス』)。

このように、アメリカ民政府と琉球政府をバックに大きくなった沖縄の買弁独占資本と日台韓の独占資本が四角関係をむすんで、沖縄の甘蔗、パインの栽培をはじめ、加工、販売の網がどのように操作されるか。貧しい農村経済の上で国際的な生産、金融、貿易面の大相撲が展開されるのはそう遠い将来のことではない。またいわゆる東南アジアの軍事同盟は経済同盟にまで発展し、ますますアメリカの沖縄属領化政策が強化されることは、もはや疑えない事実となったわけである。

Ⅳ　労働者と中小企業

1　日本本土の半分の賃金

沖縄の労働者が低賃金にあえいでいることは定評があり、国際自由労連の調査団さえ、あまりにも低い賃金におどろいて「最高賃金が不当に低く、人なみの生活水準への刺戟も希望も粉砕するくらいである」として、一九五六年七月、時の民政副長官ムーア中将に、その改善方を勧告したほどである。

賃金が低いという場合、基準をどこに求めるかが問題になる。いうまでもなく、文化的にして人間らしい生活を保証するに十分な賃金を、いずこの国の労働者も要求している。文化的にして人間らしい生活を保証する賃金といっても、では具体的にはどの位の賃金かということになる。沖縄ではまず四つの比較する対象が考えられよう。

第一に戦前との比較、第二に日本本土の労働者との比較、第三に同一職種の外国人労働者との比較、第四に労働者の分けまえと資本家のとり上げ高との対比である。そのまえに、沖縄の労働者の大体の数と、現在の賃金ベースを頭に入れておこう。

労働者は一九五八年六月現在一二万四千人で、そのうち民間事業関係労働者が七万三千人、官公庁に働いている労働者が二万二千人、軍雇用者が二万九千人となっている。賃金ベースは五八年三月現在で、全産業平均四二五二円、交通労働者四六〇七円、公務員五一八四円、学校教職員五八〇〇円、軍雇用者五六三〇円である。

イ　戦前との比較

戦前と比較する場合、物価指数がものをいうのであるが、琉球政府の指数算出が、一九五八年をおさえて、経済局は一五二・三倍と発表しているし、企画統計局の発表は一四六倍になっていて統一されていないので、その中間をとり、一五〇倍にして計算し、全産業の平均ベースをいくらか上廻っている階層を例示しよう。

教職員の場合

文部省調査局資料によると昭和十年三月の全国尋常小学校本科正教員の月俸は六十二円五十四銭であったから、その一五〇倍は九三八一円となり、現在ベース五八〇〇円との開きは三五八一円である。すなわち、戦前を一〇〇とすると現在はその六一%の給料しか貰っていないことになり、教職員が戦前なみの生活を維持するには、現給の六割余のベースアップをしないといけないわけだ。

公務員の場合

昭和十年から十五年頃までの沖縄県庁職員の月俸は、中学出の雇の初任給が二十円五十銭、最高二十五円、書記が三十円から六十円、属が四十円から六十五円、主任属クラスで六十五円から七十円で、書記以上の賃金ベースは五十円程度であったから、一五〇倍すると七五〇〇円となる。現在の琉球政府公務員のベースは五一八四円であるから、二三一六円のベースアップは当然だということになる。ところが戦前書記クラスになると毎月の旅費から十円以上うかして家計に入れていたのであるから、実際の賃金収入は平均六十円程度となるので教職員と大差なく、やはり現給は戦前の六〇％を前後している。従って戦前なみの生活をするには三千円以上の引上げはどうしても必要となる。

沖縄県庁時代の生活をなつかしみながら、今は当間政府の役人になっている某職員は、「私の名を公表しないように頼みますよ」と念をおしてつぎのような面白い話をしてくれた。

属になると私の俸給はとたんに四十五円になりました。男の子二人で母親と家内とも五人暮しでしたが、お酒は昔もいまとかわらず大の好物、書記時代は毎晩泡盛でちびりちびりやっていましたが属になったお祝いに家内が日本酒を買ってきてくれた。これがやみつきになって日本酒の方が舌ざわりもよくおいしいものですから、晩酌に二合はかかさないようになった。日本酒の晩酌つきでも、月に少ないときには三円多い場合は五円の貯金をするゆとりがあったんですよ。ところが、いま六千円もらっていますが、日本酒どころの騒ぎではありませんね。たまに泡盛でよいつぶれてうさを散じている始末です。貯金ですか。負債を三万円もっているんです。全く情ない話ですが、街にうようよしている失業者のくらしを考えるとこの年で首にでもなろうものならと思ったりすると身震いもので、不平一つ言わないで黙々ということになっています。

運転手の場合

戦前はいうまでもなくアメリカ軍はいないのであるから、労働者といえば民間事業関係だけの雇用者であり、その数は資料がないのではっきりしたことはいえないが、おおよそ三万内外ではなかったかといわれている。例えばバスの運転手、那覇港湾労働者、黒糖樽生産工場で働いている樽工、パナマ帽編みの女工さんなどが数において多数を占めていたようであり、特に交通労働者と樽工は労働組合をつくって、団体交渉をもち、スト権を行使して待遇改善のためにたたかった歴史をもっている。ここでは比較する資料の都合があるので、運転手の場合を例にとると、戦前のバス会社は、首里市営バスをはじめ、宮城バス、昭和バスの会社があった。そのうち給与で中位であった宮城バスの運転手の平均賃金は五十円となっている。もちろん本俸だけの話で諸手当は除外した金額である。ところで現在はどうなっているか。沖縄交通労働組合昭和バス支部企画部で行なった実態調査によると、同社は完全な職能給制をとっており、

第1表 昭和バス従業員給与調 (1959. 5. 1. 現在)

項目＼部別	人 員	最 低	最 高	月賃金総額	平均給
事務職員	人 138	円 2,070	5,390	454,380	3,291
修 理 工	188	1,950	5,710	673,990	3,584
車掌 女	353	1,920	2,640	757,110	2,144
車掌 男	129	1,950	2,300	259,240	2,009
運 転 手	445	3,800	5,550	1,984,790	4,460
計	1,253			4,129,510	3,294

最低一九二〇円からはじまって五七一〇円で頭打ちとなっている。同調査から抜きとって、部別に平均賃金を算出すると第1表の通りである。

全従業員一二五三人の平均賃金は、三二九四円であるから、政府企画統計局調査にあらわれた運輸通信労働者の平均賃金四六〇七円(一九五九年三月現在)に及ばないこと一三一三円である。比較的に待遇のいい運転手でも最高が五五五〇円で平均四四六〇円の名目賃金しか与えられていない。戦前の運転手の賃金五十円に物価指数の一五〇倍をかけると七五〇〇円になるから、その開きは三〇四〇円となる。比率をとると、現在の運転手の給料は戦前の五九%にしかあたらない。

さて、戦前にくらべて、平均給で教職員が戦前の六一%の現給で、開きは三五八一円(一万〇七四三日円)、政府公務員が同じく六九%で二三一六円(六九四八日円)、運転手が同じく五九%で三〇四〇円(九一二〇日円)と、それぞれ大きい落差のあることを頭に入れてただちに本土の労働者との比較に移りたい。

ロ　日本本土の労働者との比較

教職員の場合

祖国日本から断ちきられて以来今日まで、沖縄の六千余の教職員が歯を喰いしばって次代を背負う日本国民を育くむために努力している姿は、本土の教職員にまさるともおとらないと思うが、異民族の直接支配と低賃金という二重の重荷を背負い込んでいるのは違った点であろう。

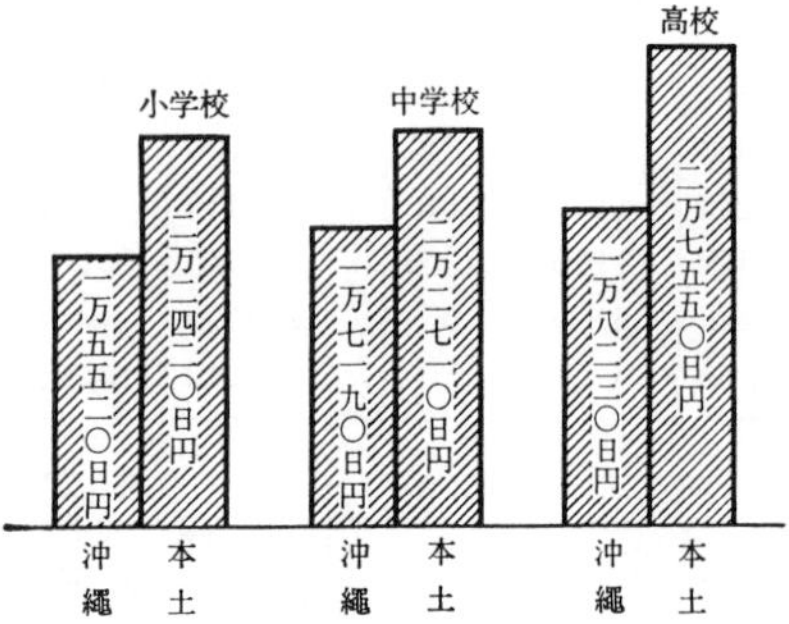

ところで日本国民育成という同一目標を目ざして進んでいる本土の教職員の給与とはどの位の格差があるだろうか、文部省一九五九年学校報告書と、一九五七年三月琉球政府文教局資料をつき合せてみると第1図の通りで、沖縄の教職員が極めて低い待遇におかれていることがわかる。B円を日本円に換算してまず本俸だけを比較すると、高校教員で本土の給与ベース二万七五五〇円に対して一万八二三〇円(六六・二%)、中学校は二万二七一〇円

第1図　本土，沖縄の教職員給与比較
（本給だけの比較）

	沖縄	本土
小学校	一万五五二〇日円	二万二四二〇日円
中学校	一万七一九〇日円	二万二七一〇日円
高校	一万八二三〇日円	二万七五五〇日円

に対して一万七一九〇円（七五・七％）、小学校では二万二四二〇円に対して一万五五二〇円（六九・一％）となっている。

　これはしかし物価差、諸手当、税負担ならびに社会保障制度からの収入のなさなどを算入しないでの本俸だけの単純比較であるが、

第2図　本土，沖縄の教職員給与比較
（物価差を調整した比較）

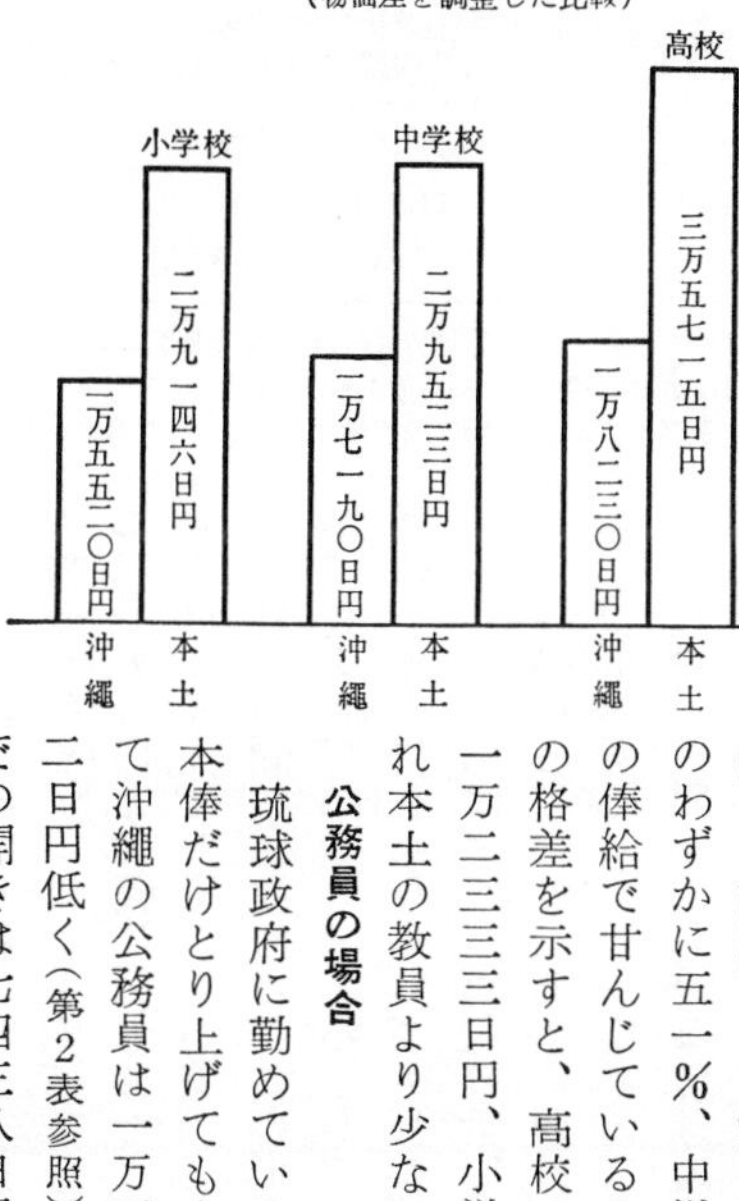

これに物価差が沖縄は本土の一・三倍であることを勘案して調整すると第2図の如く、高校教員は本土教員のわずかに五一％、中学校は六五％、小学校は五八％の俸給で甘んじていることになる。つまり、実数でその格差を示すと、高校は一万七四八五日円、中学校は一万二三三三日円、小学校は一万三六二六日円それぞれ本土の教員より少ないわけである。

公務員の場合

　琉球政府に勤めている公務員も教職員と大同小異で、本俸だけとり上げても本土の一万九三九四日円に対して沖縄の公務員は一万五五五二日円であるから三八四二日円低く（第2表参照）、物価差で調整した実質賃金での開きは七四三八日円となる。さらに、期末手当を

第2表　本土，沖縄の公務員給与比較表

	年　月	給与額（日　円）	物価差による調整	期末手当を加えた額	物価差による調整
本土の公務員	1958. 3	19,394	19,349	25,515	25,515
沖縄の公務員	1958.10	15,552	11,960	17,172	13,210
差　　額		3,842	7,438	8,343	12,305

1）資料は琉球政府官房人事課，企画統計局及び日本政府労働省調査にもとづき沖縄官公労組事務局発表によるものから作成．
2）本土公務員の期末手当は255%，沖縄の公務員は150%として算出．

含む月平均給与で比較すると、第2表右欄の通りで八三四三日円の格差が出るが、これを物価差を入れて調整すると、なんと一万二三〇五日円と大幅に引きはなされ、結局沖縄の公務員は本土の公務員の五一%の給料しか貰っていないわけだ。

では、当間任命政府は、この低賃金を肯定しているのであろうか、否定しているのであろうか、興味ある問題であるので、直接同政府労働局長に登場してもらおう。

欧米諸国よりもかなり低い水準にある日本の平均賃金とくらべると、一九五七年における日本の常時雇用者三十人以上の事業所の産業計（全国平均）七一四四B円（二万一四三二日円）に対し、同年における琉球の常時雇用者二十人以上の事業所の産業計平均は四七九六B円（一万四三八八日円）である。企業規模に差異があるが、両者の差は二四〇〇B円となり、琉球の平均賃金は日本のそれより二四〇〇B円低い状態にある。この賃金差は単に為替換算によるもので、日本と琉球との物価差一・三倍を考慮に入れて換算すると、その差額は四四九六B円（一万三四八八日円）となる。それを比率で示すと、物価差を勘案しない場合は、日本の賃金を一〇〇とすると琉球の賃金は七六・三％、物価差を加味した場合には実に琉球の賃金は日本の賃金の約五八・七％となる。この比率の示すとおり、琉球の賃金がいかに低い状態にあるかが分る。さらに、琉球の賃金を日本で最も賃金が低い山梨県にくらべると、五七年における同県の産業計は平均四六八九B円である。これに対し琉球の平均賃金は四四九六B円で、琉球が一九三B円低い。物価差一・三倍を勘案して換算すると琉球は日本で最も低い山梨県より一三四九B円（四〇四七日円）低い状態にある。その比率をみると、物価差をみない場合山梨を一〇〇とすると琉球の賃金は九五％で、物価差を勘案した場合は七三％の低率にある。（労働局編『琉球労働経済の分析』一九五七年度版一八頁）

このように、当間任命政府でさえ沖縄の賃金の低率さを認めており、さらにいままでみたように、勤労者のうちでわりに上位にある教職員や公務員の賃金を本土の同じ仕事をしている労働者に比べてさえ、その賃金落差があまりにもひどすぎることはわかったが、ここで当然疑問がでる。それは、どのようにして家計のやりくり、収支のつじつまを合せているかということである。

それはひと口でいうと生活の切りつめと家族労働での補いとによってである。「農民のくらし」の章でも全勤労者の一世帯当りの収支表をあげておいたが、消費支出のうちで食料品費率、

第3表　本土沖縄収入内訳比較　(日円)

		沖縄	%	本土	%
実収入総額		19,482	100	35,486	100
勤め先からの収入	計	17,046	87.5	33,158	93.45
	世帯主	13,656	70.1	29,822	84.05
	家族	3,390	17.4	3,336	9.40
内職収入		1,033	5.3	602	1.69
その他の実収入		1,403	7.2	1,726	4.86

1)　沖縄は琉球政府労働局の1959年発行『労働力及び賃金統計表』.
本土は1958年12月『月刊総評』.
2)　沖縄の収入額は1957年1月〜12月の平均，本土のは1957年7月である.

いわゆるエンゲル係数が五五を下ったためしのないことだけでも容易に「手から口へ」の生活内容は想像できよう。ところで、一家を支えるとよくいわれている御主人の勤め先からの収入がこのような状態では、何らかの形で毎月はいる現金でおぎなわなければやりくりはできない。そこで沖縄の勤労者世帯の一カ月の実収入内訳を本土のそれと対比して、検討して見たい。

第3表によると、沖縄の労働者の勤め先からの収入は家族のものを含めて八七・五%であるのに対し、本土の労働者の場合は九三・四五%の高率を示し、また一家を支えるはずの世帯主の現金収入になると、本土の八四・〇五%に対して実に七〇・一%の低率にある。そこでその割れ目は、家族の勤労、内職収入その他、借金をしたり、無尽をかけたりして現金を入れているが、それが本土の一五・九五%に対して沖縄では二九・九%となっている。ということは沖縄の勤労者の家族は本土の家族のあげる収入のほぼ二倍の収入を家計に注ぎ込んでいるということである。また同じ世帯主収入の比率をとりあげると沖縄の一万三六五六日円に対して、本土が二万九八二二日円であるから、本土の労働者の四六%の収入しかえていない。実収入総額においても沖縄は本土の五五%である。これらの比率はいまさっきのべた教職員や公務員の、税金を含めず物価差を計算に入れた場合の比率と相符合し、当間任命政府の分析ともほぼ相一致するわけである。

日本本土と沖縄間の日円とB円の技術的な換算と物価差を加味して、だいたい沖縄の労働者が本土の全国平均賃金の五〇―六〇%前後の低賃金できゅうきゅうとしている状態はもう否定すべくもないが、間接税はぬくことにして直接税としてその俸給から毎月どのくらい吸い上げられているかを見たい。

こころみに第4表から四九〇〇―五〇〇〇B円を支給されている労働者を抜きとって比較すると、

	独身者	扶養一人	同二人	同三人
日本本土	一五七B円	一〇B円	〇	〇
沖　縄	三七四B円	二四一B円	一三三B円	九四B円

となっていて、格段の差がある。しかしこれは直接税だけのはなしであって、琉球政府の租税収入のうちに占める間接税が六〇%の高率を示しており、本土のそれが約四〇%であることが考慮されなければならないので、沖縄の労働者の低い賃金は、本土にくらべただけでも高い税

第4表　給与所得の所得税源泉徴収額比較表

（月額，B円換算）

	扶養家族 / 月給与	0人	1人	2人	3人	4人	5人
	円						
本土	3,900—4,000	70	0	0	0	0	0
沖縄		205	105	31	0	0	0
本土	4,900—5,000	157	10	0	0	0	0
沖縄		374	241	133	49	0	0
本土	5,900—6,000	280	93	23	0	0	0
沖縄		587	420	278	160	68	1
本土	6,900—7,000	393	183	100	30	0	0
沖縄		801	632	466	314	188	88
本土	7,900—8,000	520	310	207	113	73	30
沖縄		1,056	856	678	512	351	218
本土	8,900—9,000	633	423	320	213	153	106
沖縄		1,311	1,111	911	724	557	391
本土	9,900—10,000	763	557	450	346	283	223
沖縄		1,570	1,367	1,166	966	770	603
本土	11,900—12,000	1,109	827	707	600	540	477
沖縄		2,171	1,931	1,698	1,476	1,276	1,076
本土	14,900—15,000	1,643	1,367	1,227	1,087	1,003	920
沖縄		3,191	2,924	2,657	2,391	2,124	1,891
本土	16,900—17,000	1,657	1,713	1,540	1,437	1,353	1,270
沖縄		3,885	3,618	3,351	3,085	2,816	2,551

本土は国税庁『昭和32年度法規集』，沖縄は『琉球政府公報』1957年立法41号 別表2.

金、少ない手当、高い物価に社会保障制度のないことなど数多くの悪条件に支配されている。

生活の重圧になっていることらの悪条件は、祖国にかえれば確実に解消するものである。例えば教職員をはじめ、公務員の給料も祖国復帰と同時に一万日円以上の引上げが約束されていることを思えば、祖国復帰の叫びはかまどの中で燃え上っている階級的で民族的なエネルギーである事実は、もはや否定すべくもなかろう。

2　行政主席とタイピスト

沖縄の人民が、アメリカ軍からうけている人種的差別待遇はいろいろの面であらわれているが、具体的に数字であらわしているのはその賃金差別である。このことについては、立法院でも数回にわたってその撤廃が決議され、当局に陳情されたが、いまにいたるまで何の反応もない。この章のはじめにふれた国際自由労連沖縄調査団の報告書が人権的差別賃金をえぐって見せた点では、いままでのところ最も信頼のおけるものであるので、その報告書の中から賃金差別がどのようになっているかをあきらかにしよう。

調査団は、アメリカＡＦＬ＝ＣＩＯのジョージ・Ｌ・Ｐ・ウィーバー氏を団長として、同ゴードン・チャップマン、日本の自由労連加盟組合連絡委員会から岡本丑太郎、堀内達男の四氏に、顧問として日本駐留軍労組委員長門司亮と紺谷敏夫両氏の六名であった。一九五六年五月十六日から十日間にわたって沖縄の労働事情を調査し、同七月二日から九日までブラッセルで開かれた自由労連執行委員会に提出されたのがこの報告書である。

当時沖縄は例のプライス勧告粉砕、四原則貫徹の土地闘争がぶつぶつたぎりたっていたさなかであったので、アメリカ軍が調査団を招いたことがどのような目的でなされたにせよ、また報告書の中には労働権に対するアメリカ軍の不当な圧力を是認するような個所も容易に見いだ

第5表　人種的差別賃金表

(1956年6月現在)

国籍	最低時給	比率	最高時給	比率
	ドル	倍	ドル	倍
アメリカ人	1.20	12	6.52	18.1
比島人	0.52	5.2	3.77	10.4
日本人	0.83	8.3	1.03	2.9
沖縄人	0.10	1	0.36	1

すこともできるのであるが、そのことはとにかく、一般的にみて沖縄の労働者に激励となったことはたしかであり、特に琉球政府でさえ、その性格からくるものであろうが、明らかにしえなかった人種的な賃金差別の実態をえぐり出してくれた功績は大きい。調査団は外国人と比べて沖縄人の賃金スケールの不公正な差異について、第5表をかかげている。

この表には日本人労働者の賃金もフィリッピン人やアメリカ人並にかかげられているが、これは、朝鮮戦争のはじまる一年ほど前から、沖縄の原水爆基地建設工事がめまぐるしいほどの忙がしさで進められ、沖縄の土建請負業者や労働者だけでは間に合わないということで、軍当局が工事を国際入札に付した。それに応じて本土から清水建設をはじめ松村組、三光建設、島藤建設など二十を数える大小の請負業者が、日本のどのような労働組合にも加入していない労働者のみをえりすぐって、大挙乗り込んできた事情によるものである。これらの本土の労働者は日本の労働基準法にもとづいて賃金は支給されたといわれていた。

この賃金表は同一職種をとっているのであるから比較するには的確であるといえる。すなわち、最低時給では、アメリカ人の労働者が一時間働いて貰える賃金を、沖縄の労働者なるが故に、ただそれだけの理由で十二時間も働かなければ同額の報酬は受けられないこと、沖縄にいる本土の労働者が一時間で受け取る賃金をとるのに沖縄の労働者は八時間三十分の労働時間が必要だということを示している。また最高時給では、沖縄の労働者三十六セントに対してアメリカ人労働者はその一八・一倍に当る六ドル五十二セント支給されており、更にフィリッピン人労働者は同じく一〇・四倍に当る三ドル七十七セント貰っている。時間で説明するとアメリカ人労働者が一時間働いて得る賃金と沖縄の労働者が十八時間働いて受ける賃金が同じだということである。十八時間といえば一日八時間労働日として正に二・二日に当るから、沖縄の労働者が同じ仕事をしてまる二日と二時間かかって懐ろに入れるお金を、アメリカ人労働者は一日どころか、かるく一時間働けば与えられるということである。

なお報告書はアメリカ軍の賃金政策は生活水準を極度に凍結しているが、その理由は、極度に低い賃金であり、最高賃金は、人並の生活水準への刺戟も希望も粉砕するものであるときめつけたのち、同一職場同一職種における人種差別をつぎの実話で説明している。

現行の制度の不公正を示す一例として陸軍工作隊に働いている新しく任命された沖縄人の職長のケースがある。彼の前任者のフィリッピン人は、一カ月二六三ドルの基準賃金をえていた。ところがその後をついだ沖縄人の最高給は一カ月六十ドル以下であった。このように馬鹿げた不経済な制度が広く人種差別という非難を生んだ。

では、その後アメリカ民政府は沖縄人雇用者の賃金をそのまま釘付けにしたかというと、そうではない。自由労連の勧告書もあずかって力になったであろう。沖縄の民間事業関係労働者の組合や官公労、教職員会などの組織的な待遇改善の運動は、本土の組織労働者、特に総評の直接間接の支援にささえられて驚くべき盛り上りを示し、僅かではあるが、年とともに賃金が引上げられたことなど、内外の諸情勢におされて、軍雇用者の賃金もいくぶん上昇した。

一九五八年一月軍が発表した昇給表は第6表の通りである。

第6表　米国政府直接雇用琉球人従業員の平均賃金

項目＼年次	平均時給(A)	平均月当り賃金(B)	Aの増加百分比	Bの増加百分比
1955.6.	セント 16	ドル 28.83		
1956.8.	19	33.50	% 16.18	% 16.20
1957.3.	20	39.51	4.88	17.94
〃 5.	21	—	4.90	—
〃 8.	23	—	3.28	—
1958.1.	24	46.92	3.32	18.75

この表によると一九五五年の平均時給十六セントから三年後の五八年一月には二十四セントになり一・五倍に引上げられ、月当り賃金では二十八ドル八十三セントが四十六ドル九十二セントと同じく一・六倍に上昇している。さらにアメリカ軍では同時に、一九五八年一月現在の直接軍雇用者を一万六一五一人、その月当り平均支払賃金総額七五万七八四一ドル、月

一人当り平均就業時間一九〇時間、月平均賃金四十六ドル九十二セントと説明をつけ加えている。ところが、軍の直接雇用者の賃金は、アメリカ議会の承認を受けて予算のわく内で毎年操作されているので、賃金を値上げする場合にはつねに忘れないで人員の整理があり、それも高給者がねらわれるのをならわしとしている。そのためであるかどうかつまびらかでないが、最低賃金と最高賃金のくわしい賃金形態の発表は彼らは差し控えている。ところが琉球政府労働局の調査によると、最低時給は十四セント、最高五十二セントが一九五九年五月一日現在の軍給与形態のわくであると筆者に語っている(一九五九・五・一三)。この値上りになったといわれる最低と最高時給を調査団報告書の賃金表に差し込んでみよう(第7表参照)。

第7表　人種的差別賃金表

(1959. 5. 1. 現在)

国　籍	最低時給	比率	最高時給	比率
	ドル	倍	ドル	倍
アメリカ人	1.20	8.5	6.52	12.5
比島人	0.52	3.7	3.77	7.2
日本人	0.83	6.0	1.03	2.0
沖縄人	0.14	1	0.52	1

相変らず人種的な差別賃金の開きは大きく、最低時給においてアメリカ人労働者は沖縄の労働者の八倍強、フィリッピン人は三倍強、本土の労働者は約六倍の給料を貰っており、最高時給にあっては、同じくアメリカ人は十二倍強、フィリッピン人は七倍強、本土の労働者は約二倍支給されていることとなっている。これはいうまでもなく、アメリカ人、フィリッピン人、日本人労働者の時給が三年前

に釘付けされて一セントの値上りもないとみた仮定の上にたっての比較であるが、実際には彼らも同じ程度に、むしろ政治的にも社会的にも人種差別がひどくはなっていても改善された形跡はないのであるから、より以上の割で賃上げが行われているだろうことは疑いない。調査団報告書に現われた格差は悪くはなっても改善されたと推定し得る資料はいまのところない。

調査団は報告書の中で、「アメリカ民政府の雇用する外国人(日本人、フィリッピン人及びアメリカ人)を技術的な仕事で沖縄人と置きかえるための訓練はかなり進んでいる……しかしながらアメリカ民政府の琉球人雇用者にたいする賃金政策は自ら敗北を招くものである。それは琉球人労働者が熟練職を覚えようとする意欲を打ちくだくものである。琉球人が、いままで外国人の行なっていた熟練を要する職を身につけ、その外国人の職を引きついだ時に、たとえ彼が同じ仕事を行なっても、彼の賃金は以前に外国人に支払われたものよりもはるかに低いからである」と、アメリカ民政府の差別と低賃金政策、いいかえると、本質的には貧乏政策をやんわりと衝いている。

ここで考えられることは差別ということである。差別を生むものは貧乏だという気がしてならない。貧乏は競争の母でもあるように思う。金持はより多くもうかるために競争する。競争を通じてだんだん大金持は群小の金持を喰いあらす。そこから独占的な巨大資本が生み出され、それは最大限利潤追求のためには国と国との戦争をも挑発するとよくいわれる。その通りだと思う。ところが下に眼をむけると競争はより深刻であり、時には目をおおわしめるものがある。

失礼だが、筆者の狭い体験を記してみたい。つい最近のこと、昔の友人のところに夕食に招かれた。彼は抜目のないほうで今ではある会社の重役のポストについていて、自家用車をもち、電蓄を据えつけ、家族の浴室までちゃんと用意している。食卓には五名の子供達からその母親も仲よく車座になって、食い切れないほどの山海の珍味が花のように開いて並べられている。別にお客用にと特別な料理はない。子供達もみんな同じような九谷の食器に御馳走も大体同じ分量でもられていてたのしい夕食である。四つくらいの女の子が「とうちゃん、なぜ早くおまんまたべないの」とピチャピチャお汁を吸いながらいう。波だちといえばその程度のものであった。おやじが客人と日本酒をちびりちびりたしなみながらおかずだけをつついているのに、めずらしさも手伝って、不服というより不審であったのであろう。この夕食への招待が、五日もうちをあけて二号さんに占有された御主人に一号さんが怒り出した、それをしずめるために学生時代からひっかかりのある「ボク」なる男をだしに使って仕組まれた演出であるのがバレるには、そう時間を喰わなかった。かえりしなに、一号さんが「近頃ひどくなっていますのよ、うちのひと、五日もうちをあけて例のところでちちくり合っているんです。お願いですから何とかもういかないと約束させることはできませんでしょうか」と、目に涙をたたえて嘆願したことでわかったが、その時はもうあとのまつりという次第。

話がだいぶ横道にそれたようだが、つぎはさる立法院議員選挙(一九五八年三月)の民連候補者の応援演説会の時の一こま。ところは沖縄南部の三和村A部落、この村は貧しさでは沖縄屈指であり、沖縄の農家ではおつゆのだしに煮干を使うのが普通であるが、この村では殆どがだしを入れない。野菜もつくりはするが糸満町へ売りに出すので、うちではよもぎなど混入してやっといのちをつないでいる。

演説会がはじまるにはまだ一時間もある。民連支持者のおやじさんが、しばらくおやすみと招ずるままトタンぶきにちぎれゴザの一室に坐らされた。演説会がはじまるまえにまず腹ごしらえと家族ぐるみで夕食が持ち出された。いうまでもなく主食はさつまいもと例のよもぎのおつゆ、お客さんの「ボク」と外の応援弁士二人におやじの分として焼きそうめん(沖縄語でソーミン、プットルーといわれ、農村ではお客を優遇する極上の御馳走)が配られた。男女合せてちびたちが七、八名いたとおぼえているが、はしをくわえてうらめしそうに「ボク」を見ている。おかしいなと思ってちび君たちのおつゆを、礼を失するとは思ったがのぞきみした。これはどうか、子供たちのお椀の中にはよもぎの葉に五、六本のそうめんがからみついて、うきしずみしているではないか。「おじさんは、六時頃おにぎり食べてこれこの通り満腹している。どれわけてあげましょう」と焼きそうめんをそれこそ適当に配ってやった。かきこむこと、おいしそうに。ちび君たちの食欲の旺盛ぶりをたのしくみまもりながら一ぷくしているうちに時間の知らせがあって座を立ったのであるが、話はそれで終ったのではない。今までのは、はじまりで糸口であったことがわかった。応援弁士の二人がちょっとはしをつけたまねをして残した焼きそうめんに、ちび君たちは二本のはしを武器に総攻撃を開始したのである。それからは強いものが多く胃袋に流し込み、弱いものがワアワア泣くというありふれた食事合戦が展開されるのであるが、さすがに御主人は「ボク」たちの手前もあってそうおどしつけることもならず、懐中電灯はどこだ、こらさがさんか、などでことをにごしつつ、さあ参りましょうと会場へ向った。

ちび君たちをそそのかし、焼きそうめんに総攻撃を命令したのは一体だれか、それはちび君たちのからだの中にどっしり腰をすえている「いのち」そのものではないだろうか。とうちゃんのちびりちびり味わう日本酒のあまったるいにおいに不服そうに話しかけていたちび公の「いのち」とこのちび君たちの「いのち」と「いのち」にはかわりない筈である。ところが現実は天と地の差であり、静と動の差がみられ、沈滞と火花飛ぶ合戦の差別をくりひろげて見せている。同じ「いのち」に「豊かさ」と「貧しさ」が作用すると、現実にひろげられる生活の舞台には差別となって演じられるのではないだろうか。上へではなく下へ、われわれが目をむけメスを入れるとき、貧乏は競争を生みだすことがわかるのではないだろうか。部落でもその通りだが、それを構成する「家」での「貧しさ」のわく内での競争、あがきは必ず強いものと弱い者、差別待遇になってあらわれる。根強く沖縄の各層の生活に喰いこんで動じない家父長制も貧しさから生れ、成長し、横暴をたくましくする。だから貧困—競争—差別、そして拡大して再生産される貧困と、この一連のあらわれは連鎖反応をおこしていつまでもつづくのではないだろうか、貧困がこの社会から失せない限り。人種的差別賃金も、このような考え方からもっと突込んで探求すれば、どうするのだという対策が自ら生れると思うが、ここではそれにはふれない。人種的差別賃金に関連するもので、あとに記す二十五ドル賃上げ要求を官公労と沖縄教職員会が当間主席につきつけた、団体交渉の場合の説明資料の中に、つぎのような興味ある句があるのをつけ足してこの項を終る。

因みに沖縄には最低賃金制が布かれていないために、法的に労働者の賃金は保障されていないが、アメリカでは最低賃金制で保障されている。その最低賃金は時給一ドルである。沖縄の主席の一カ月の俸給額二百ドルに対して同じ行政府ビル構内で勤務している二世のタイピストが同じ二百ドルとは、実に笑えない沖縄の現状を物語っている。(教職員会発行『教育新聞』第一三六号)

もちろん行政主席にはただで住める豪奢な官舎があり、専用車をもち、秘書につきそわれ、こよなき暮しをしてはいよう。ところが俸給は二世タイピストと同格では、ここにも人種的差別賃金の模型があざやかに示されている。主席は八三万県民の最高の座にあると思われ、思い込んでもいよう。沖縄は、どのように説明されようが、本質的にはニミッツ元帥時代の軍事占領当時と変ることはない。十四年前の終戦当時にくらべるとめざましく復興し、ある面であかるくなっていることは、何人もこれを拒むわけにはいくまい。ところが統治の骨格は軍事占領の継続であり、従って的確に表現すれば、沖縄県民は鎖ではなく低賃金、貧乏政策でつながれた軍事的植民地奴隷である。いわば主席はその奴隷の主人公というわけだ。

ここまで書いてくると自然に頭をかすめるのは魯迅の言葉である。「奴隷が奴隷の主人になり上るのは解放ではない。」

3　長時間労働と失業と

低い賃金と労働時間の長いことは引きはなそうとしてもできるものでない。それは卵と鶏はどちらが先かと口角泡を飛ばすのによく似ている。低賃金が過重労働をもたらすのか、長時間労働が低賃金を生みだすのか、議論するだけ無駄であろう。低賃金の下敷きになっている労働者には、おしどり夫婦のように、長時間労働は吸いついてはなれないし、労働時間の長短をみれば、その職場の、または地域や国の賃金の高い低いははっきりするはずである。五千B円以下の労働者の手取りは、物価差を加味しただけで本土の労働者の五〇乃至六〇%の使用価値しかないことは、すでに指摘した。では、そのような低賃金の労働者は一体どれ位いるのか。またどのように働かされているかに焦点をあてよう。

第8表　賃金階級別事業場（全沖縄5人以上）及び労働者数

（1958年3月現在）

賃金階級別	事業場数	労働者数	比率
計	1,319	29,237	100
1,000円未満	2	224	0.7
1,000—1,500	30	1,051	3.5
1,500—2,000	37	1,974	6.7
2,000—2,500	89	2,897	9.9
2,500—3,000	170	3,159	10.8
3,000—3,500	220	3,354	11.4
3,500—4,000	238	3,022	10.3
4,000—4,500	196	3,115	10.3
4,500—5,000	147	2,290	7.8
5,000—5,500	78	2,029	6.9
5,500—6,000	38	1,443	4.9
6,000—6,500	26	1,347	4.6
6,500—7,000	17	903	3.0
7,000—7,500	11	668	2.2
7,500—8,000	2	458	1.5
8,000—8,500	1	340	1.1
8,500—9,000	1	177	0.6
9,000—9,500	1	155	0.5
9,500—10,000		72	0.2
10,000—12,500		354	1.2
12,500—15,000		76	0.2
15,000以上		129	0.4
不　　詳	15	—	

資料：琉球政府労働局『労働及び賃金統計表』

五人以上の事業所一三一九、そこで働いている労働者二万九二三七人の賃金調査（第8表）によると、四千B円以下が半数をこして五三・三％、四千五百B円以下では六三・六％をしめ、五千B円以下をとりまとめると実に総数の七一・四％の高率をしめしている。「しかし君、いまのは十万余の労働者のうち僅かに三万足らずのものについての数字ではないか、あてになるものか」と口をとがらす方がいるかも知れない。御尤もだと思う。それで御面倒ではあるが例の当間任命政府企画統計局で発行した第9表に目を通していただきたい。
それは、一九五八年四月から六月までの全雇用者を所得階層別にしらべあげたものである。

第9表　所得階層別雇用者数　(全琉球1958年4月～6月平均)

所得階層	総数	農林業	建設業	製造業	卸,小売業,金融保険,不動産業	運輸通信,その他の公益事業	サービス業	公務	その他
総数	119,000	3,000	16,000	10,000	22,000	10,000	44,000	9,000	4,000
1,000円未満	3,000	0	0	0	0	0	2,000	0	0
1,000—2,000	14,000	1,000	2,000	2,000	4,000	0	5,000	0	0
2,000—3,000	20,000	1,000	3,000	2,000	5,000	1,000	7,000	1,000	1,000
3,000—4,000	25,000	0	5,000	2,000	5,000	2,000	8,000	2,000	1,000
4,000—5,000	25,000	0	4,000	2,000	4,000	3,000	10,000	2,000	0
5,000—6,000	16,000	—	1,000	1,000	2,000	2,000	7,000	2,000	0
6,000—7,000	7,000	0	1,000	0	1,000	1,000	3,000	1,000	0
7,000円以上	8,000	—	1,000	1,000	1,000	1,000	3,000	1,000	0
不詳	1,000	0	0	—	0	0	0	0	0

資料：『統計月報』1958年6月号

第10表　週間合計就業時間及び従業上の地位別就業者　(14歳以上)

年次	地位別	総数	1〜19時間	%	20〜34時間	%	35〜48時間	%	49〜59時間	%	60時間以上	%	不詳
1958年4月〜6月平均	計	376,000	50,000	13.2	58,000	15.6	91,000	24.2	78,000	20.7	97,000	25.8	1,000
	業主	122,000	12,000	9.8	20,000	17.2	29,000	23.7	25,000	21.3	36,000	29.5	0
	家族従業者	129,000	36,000	27.9	33,000	25.5	30,000	23.4	16,000	12.4	15,000	11.6	0
	雇用者	124,000	3,000	2.4	5,000	4.8	33,000	26.6	37,000	29.9	46,000	37.0	1,000

資料：琉球政府労働局『労働力及び賃金統計表』

一一万九千人の雇用者のうち四千B円以下が五二・一八%をしめし、五千B円以下になると、さきの七一・四%を約二%も上廻って七三・一%に飛び上っている。だから一般的にいって、七割以上の沖縄の労働者は五千B円以下の低賃金にあえいでいることは、もはや疑うべくもない。では低賃金に吸いついてはなれないといった労働時間はどうだろうか。第10表が的確にそれに答えている。

全雇用者一二万四千人のうち一週間に六十時間以上酷使されているのが実に三七%の四万六千人となっている。日曜日も手取りを多くするため働きたいのであるが、休まざるを得ない。そうなると、一週六日が普通なので一日十時間以上の労働ということになる。それが四十九時間から五十九時間までの層三万七千人を加えると全労働者の六六・九%、すなわち七割近くの労働者が長時間労働の責苦にあっているわけだ。

今度は方向をかえてほりさげてみよう。

家族従業者一二万九千人の場合、六十時間以上が一一・六％、四十九―五十九時間が一二・四％、三十五―四十八時間が二三・四％、二十―三四時間が二五・五％、一―十九時間が二七・九％という具合に労働時間が少なくなるにつれて家族従業員は多くなっていく。雇用労働者の場合とは全くさかさまになっている事実に突きあたる。一―十九時間の三万六千人の家族従業者は週間に一日か二日くらいやっと仕事にありついているのであり、三十四時間以下も週間にすると三、四日の働き場所しか与えられていない人々である。これらの家族従業員が比率では五三・四％、実数では六万九千人となる。琉球政府の発表によると五八年三月現在、完全失業者が一万人といわれ、前章でのべた農村における次三男だけではなく長男までが働き場所を求めている現状を考え合わせると、沖縄の潜在失業者の数は十二、三万以下ではない。

そのようにみた場合、現に仕事にありついている労働者十万余のうしろには「お前たち、そろそろ仕事をやめてオレ達とかわってくれないか」とうらめしげに待ちかまえているのが、それぞれ一人以上ついていることになる。おそろしい限りであるが、現実である。

この事実は使用者側の立場からいうと、「賃金値上げ？　もっての外だ。これ以上賃上げしたら企業がもたんのだ。いやだったらやめたらどうだい」とよくつかわれる切口上のこよなき餌となっている。低賃金の基礎がそろそろほのみえてきたようだ。それはともあれ、一日十時間以上という身をすりへらす労働は一体誰が強いるのか。賃金を構成する時給が安いからである。時給十円そこらでは、「かかあ」はいうまでもない。可愛い「がき」君たちの「ちゃーん、おまんまほしいよ」の声、そのやつれ果てた顔をまともに見るのが、身をすりへらすよりおそろしいのである。那覇の港湾労働者であれ、基地構築の土建労働者や印刷工、スクラップ掘りの工員達、運転手であれ、例外ではない。時間外労働を進んで求める。しかし同一職場にそれがえられないときは血まなこになって外の職場での夜間作業にたえず気をくばり、頭は占領されている。ぐっすりやすんで前の日につかいはたした労働力を満足に再生産するいとまさえない。

琉球政府の公務員や学校教職員など月定めで賃金を貰っているものもその例から外すわけにいかない。月給が安いから超勤手当でおぎなうためにやはり時間外に働く。予算のわくがあるのでその範囲はかなり狭められる。そこに眼をつけて、よくない課長や係長は普段身の廻りをよく世話してくれる職員に時間外勤務を振り向けて手取りが多くなるように工夫する。公平をかく出張を命じたりもする。しかしそのわくは狭いものであるから、つい、小は備品や消耗品の購入、公文書の印刷関係から大は市町村への補助金工事の設計、入落札、工事の執行にからんで不正事件の発生する土壌ともなる。そしてそれはやがて植民地政治の重圧とよどみの中に吸い込まれて、労働者では考え及ばない腐敗と汚職にまで発展する。日本政府からの戦死者家族への扶助料を喰い込み、司直の手であばきだされるや間髪を入れず首をくくった公務員の悲惨な末路は、未だに県民の記憶に残っていよう。低賃金と長時間労働はそのような好ましくない事件をも生みだす可能性を与えはするが、本質的には低賃金と過重労働は軍事植民地支配の底辺で胎動しつづけているくめどもつきぬ新しい社会建設の階級的なエネルギーであるのだ。

筆者は郷里で馬耕をしている若者に愚問をだして笑いとばされたことがある。

「おい春男、日に何時間働けるか、馬と君と耕しくらべしたらどっちが勝つかね。」

「ウマとオレだって？　那覇にばっかりいるからそんなくだらんことをきくようになるんだ。」

とてんで相手にしてくれない。

「だって春男、よくいうじゃないか、それ、牛馬のようにこきつかわれているとね。」

そんな言葉があればきょう限りやめちまえといわんばかりの面構えにはなっていたが、さすがに親しさに助けられてこう説明した。

「馬はですね、いつもはイモと青草だけですが、豆腐をまぜて最上の御馳走をしても一日十時間ぶっつづけでは三日ともちませんや。」

口には出さなかったが心では恥じ入った。春男君たちは毎日八、九時間、時には十時間以上も黙々と働きつづけていることを知ったからである。

こうして、はりつめた気持で十時間以上の労働に堪えうる訓練、十二、三歳から死ぬまで、そしてまたそれを子に引きついでいく……。沖縄は復興したとよくいう、その通りである。祖国日本から切断されて十四年、郷里の復興を可能にし、那覇の大きいビルを築き上げた力はこのような労働者農民の苛酷な労働の中から湧きでたという事実を見落していいものだろうか。だが、そのようないい方をすると楽な暮しをしているごく一部の面々や当間主席あたりからきつい抗議がでそうである。

「復興したのは、アメリカさんの援助ではなかったか。労働者にめしを食わしているのはだれなんだ。僕達がいなければ給料は一体全体だれから貰うというのだ。低賃金であることは認める。ところがだ、それは沖縄の経済全般が脆弱であるからだ。オレたちの責任かい。沖縄がこれこの通り復興したのはアメリカの援助とそれに協力した僕たちの力だ、何が労働者農民なんだ」とね。

4　労働者の分けまえと資本家の取り高

そのような抗議や声明はもう耳にたこのでるほど沖縄の人民はきかされているし、別に特製品ではないので、ごもっともと聞きながすことにしよう。で、さっそく琉球政府労働局が一九五七年十二月に発行した『琉球労働経済の現況』なるパンフレットの中から、資本主義制度でなければもっと労働者に与えられる筈の分け前がどれ位あったのか、またいまでもそれがどれほどあるのかをさぐりだしてみたい。

ただそれだけではしかし何をいわんとするのかわかりにくいと思うが、簡単にいうと労働分配率をしらべ、労働者がつくりだした品物の付加価値をはじき出したいのである。沖縄の経済は貧弱だ、その基盤は至って脆弱だ、第一次、第二次産業は根はない、生産性が低いのだ、といってみたところで、ビルは建ち、国際通りなど「奇跡の一マイル」といいはやされている市街も那覇市には生れている。一部の繁栄と大衆の極貧！　沖縄というところは不思議な島だと人はいう。不思議の箱はそのままにしておくわけにはいくまい。そのためにはこれまで労働者階級が低賃金と重労働で付加した復興と富の中にひそむ価値の御本尊を引き出すことがかなめとなってくる。

その秘密をさぐりあてる一歩はまず脆弱だとはいえ、いま目のまえにあるし、毎年発展している第二次産業のいわゆる製造工業の商品の売上げ高にメスを入れる必要がある。

商品の売上金額のうちから、その商品の生産に必要とされた原材料費、燃料動力費、減価償却費を差引いたのこりは付加価値(計算が困難なため、普通は減価償却費は引かれていない)とよばれ、これは労働者が、その企業の中で新しくつくりだした価値である。そして、これが労働者と資本家の間で賃金(V)と、剰余価値(M)に二分される。この二分された剰余価値の賃金に対する比率M/Vが剰余価値率で、賃金の付加価値全体に対する比率$\frac{V}{V+M}$を労働の分配率という。だから労働の分配率とは、かんたんにいえば、労働者がつくり出した価値のうちでどれだけが労働者の手に渡されるか、その割合を示すものである。(『月刊総評』別冊『これからの労働運動』第一分冊四六頁)

ただいまの説明をはらにおさめて、第11表をみつめていただきたい。B/Aは沖縄の製造工業に働いている労働者の労働分配率で、平均して四〇という数字がでた。いいかえると、食料品や織物などの消費財、かんたんなものではあるが機械器具などの生産財合計一年間で一四億九一六五万B円の商品をつくりだした。そのうち労働者が加えた付加価値部分は五億六〇一二万九千B円(V+M)、賃金は二億二九〇五万四千B円(V)であるから、その比率は全企業平均で、資本家が六とっているのにたいして労働者の分け前は四であるというわけである。

働く大衆が主人公になるような社会主義社会なら年間に八万B円の付加価値全部とはいえぬまでも、その大部分が労働者の懐ろに入る性質のものであるから、沖縄の中小企業労働者にしても、一人当り年間の収入は一〇万B円となり、月にすると、七、八千B円の賃金が保証されることを示している。そうなれば、低賃金と重労働の責め苦から解放され、生活費における食料費の割合も下り、文化的にして人間らしいゆとりのある生活がひらけていくのである。

ここに秘密の鍵がある。ところが、そのような事情がどのように説明されているのであろう

第11表 産業別出荷額，付加価値及び現金給与総額 （製造業1955年12月末現在，3人以上）

産業	事業所数	就業者数			出荷額	A 付加価値（年間）	B 現金給与総額	雇用者1人当年間付加価値額	雇用者1人当年間給与額	B/A
		計	家族就業者	雇用者						
					千B円	千B円	千B円	円	円	%
計	944	7,996	1,109	6,887	1,491,650	560,129	229,054	80,710	33,005	40
食料品	372	2,692	435	2,257	880,588	259,044	72,906	114,773	32,302	28
紡織	30	252	38	214	26,804	11,757	3,726	54,939	17,411	31
織物製品	12	189	17	172	13,813	8,567	2,937	49,820	17,076	34
製材製品	101	719	130	589	81,261	22,778	13,802	38,672	23,433	60
家具及建具	95	778	105	673	90,335	36,933	24,484	54,878	36,380	60
紙及板紙	3	64	4	60	4,067	2,264	1,147	37,733	19,116	50
印刷出版	37	850	32	818	116,777	80,626	35,144	98,565	42,963	44
化学	6	111	11	100	50,364	8,642	5,500	86,420	55,000	63
土石及ガラス	156	1,165	181	984	122,510	51,986	28,891	52,831	29,361	55
金属工業	5	43	5	38	6,406	3,157	1,557	83,079	40,974	49
金属製品	41	308	47	261	44,648	18,984	9,151	72,736	35,061	48
機械	23	322	31	291	64,070	20,566	11,219	70,674	38,553	54
運輸機械器具	28	298	30	268	28,243	19,018	10,786	70,963	40,246	56
その他	35	205	43	162	17,306	10,162	5,103	131,060	61,824	47

琉球政府労働局発行『琉球労働経済の現況』付第17表から作成．その他は煙草，石油，ゴム，皮革，電気機械，精密機械などである．

か、この表の原本を提示した方からきいてみよう。

この表によってみると、おおよそのところ、付加価値生産性の高いところは賃金も高く付加価値生産性が低い産業は賃金も低い。したがって、これを逆にいうならば、賃金を上昇させるためには、あらゆる生産要素の改善をはかって生産性の向上を求めることが必要条件であるといえる。

これは前掲『琉球労働経済の現況』の中での日本政府労働省技官、加藤与重氏の説明である。ところが、この言葉はそのままうけとるわけにはいくまい。労働分配率を見れば明白のように、付加価値生産性のナンバーワンは食料品工業であるが、その分配率は最低の二八%を刻んでいるからである。ところで分配率で五〇%以上をひろってみると、製材製品、家具建具、紙及び板紙、化学、ガラス、機械、運輸機械器具等、高度の熟練を要し、沖縄ではかけがえのできない技術労働部門か、企業経営の特殊事情によるものであって、生産性の上昇に応じて賃金は引き上げられるという当世はやりの説明や探求の仕方では、労働経済はおろか沖縄の経済構造の中にひそむ秘密はでてこないだろう。もちろん、筆者は加藤氏が悪意にみちて主張しているなどというつもりはさらさらない。氏はむしろ沖縄の労働者階級の苦しい生活に同情をよせ何とかできぬものかと努力しておられることは、つぎの言葉が示しているからである。

いままでのべてきたところによれば、日本よりはるかに苦しい生活、生活をエンジョイするのではなく生活を営むこと自身に汲々とせざるをえない階層があるだろうと思われ、勤労者の生活はどのように工夫されているか、おそらく想像するに消費内容を極度に切りつめているのではあるまいか。

さらに付加価値生産性の問題をしめくくるに当っても、「琉球地方と一九五六年の日本での中小企業性の強い製造業のみを対象とした調査の小企業の場合と付加価値生産性は同程度、または琉球の方がやや低いが、賃金の方はさらに低いようだ」と、さすがに労働統計の専門家だけあって、沖縄の製造業における付加価値生産性は本土の中小企業性の強い製造業にくらべて同程度か、やや低い方であるが、「賃金はさらに低い」と率直に認めておられる。

しかし、この「賃金はさらに低い」理由を鉱工業的資源の欠如からくる第二次産業の発展の阻止、相対的過剰人口、失業者や潜在失業者の大群、生産性の低い小さい企業等々沖縄経済の脆弱さのみに求めることは、勤労者階級にとってはもちろんのこと、全県民にたいして沖縄の下部構造からその上層建築ともいうべき統治のからくりの核心にふれることを至難にするだろう。そこで、こんどは、他の角度から低賃金を培かう土壌に至る道をさがすことにしよう。

第12表は分配国民所得、ならびに賃金の上昇率、さらに年次別に資本形成がどのように移りかわっているかをつき合わせて頭に入れるために掲げたものである。

勤労所得は一九五五年を一〇〇とすれば、五六年が一六・六％増、五七年は前年より減っては

第12表　分配国民所得，資本形成，賃金上昇率比較

項目＼年次		1955	1956	1957	1958
勤労所得	実数	百万ドル 55.25	64.41	60.76	64.38
	%	100	116.6	109	116
個人業主所得	実数	百万ドル 48.03	48.39	51.62	54.91
	%	100	100.7	107	112
法人所得	実数	百万ドル 2.27	2.75	3.70	5.48
	%	100	121	163	241
官業所得	実数	百万ドル 0.28	0.25	0.46	0.58
	%	100	100	164	207
民間総資本形成	実数	百万ドル 12.12	16.28	30.58	31.58
	%	100	134.3	252	260.5
生産者耐久施設	実数	百万ドル 7.64	9.71	23.74	24.09
	%	100	120.5	310	314
賃金　全産業	実数	—	B円 4,445	4,398	4.461
	%		100	98	102.3
賃金　建設業	実数	—	B円 4,504	4,522	4,788
	%		100	100.4	106
賃金　製造業	実数	—	B円 3,886	3,997	3,952
	%		100	101	101

資料：所得と資本形成の数字は琉球政府企画統計局編『琉球の国民所得』(1958年)より．
賃金は同局発行『統計月報』(1958年5月号32頁)より作成．1955年とその以前の賃金調査はなく，資料作成できなかった．

いるが九%増、五八年は五六年とほぼ同じで一六%増加している。勤労所得には会社重役その他富裕層の所得も含まれていることを念頭において賃金の項をみて貰いたい。建設業や製造業では、基準年次より、低い方で〇・四%、一番高い年の五八年でも僅かに六%を増しているが、全産業の平均上昇率では五七年には基準年次より二%もおち、五八年には

僅かにもち直して二・三％上昇しているにすぎない。

このように賃金の上昇率が極めて低位にあるに反し、法人所得は、基準年次よりそれぞれ二一％、六三％、一四一％の急テンポで増加し、琉球政府の官業所得もほぼ同じく、至って堅実な足どりで進んでいる。

ところが、民間総資本形成になると基準年次のそれぞれ三四・三％、一五二％、一六〇・五％増で、より飛躍的な進展ぶりを示している。民間総資本形成の内容は、個人住宅在庫品ならびに生産者耐久施設の金額の総計であるが、そのうちから生産者耐久施設をとり出してみると、その増加率はまさに驚くべし、一九五六年を一とすると五七年にはその一・二倍、労働者の賃金が全般的におち込んだ五七年にはなんと三・一倍、五八年でもさらに四％を上廻って三・一四倍に達している。

これらの生産者耐久施設、いわゆる生産手段はその殆どが本土とアメリカから運び込まれたのであるが、その輸入を可能にした力は、本質的には、沖縄の全労働者階級の低賃金と長時間労働が生みだした剰余価値部分と、略奪農法の下で生命と労働力をすりへらしてつくられた農産物やその加工品(砂糖やパイン等)を買いたたかれている、勤労農民の剰余価値部分の結実である。

われわれは、ここで静かに考えなければならない地点にきた。富をつくり出した労働者と勤労農民は赤貧である。では誰の手にその富はにぎられているのか、製造工業部門でみたような付加価値部分はそれでは直接労働者を使用している中小企業者のふところをあたためているのか、その上にあぐらをかいている一部の買弁的な独占資本が占有しているのか、この課題を解決しなければ沖縄の比較的な繁栄と復興の秘密は依然として勤労大衆の前にそのすがたをかくしたまま蓋をあけないだろう。買弁性をもった沖縄の独占資本の不思議なほどの高利潤については章をあらためることにして、ここでは中小企業の現況をあきらかにしよう。

5　中小企業もしぼられている

中小企業者は大別すると消費と生産の部門でほそぼそと業を営んでいる人たちで、そのうち生産部門の製造工業の業者は、小商品生産者である点では勤労農民と同じ立場におかれている。またこれらの人々の生活はそう楽でなく、消費部門の小売業者も含めて、借りたものであれ、自分のものであれ、いくらかの元手があり貧弱な生産手段をもっている点では労働者とのけじめはあるが、労働者と同じ平均水準以下のくらしをしている業者が実に多い。沖縄の中小企業者の実態をさぐる助けになると思うので、企画統計局の事業所基本調査の検討からはじめよう。この調査ではじめて公表された沖縄の全事業所二万七〇三二カ所と、ここで賃労働をしている雇用者五万七九七四人を、組織別、産業別、規模別、地域別の四つに分類してみた(第13表)。

組織別では、個人業主が事業所総数の九四・七%をしめ、他を圧倒しているが、雇用者の数からみると事業所数で僅かに三%をしめている法人会社に四七・〇%の二万七千余人が集っている。産業別では、事業所数は卸小売が断然他をおさえて六六・一%、一万七六〇四カ所となっ

第13表　事業所基本調査　(1958年3月現在)

		事業所数	比率	雇用者	比率
総数		27,032	100	57,974人	100
組織別	個人業主	25,586	94.7	27,753	47.9
	法人会社	806	3.0	27,277	47.0
	法人でない団体	375	1.5	889	1.5
	組合	209	0.8	1,591	3.0
	その他	56	0.2	464	0.8
産業別	卸小売	17,604	66.1	16,734	28.2
	サービス	6,038	22.3	10,720	18.5
	製造業	2,267	8.4	9,375	16.2
	建設業	261	1.0	6,197	10.7
	金融不動産	263	1.0	2,950	5.1
	運輸,通信	423	1.6	10,544	18.2
	その他	176	0.6	1,454	2.5
規模別	0人	17,831	65.9	0	0
	1—4人	6,935	25.7	13,515	23.3
	5—19人	1,818	6.7	15,331	26.4
	20—49人	325	1.2	9,807	16.9
	50—99人	65	0.2	4,370	7.5
	100人以上	58	0.2	14,951	25.8
地区別	那覇市	10,222	37.8	31,650	54.6
	中部	8,024	29.7	13,864	23.9
	北部	2,789	10.3	4,422	7.6
	南部	2,303	8.5	2,537	4.4
	宮古	2,095	7.8	3,454	5.9
	八重山	1,599	5.9	2,047	3.5

資料：『統計月報』1958年9月号

ているが、雇用者は二八・二%の一万六七三四人しかもっていない。一事業所で一人の雇用者に足りない惨状である。これは規模別の項であらわれているように、雇用者をもたない単独経営が全事業所の六五・九%にあたる一万七八三一カ所あるのによるものであり、また都市地区の小店舗まで数字にあらわされていることをものがたっているが、それにしても沖縄の事業所の経営規模は、単独経営の一万七八三一を除き一事業所で平均六人の雇用者しかもっていないという、笑えないほどの零細さである。地区別にみると、さすがに那覇市が事業所においては三七・八%、雇用者は総数の五四・六%の高率をしめしているのは、大きい企業は那覇市に集中しているといえる。

この基本調査にあらわれた特徴の第一は、雇用者をもたないいわゆる単独経営が総数の約六六%、十九人以下の零細企業が同じく九八・三%をしめしていること、その二は事業所総数の僅かに三%に当る法人会社に、雇用者は四七%の二万七千余人が群がっていることである。これらの特徴は、零細企業が資本制生産方法独特の人口法則といわれている労働者の相対的な過剰人口の「はきだめ」みたようなところであるということ、もう一つは第二の特徴が示しているように、本土にくらべて金額では少ないが独占的な資本が一切の経済活動の中枢神経をにぎって、これら弱小企業を隷属化させていく傾向が強まっているということである。

相対的な過剰人口というのは、景気の変動におうじて、または軍雇用にみられたようにアメリカ政府の予算のわくの大きい小さいによって首になったり雇われたりするような流動的な面、さらに軍事植民地支配の下で資本制生産が農業に侵入してつくり出した農村の失業者群のような潜在的な面、現役の就業者でありながら低賃金と過重労働の下で、平均水準以下の生活を強いられているような、いわば停滞的な面をもっている。この三つの面が沖縄の超零細企業の土壌をつちかい、同時に独占資本のそれこそ天下御免の振舞いをゆるす基盤にもなっている。

中小企業者の生活程度をしめすものに第14表がある。自営業主の所得しらべであるが、五千B円以下のものが九割近くをしめており、七千B円以上の所得のある一万人のうちその四割は金融不動産業で、ダニのような「まち」や「むら」の金貸し業者のゆとりある生活を同時にあらわしている。

一方組織別にみて、雇用者総数の四七%をしめていた法人会社の、資本金別雇用者しらべ(第15表)によると、一二五万B円(一万余ドル)以下の小会社が、総数の四三・六二%の高い比率に対してその雇用者は僅かに一四%、それとは逆に二千万B円(一六万六千余ドル)以上の、実数では三八、比率では六%の会社に雇用者はその三四・四四%が集っている点が特にめだつ。第15表でもあきらかなように、法人会社でもその大半がやりくり算段で経営は火の車であることが推察できる。その苦しい内情を具体的に示すものに那覇商工会議所の誕生がある。

沖縄には、琉球銀行総裁を会頭にいただく琉球商工会議所がある。この団体は琉銀の指図に

第14表　所得階級別自営業主数

（1958年4月～6月平均）

所得階級	総数	農林業	建設業	卸、小売業 金融保険、不動産業	運輸通信、その他の公益事業	サービス業	製造業	公務	その他
総数	113,000	71,000	3,000	22,000	1,000	9,000	4,000	—	3,000
1,000円未満	14,000	11,000	—	2,000	—	1,000	1,000	—	—
1,000—2,000	26,000	20,000	0	4,000	—	1,000	0	—	1,000
2,000—3,000	19,000	14,000	0	3,000	0	1,000	0	—	1,000
3,000—4,000	20,000	12,000	0	4,000	0	1,000	0	—	1,000
4,000—5,000	12,000	7,000	0	2,000	0	1,000	0	—	0
5,000—6,000	6,000	2,000	1,000	1,000	0	1,000	0	—	0
6,000—7,000	5,000	1,000	0	1,000	0	1,000	0	—	0
7,000円以上	10,000	2,000	1,000	4,000	0	2,000	1,000	—	0
不詳	1,000	1,000	—	0	—	0	0	—	—

資料：『統計月報』1958年6月号

服しなければビタ一文の融資もうけられないようにしばりつけられた全沖縄の金融団体や商工業者で組織されており、一九五八年労働攻勢の波に抗して一部の独占資本家を守るために、日経連をまねて琉球経営者協議会ができた。琉球銀行総裁が顧問で、従来食料米の販売を独占していた沖縄食糧会社の竹内社長がその理事長である。この団体は労働運動をおさえる目的でつくられたものの、維持費は中小企業者にも過重に割当てたので不服の種をまいていたのであるが、こうして、自由に借入れもできないところへこのような余計な負担がかけられ、その他いろいろな圧力や制限に堪えかねた那覇市の中小商工業者は、自衛のためについに起ち上ったのである。彼らは琉球商工会議所を脱退し自主的な組織として那覇商工会議所を結成した。会頭には、沖縄人民の資本のみで設立されている沖縄銀行頭取、比嘉良行氏をおし、堂々と弱小の商工業者を守るべく活動を開始、手始めに、同会議所が産婆役になって那覇市に信用保証協会を設立する運動を展開している。信用保証というのは、金融機関の中小企業に対する貸出しについて保証すること、つまり資本難の中小企業者が琉銀、沖縄銀行、相互銀行から融資をうけようとする場合、

第15表　資本金別会社数と雇用者数

資本金別	事業所数	雇用者
総数	625	人 22,912
10万円未満	8	36
10—20万円	17	139
20—30	22	209
30—40	28	233
40—50	14	227
50—60	40	450
60—70	18	221
70—80	12	105
80—90	13	242
90—100	9	58
100—125	95	1,301
125—150	11	206
150—175	34	673
175—200	7	239
200—225	42	995
225—250	6	82
250—500	84	2,284
500—750	78	4,126
750—1,000	5	179
1,000—2,000	44	3,015
2,000万円以上	38	7,892

資料：『統計月報』1958年9月号

あらかじめ保証協会へ調査を依頼する。金融機関はその保証によって融資するわけだが、業者が借入金を滞納した場合は、同協会が責任をもって支払う仕組み。これはいままで、弱小企業者が資金の借入れにどんなに苦労したかを示すと同時に、高等弁務官の指令通りに動いている琉球銀行にたてつくという、おっかない壁にたちむかってもたじろがないほど、同じ苦労をしている弱小企業が自覚して固く手を結んだ証拠であろう。

さて沖縄における中小企業の下請的な性格、「監督的賃金」、労働者の剰余価値の分取り競争、アメリカの余剰農産物の流入と賃労働者の二重三重の搾取等々、興味あるからくりをひとまとめにあらわしている弱小企業の典型的な労働争議があるので、あらましを記しておこう。

6 弱小企業と労働争議

沖縄の全製造業者二千余のうちその六割は、パン、そうめん、うどん、お菓子類、味噌、醬油など食料品をつくっているが、そこをねらって、アメリカ民政府は琉球政府に入れ知恵、民間会社の沖縄製粉会社を設立させた。社長は元琉球政府経済局長の船越尚友氏、資本は民間からも集めたが琉銀の融資が大半、製粉の原料はいうまでもなくアメリカで始末に困っている小麦。この会社はオートメーション化されているので職工より事務員の数が多いという那覇ではもっとも近代化された工場をもっている。はき出された製品は製パン製菓の零細企業所に搬入される。那覇にある太陽堂製パン会社もこれら弱小企業者の一人であるが、同社の従業員七十一人で労組を結成、一律三B円の賃上げを要求して団体交渉、拒否されたため全員職場を放棄してストに突入。ところが争議が発生して四十八時間で円満手打ちとなった。

その裏にはこういう事情があった。組合が職場を放棄するまでに団体交渉は十八回にわたってもたれたが、その都度会社側が、赤字を出してまで要求に応ずることはできないと強硬につっぱねたためストになったのであるが、当時会社にはパンや生菓子などの食料品が二百ケースも滞貨があり、要求を入れないで頑張り通し争議が長びくとむしろ会社の台所に大穴があいて、悪くいくと破産する見透しがついたこと、それだけではない、決定的なのはむしろ製パン原料の親元、沖縄製粉会社から「要求を入れて工員をただちに職場に復帰させよ」という指令がとんできたことである。というのは、当時(一九五八年七月)宜野湾村牧港在の米人会社アイランド・エンタープライス社労組は六名の首切り反対でストに入り、沖縄官公労は夏季手当十割要求をかかげて当間任命政府と団体交渉中であったし、沖縄繊維会社、昭和交通労組など民間組織労働者も夏季手当を要求して一斉に起ち上り、正に労働攻勢の波が高潮に達しているさなかであった。この波の中で、那覇市内の食料品工場の工員達も同情ストをやりかねない気配にあり、全市の食品加工場にストは波及するおそれがあった。これをいち早くキャッチした製粉会社は、そのまますておいては毎日大量に生産されるメリケン粉の滞貨の中におぼれるのは火を見るより明らかとなった。そうなれば融資の元締琉銀への金利支払いにも影響するとあって例の指令になったもの。僅か七十名そこそこの工員達の団結の力はかくも威力を発揮するものかと今更のように労働者の団結の必要が身にしみたとは、ある組織労働者の感激の言葉であったが、この事件が示すように、きびしい権利の制限下にあっても主客の情勢分析をあやまらず戦術をたて、他企業労働者の団結と市民の声援に支えられると、全部とはいわないまでも要求は通ること、中小企業労働者のつくり出す剰余価値は業者だけがぶんどるのではなく、親元会社やまたそれに融資している独占金融資本に適当にわけられていくからくりを、労働者はこの争議から感銘深く学びとったであろう。

V　基地の群像

今まで勤労農民、労働者、弱小企業者の生活を、固い統計を羅列して平面的に叙述しすぎたきらいがあるが、もうすこしの辛抱だから、ひろげられた平面図のごばんの目から散見する階層の生態記録をおめにかけることを許していただきたい。

1　サービス業者と「オフ・リミッツ」

サービス業は大きいのになると建物だけで九百万B円もかけてつくられた大料亭からはじまって、バー、キャバレー、レストラン、普通の飲食店、屋台店、いかがわしいルームの営業に至るまで含めると統計にあらわれた六千を遙かに突破する。サービスの相手は、本土の商人もおれば、アメリカ人から台湾、香港、南鮮など、特にドル切替え後は自由諸国のあちこちからわんさとおしかけてくるようになっているので、まるで人種の展覧会といった風景をえがきだしている。なんといってもしかし、一番多いのはアメリカ軍人軍属であって、基地街として戦後生れたコザ市では、「白いまち」と「黒いまち」さえ生れている。「白いまち」というのはアメリカ軍人軍属のうちでの白人が飲みあるくところ。「黒いまち」はいうまでもなく黒人専門の

「のみや街」のこと。何はともあれ、アメリカの人種差別は植民地沖縄にまでそのままはこびこまれているわけだ。「白いまち」に黒人が足をふみ込んだが最後、ふくろだたきに会うことはありふれたことで、そのような場合はMPの出動で大抵の場合ことなくすむとはいえ、黒人が拳銃でもかくしもって抵抗する時なぞ、付近一帯の住民にまでそのとばっちりが及ぶので、夜半もすぎると基地の街は、よいどれと拳銃と格闘の嵐をつねにはらんで、夜明けをむかえる始末である。

軍権によって土地をとられ、慢性飢餓の生んだ絶対的な人口過剰と資本制生産様式の中で、たえず増加し行く労働者の相対的な過剰人口はつなみのようにおしよせて排泄口を求めて流れだすわけだが、このような階層の「はきだめ」となっている弱小企業のうちでも、サービス業は代表的な人口過剰の排泄口の役目をひきうけている。そのような状態であるから、サービスを買ってくれるアメリカ軍人や軍属が徘徊しないようになるとみいりがなくなって、業者はもとよりそこで働いている婦人たちの生活までおびやかすようになる。それを人よんで基地依存経済という。その弱身を衝いて現地軍は統治の網を投げたり、しぼったりする。

網をしぼる場合の名前が「オフ・リミッツ」とよばれる彼らの奥の手である。投げられたオフ・リミッツの網にひっかかってピイピイうごめく群小の業者や婦人を網元はねらっているのではない。そのうちでの五、六名の特飲街のボス連が、唯一のねらいである。現地軍が何か気に喰わぬことがおきたらオフ・リミッツをかけて軍人を足止めし、特飲街への出入を禁ずる。しかしなんのためにやるのか、名目はいつでも不変で、「公安の維持」と「不衛生」という二つのフレーズにつきる。そこで真先に活動を開始するのがきまって五、六名のボスである。彼らはコザ新興会なる名称の組織をつくって政治面にもくちばしを入れるまでに育てあげられた。「公安を維持する」ための名でコザを中心に周辺四カ村にわたる軍人軍属の立入禁止布令が出されたのは、かの有名なプライス勧告粉砕、四原則貫徹の土地闘争のさなかであった。対米抵抗の波が高まり、全島の部落のおばあさん、おじいさんたちまで四原則貫徹の歌声を高らかに唱和するようになった。那覇をはじめ、基地司令部のあるところズケラン、普天間辺でも「ヤンキー・ゴー・ホーム」のプラカードをおおっぴらにうちたてる状態にまで発展した。最初は、そのあまりにも全階層全地域をおしつつんだ抵抗の広さと深さに、軍司令官も静観の態を装っていたが、対米抵抗が親米民主党の線からくずれだしたとみるや、抜く手を見せず、いまさきのべたコザ市周辺市町村に対するオフ・リミッツの布令となった。軍人は街からすがたを消した。三千の業者はふるえ上った。

　四原則を貫徹して土地を守らなければならないことは知っている。だが明日といわず今日からの生活はどうするのだ。領土主権を守るのは日本政府でやって貰おうじゃないか。日本国民だってそうじゃないか。同胞だといいながら何一つ頼りになることをやってくれたかい。日本復帰も賛成だ。だがまて。復帰はいつになるかわからんではないか。それまでどう生きていくのか。アメリカさんでも頼って食いつなぎをすることが何が悪い。

こうしてタンカを切るあにい連を引具して四原則貫徹の統一演説会妨害に集団をなして彼らはおしかけたこともある。風俗営業者のボスの発起でつくられた新興会は、四原則を守る組織、土地を守る協議会(土地協)がコザ市で演説会を開くことを食いとめるために、コザ市当局を動かした。生まれたのがコザ市オフ・リミッツ解除対策委員会というお化けのような名の団体であった。北部から始めて南部に飛び、中部のコザ市を後廻しにした土地協の演説会スケジュールが新聞に発表されるや、待っていましたとばかりGI禁足のオフ・リミッツ布令はとかれた。今後のこともあるので、解除の功績を燦然と輝かして宣伝し、特飲街のボス連の「かお」に金箔をぬりつけることを現地軍は忘れなかった。ところが、解除の楽屋裏の事情がまたふるっている。あと二、三日も待たずに軍隊内部の「公安の維持」が保てないところまで、事態は悪化してしまっていたという噂がとんだ。名づけて「性の暴動」とでもいえるだろうか。

2　六億日円の負債を背負う万余の娘子軍

ところがドル切替え後事情は一変した。サービス業者はオフ・リミッツをおそれなくなったのである。オフ・リミッツの妙薬もドルの前にはききめを失ってしまったといえよう。コザ新興会のボス連と飲み友達であり、かつてはオフ・リミッツ解除対策委員会にも席をつらねたことのある一人の男が、ひょっくり、夜おそく筆者を訪ねてきた。彼の、ときには眼をつり上げ、ときには訴えるような調子でくり展げた裏街の生態はこうである。

もうさっぱりですな。オフ・リミッツですか。そんなのは、もういたくもかゆくもありませんや。一軒バーをもっていますがね。女ですか。四人いますよ。元気ないのがね。売っているのはおもに「コクハイ」ですがね。何？　コクハイ、わからんのですか。ウイスキーにコカコーラを入れて氷をぶち込んだコップ酒ですよ。それがね、うちでは一杯五十セントです。ところがドルに切替えられてから兵隊のやつ「タカイ、タカイ、ハンブンアル」といいやがるんだ。何が「ハンブンアルカ」ときいてみたら、PXでは二十五セントらしいですね、「コクハイ」は。PXでは無税だから二十五セントでひき合うかも知れないが、こちらはハンブン値にするよりやめたがいいですよ。原価をわりますからね。どこのバーでも同値ですから、自然兵隊はPXのウイスキーをポケットにしのばせてやってくる。店で出すのはコーラとガラスコップと女と三つでさ。しのばせてきたウイスキーで二時間も、ときには三時間もねばるんでね。何のために一〇万円も資金を注ぎこんでバーを始めたかもわからなくなってしまいましたよ。そうなった裏にはアメリカらしい事情があってのことですね。ペーデー(給料日)の翌日は必ず兵隊を金武(きん)や宜野座(ぎのざ)の演習場へ引張っていきます。部隊ではかわるがわる演習地をつかうのだからそれに応じてペーデーをきめるんですね。だからよく考えてみるとペーデーの翌日兵隊を引張っていくのではなく、演習地へ向う前日に給料を支払うというほうがあたっていましょう。兵隊は演習地のさびしさもありましょう、そこのPXで散々ドルをつかい果して、われわれの店にぬうっと現われるときはドルではなくウイスキー持参という具合ですからね。やり切れませんよ。そのことをよく知っていますからもうそれ、最近はオフ・リミッツをださなくなったでしょうが。

彼はしぶ茶を飲んでさらにつづける。

女給の借金ですか。私のところでは多いのが三万円、少ないので一万円です。わけ前ですか。六と四です。もちろん主人の私が六ですよ。だから六、七万円の借金をしている女は元金は払えないから「つかいもの」にならないときがこなければ離れられませんね。年ごろはときにはかくしているからわからん場合もありますが、十四、五歳から五十歳前後でしょうね。二、三千人いるかというんですか。御冗談でしょう。一万をこしますよ。コザ市周辺だけで。女たちは三つに色わけされましょう。上級、中級、下級とね。上級はアメリカ・ハーニーをもっているもの。客とりますよ、もちろん。御主人のハーニーは週に何回と日がきまっている。せっかくあいた日を無駄にしますか。ところが何か臨時休暇でもあって予定日以外にひょっくりやってこられるとことをおこしますね。よく新聞にも出るでしょうが。中級というのがバー、キャバレーでサービスを売っているものです。

　下級ですか。あれ、あの街娼のことですよ。どこにそんなのがいるかって？　夜の十二時すぎに、一号路線の両わき、芝草をねじろに徘徊しているネッカチーフがそれですよ。女たちの借金ですか。平均二万円はもっていましょうから一万人としてコザ市だけでざっと二億円背負い込んだ女がいるんですね。いうまでもありませんよ、全部といっていいほど農村出の娘さんですから、うちに大半の金は送金しましょう。しかしみんながみんな淫売だとけいべつするわけにいきますまい。身は裏街に落していますが、稼いだお金で弟さんや妹さんをハイスクールにやっている娘さんを多数私は知っていますよ。昔でしたら美談ものでしょうが。このような御時世では美談になりましょうかね。

彼はめいってしまった。「これからどうなるでしょうかね。わたしたち」と筆者に解答を求めた。もとよりこれは至難である。

　この男の話をまともにうけるように、『沖縄タイムス』(一九五九・三・六)は、「最近中部一帯のバー、キャバレーは経営難で青息吐息の状態、そのうえ最近は、MPの取締り強化、一月から五、六月まで兵隊の演習シーズンと重なったため、開店休業の店も大分あり、業者の中にはこの苦境を切り抜けるため女給を酷使する傾向も多くなったという。つぎは転機にたった基地の風俗営業にスポットをあててみた」とまえおきして、コザ、真栄原(まえはら)、普天間などの基地街の生態を報道しているが、そのうちで、高等弁務官ブース中将の常時執務しているズケランとよべば答える距離にある普天間特飲街のお台所を、同紙の報道からぬき出してみる。

まだ新しい特飲街の建物が、夜ともなると色とりどりのネオンに色どられる。景気のよい電蓄をバックに煙草をくわえた女たちが、あちらこちらのバー、キャバレーの入口でたたずんでいる。中をのぞくとカウンターに一人、シートに二人の客であとはがらあき。ここではあっという間に八十三軒ものバー、キャバレーが建ち並び、もっぱら外人相手で一軒に五人から二十人の女給が働いていることになる。十二月末から客の出入りがぐっと減り、一月には四十軒以上が赤字経営で四苦八苦の態。店を閉めたのが四、五軒もあり、最近新築された三軒のキャバレーは、借り手がないまま放置されている。この一帯はマリン隊の独占場らしいが、業者が乱立しているうえに一月初めから演習がはじまったため、がっくりこたえたようだ。一晩の客が四、五人平均とのことで、経営維持のため女給の解雇も多いとのこと、業者組合では、変動が大きくこれ以上本腰は入れられないから、適当な生産業や商業に切替えようとの話合いもでていると組合長の比嘉さんは語っていた。

同紙はさらに進んで「ネオンの陰に泣く女給たち」の三段見出しで一部悪徳業者が身を落した女たちをいじめぬく仕草についてつづける。

こういう基地の中で、毎夜燃えて咲くけばけばしいネオンサインのかげには、しいたげられた女給たちのみじめな姿がひそんでいる。いま騒がれている「女給殺し事件」の裏にも、かよわい女性を金であやつっていた娼家行為の実態がかくされていた。殺人容疑の点は別として、コザ署の調べによると、挙げられたバーの主人夫婦は、四人の女給たちに貸借帳簿をあてがい、それに彼女らが使った金品や借金、かせぎ高をもれなく記帳していた。「そんな服装では客がつかない、化粧品も買いなさい」と主人が女たちに、半強制的に言いつける。金のない彼女らはもちろん、そのために主人から借金をしなければならない。こうして女たちを金しばりにするのが一部の悪質業者のやり口のようだ。だからいくら春をひさいでかせいでも借金はふえる一方だという。また女給がよその店にくらがえするときには、借金を前借して返済するか、主人同志が女給の借金を清算して身柄取引をやっているなどの人身売買も行なわれている。そのほかに「やり手ばあさん」らに甘い汁を吸われ、泥沼にあえぐ女給たちも多いようで、取締当局でも、売春婦の数は多くその実数はつかみにくいといっている。

世におそろしいのは軍事植民地支配であり、しかもブース高等弁務官のすぐ鼻の先で、資本の搾取は破廉恥にも、生産から放り出されて脱落した売春婦にも容赦なくおよんでいくのである。

3　お膝元に売春名所

また荒されるお膝元
かえり咲く売春名所
ソデひく「夜の天使」たち五十名

この文句は、『琉球新報』(一九五九・五・二〇)朝刊三面のトップ四段抜き見出しそのままである。お膝元というのは、琉球アメリカ民政府と当間任命政府、任命司法部、琉球立法院の壮大な建物のそびえたつぐるり、那覇高校もあり、そこはハーバービュー(港のみえる丘の意味)といって、いまでは十間アスファルト道路が完成しているが、五七年の四原則貫徹県民大会、同年から五八年にかけての那覇市長選挙や、追放布令撤廃市民大会など、大演説会場とハーバービューは切り離して考えられないほどの広場があった。最近区画整理も完成、弁護士事務所、病院、キリスト教会が建ちならんで、道路もすべるようなのが幾すじも通っている。この場所はしかし、那覇でも名うての売春名所で区画整理や道路の新設が突貫工事で進行中は一時かげをひそめていたが「最近また夜の女がふえ、あぶれた女が高校生のそでをひくという乱脈ぶり、政府、立法院、学校のお膝元に、こんないかがわしい場所があっては困ります、なんとかならないものでしょうか」と琉球新報社に投書があったという。同社編集部は、「ああ情ない、政府のすぐ目と鼻のところに売春市場があるとはまったく法治国(?)の名折れではないか」といきりたち、探訪したという前がきつきで、夜の天使たちの生態ルポを掲載している。

二、三年前とくらべるとずいぶんおとなしくはなった。あのころはひどかった。二百名の売春婦がヒモのようなグレン隊に防衛されて、おおっぴらに客のそでを引いていた。女をからかおうものならこわいアンちゃん連にぐるりを取巻かれ、踏んだり蹴ったりの暴行はざらだった。裏のアスファルト道路、これが那覇高校、開南方面に走っている。女たちは道路わきの空地やマッチ箱のような民家、雑貨屋の暗い軒下に二、三名ずつたむろしている。立ったり坐ったり、坐ると五、六年前に流行したロングスカートが地べたにくっつく位だ。暗い闇の中から「天使」たちの声がかかってくる。「兄さん」「お兄さん」「私の彼氏」「ラーリーちゃん」「眼鏡さん」等々……。その客の風態に応じて彼女らは客引きのキャッチフレーズをちゃんと覚えている。最初は車を物陰にしのばせて散歩をよそおって近づいた。みんなゲタばきか草履、ズックといった類でハイヒールなどの「高級品」はいなかった。昔は「二中健児」の学びの原だったのに、このバチルスのような妖怪どもは狩っても狩っても毒茸のようにふえてくる。

暗いやみの中で、十八、九歳の白いワンピースの女に話しかけてみる。「景気はどうか」、「あんまりよくないです」。相手を疑う習性もないらしい。売春禁止法がないので警察も

二、三年前の取締りは外人相手の女を布令によって検挙したくらいのものであった。「二日もつづいてお茶をひくこともあります」と二十四、五歳の中年増がこぼす。自動車が通るたんびにヘッドライトの光に顔をそむけてポツリポツリと重い口を開く。カメラのH君は車を徐行させながらいきなりパッとフラッシュをたいた。当然「バカヤロー」とか「サネガビッチー」とかの罵声が飛ぶものと覚悟していたが、なんの反応もない。悪ずれする以前のもっと原始的な肉体の取引きが行われているのだ。女たちはほとんどが付近の民家に間借りしており、客と女達の狂態が子供たちにも筒抜けである。学校への通学路であり、あぶれた女たちが高校生のそでを引くこともある。夜中の二時三時ごろまで嬌声が絶えない。ある良家の主婦などは夜の女がふえるにつれて子供たちの成績が悪くなるというので、孟母三遷の大原則に従ってハーバービューーから引越したという話もある。女たちに部屋を貸さないという申合せを地元の人がやったこともあるが、彼女らの落す月十ドルの家賃は、おひざ元の細民街の人たちには断ち切れないドルの誘惑である。

ここで編集部の生態描写は切れて、取締当局や主婦、関係知名士の談話をのせ、

「取締る法がない、住民の協力で自粛を図る」と幸地(こうち)那覇署長、

「交番をつくってくれ」と付近の主婦、

「早く売春禁止法を」と外間(ほかま)教職員会教文部長、池原(いけはら)子供を守る会事務局長、徳元(とくもと)PTA連

合会長らに語らせている。

ところが、そびえ立つ地下一階地上三階のアメリカ民政府や琉球政府のぐるりにある、マッチ箱のような民家、女たちの支払う十ドルの家賃で露命をつないでいる細民、その平均水準以下の生活からの解放なしには、そして被救恤的貧民層が、アメリカ民主主義と一握りのものたちの富と繁栄の地平線下に埋没させられている限り、これらの「悪ずれする以前のもっと原始的な肉体の取引き」は、かりとればそれだけ、「ところ」をかえてより肥大していく沖縄の現実である。

軍事植民地支配下のおとしご、沖縄のルンペン・プロレタリアをはき清めうる日はいつか。ここにも大きい課題がある。

4 刑務所、受刑者は戦前の四倍

沖縄刑務所には、六百人あまりの受刑者がいる。沖縄の政治と経済構造の特異性を心にくいほど反映して、ここだけは戦前にくらべて大いに繁昌している。所長は森根剛、戦前警視までやった人で好々爺である。筆者は一九五五年十月軍裁にかけられ、二カ年ほどこちらのお世話になった縁もあり、家もすぐ隣りなので、五月二十三日(一九五九年)森根所長を訪ね、いろいろ話をきいてみた。

所長室には、雑居房、独居房、懲治監、病室、女監、少年刑務所と区わけして数字がはめこまれ、男女別、少年別にわけてトータルができている。それは六一四であった。もちろんこの数字は毎日かわる。刑期みちて、または仮釈放でるもの、軍、民裁判所や警察のブタ箱からの新入りがひんぱんであるためである。森根所長の話によると戦前は大体二百人を上下していた。そのうちにはいつでも、五十人ほど日本本土の刑務所からおくられた技術指導囚(?)がいたので、沖縄の裁判所からの受刑者は一五〇人内外であったという。現在六百とおさえると戦前の四〇〇%という比率がでる。四倍である。さきに労働者の戦前戦後の給料を比較して現在は戦前給与の六〇%しか支給されていないことにふれたが、受刑者の四〇〇%という高い比率はそれがはねかえってきたといえよう。労働者の給与を受刑者の%をもらいうけて四〇〇%に引上げられたとすると、一二万の労働者とその家族で約三〇万、購買力はふえるし、それに応じて勤労農民の生産物も安くたたかれ通しではないだろうし、市民も助かる。貧民は地平線下から頭を出しておいしい空気が吸えるので、食うために罪をおかしてまで刑務所入りを志願するものは少なくなる。かりに労働者の給与が戦前の四〇〇%になり、受刑者の数が給与の%をそのまま頂戴して六〇%に置きかえられると現在の受刑者は九〇名ですむわけだ。しかしそんな夢は沖縄では喰い物にならないので、沖縄刑務所の予算はどのくらいかをまずみよう。

一九五九年度は二六万一六八九ドルだから受刑者六百として一人当り年四三六ドル(一五万六

九六〇日円)、月割りにすると一万日円を上廻る。現在立法院で審議中の六十年度予算では五九年度より三万四千ドル余りもふえて、二九万五九五七ドルとなっているから年間一人当りは約五百ドル(一八万日円)、月当りにすると一万五千日円である。労働者や勤労農民の賃金や所得を上廻っていても下位でないことが容易にうなずける。だからといって受刑者がぜいたくなくらしを保証されているというのではない。この予算の中には所長以下職員の給料や消耗品、備品も含まれているが、増額分は受刑者用建物の増築費が主になっている。犯罪人が殖える見透しのもとに予算化されているというのだ。要するに非生産的な沖縄刑務所に一億日円近くの金が費消されていくし、年毎にふえてはいっても減らない傾向にあることは、戦前と比べて沖縄の社会情勢が動揺しており、不安であり、地平線下の極貧大衆が社会保障制度からも見放されている姿をありのままにうつし出している。それは罪名調べ(第1表)にもよくあらわれて、軍民両裁とも窃盗が申し合せたように三四乃至三五%を占めて最も多い。また殺人が十二人、未遂が三人で、十五人もおっかない罪のものがいる。戦前は皆無であり、たまにあっても十年に一人くらい殺人犯はいたかどうかだったそうだ。強盗にしたって戦前は三、四人、多いときでせいぜい五、六人、ところが現在は六十五人もいる。女囚も殆どなく女監はあったが、ものおきにつかっていた、だがいまは七人。少年犯人も同じで皆無だったので、少年刑務所などもちろんなかった。ところがどうだろう、少年受刑者が民裁で十七人軍裁で六人、しかも窃盗、詐

第1表　沖縄刑務所受刑者罪名別調

(1959年4月末現在)

刑名＼裁判別	民裁判 男	民裁判 女	民裁判 少年	民裁判 計	軍事裁判 男	軍事裁判 女	軍事裁判 少年	軍事裁判 計
	人	人	人	人	人	人	人	人
窃盗	151		5	156	27		1	28
強盗	61		4	65				
詐欺	72	2	4	78				
横領	17		2	19	1			1
贓物故買	19	1		20	7			7
賭博	5			5				
傷害	22			22				
暴行	20			20				
殺人	12			12				
殺人未遂	3			3				
軍施設侵入	1			1	10		2	12
軍需品不当所持					8		1	9
ドル不当所持						2		2
爆発物不当所持	1		2	3	1	1	2	4
漁業法違反					4			4
密貿易					3			3
布令違反					5			5
娼家		1		1				
その他	55			55	4			4
計	439	4	17	460	70	3	6	79

資料：沖縄刑務所調

欺、横領が多いし、四人の強盗犯まで収容されている始末である。

ただいま配られた『沖縄タイムス』夕刊(一九五九・五・二三)にアメリカ人の絵かき、ピーター・ホーチェンの人物評がでている。ピーターさんは沖縄を宮古、八重山の離島までくまなく歩き廻って鉛筆画を書いているそうだが大の沖縄びいき、「沖縄の古い文化はすばらしいし、人間はおだやかで朗らかでユーモラスでことに子供がかわいい」「沖縄の人は善良で、正直で、親切で……」「乞食でさえみなりはみじめだが態度は決して下品ではない」と、絵かきの直感を記者に語っている。

沖縄独特の地方色ゆたかな古い文化の中で、沖縄の人民はたしかにピーターさんの直感しているような豊かさとおだやかさとユーモアにみちていた。物騒な強盗も殺人のような凶悪犯人がいなかったし、刑期にしても長いので三年か四年だったことから考えても、社会的な不安や動揺やせっぱ詰った息苦しい世の中でなかったことは確かである。ところがいまはどちらの数字をつき合せても、植民地的な重圧感がひしひしと胸にせまってくるものばかり。初犯、累犯別にしてもそうだ。五月末日現在受刑者五三九に対して累犯が四〇八名で約八割をしめている。累犯は、「もう犯すまい」と決意して鉄の門を後にでたものの、受け入れる社会はつめたく、生活のささえはない、ついまた舞いもどるもの、しゃばより刑務所が恋しくなって勇敢に再入所するもの、に大きくわけられると所長は語っていた。が原因は一つである。きびしすぎる生活苦と汚濁した社会の流れである。

5　軍裁、窃盗で懲役百四十年

「琉球政府のからくり」の章で記述するが、沖縄の統治機構のおもしが刑務所にもはっきりあらわれて、本土の刑務所では見られないのが一つある。軍裁と民裁の二つの法廷で別々に断罪された受刑者が同居していることである。軍裁で刑をうけたのが男女少年合せて七十九人、比率では一五％を占めている。犯罪別にみると窃盗が一番多く軍施設侵入、軍需品不当所持がこれについでいる。軍裁のきびしさ、不当さ、むしろ無法さについての実例はいくらでもあげることができる。部隊占有の土地には金網がはられている。金網の外で馬車ひきが砂をとった。力あまって突っ込みすぎ、四、五寸金網内にスコップが入ったところをガードに見つかり、弁護人なしの軍法廷にひっぱり出されて即決、六カ月の重労働を言い渡された。軍財産の砂をぬすんだ罪。しかもこの砂は沖縄の砂である！

家族部隊の柵の切れ目に、泡盛をきこしめした労務者がちどり足をはこんでみつけられ即決裁判、一カ月の懲役、罪名はいわずと知れた軍施設侵入。

窃盗ではお話にもならないような事例がいくらでもあるが、最近の典型的なのを一つ記しておきたい。

「山川に懲役百四十年、家族部隊荒しに極刑」の三段見出しで三月十二日(一九五九年)の『琉球新報』はこう報じている。

山川宗徹ら軍家族部隊荒し窃盗団の裁判は三月十一日高等軍裁で開かれ、うち三人に判決がいい渡された。

山川らは六人で三十一件の犯行を重ねたのであるが、一件につき、懲役十年という判決があった。山川は十四件の犯行で百四十年の懲役刑、ところが軍裁では各罪の刑が同時に執行され、山川の場合は十四件のうち二件が先で同時に執行されるので、十年の服役がすむと、それにひきつづいて残りの十二件がこれまた足並そろえて執行されることになり、合せて二十年の服役、平良が八件で八十年の懲役だが、これも山川と同様二つに分けてそれぞれひきつぐので二十年の服役となる。窃盗罪で二十年の懲役を言渡された例はいままでにない。

極度の言論制限下におかれた現地新聞でさえ「ひどすぎる」と思ったのだろう。その官選弁護人下里恵良氏に、

布告には併合罪や連続犯が規定されていないため、この場合、ニミッツ布告により日本の旧刑法を用いることになるが、日本刑法だとどんなに長くても十五年以上の懲役刑はないので、この裁判は法律違反だと思う。

と主張させている。

ところが絶対権力の下における裁判の本質はここに歴然とその醜悪な形相をあらわし、如何ともできず、あわれな山川君らは現に服役中である。

「おとなしく、正直で、ほがらかで、ユーモラスで乞食になってさえ下品でない」沖縄の人

民がいつまでこのような法と民主主義と人権を無視された現実にがまんしうるか。海をへだててひかえている九千万祖国の同胞一人一人が、このむしろ無法地帯で生きることだけがせい一杯の真実のすがたを知って立ち上る日を六百の受刑者は待っているのであろうか。

かえりしなに、森根所長にきいてみた。「私がお世話になっていた当時、たしか八百人ほどいたと思うが、その時分にくらべると二百人もへりましたが、沖縄の全般的な生活状態がよくなったのですかね。」「それもあるかも知れないが、あれ、あの時(一九五五年十一月十七日)刑務所暴動が起ったな、それ以来刑期三分の一を終えた受刑者は服役成績によって、どしどし仮釈放するようになったのでね、そのためですよ。」

「ときどき暴動も必要というわけですかね」には「コラッ、冗談にもそんなことといってはいかんッ」を二度くりかえして、好々爺の森根所長は赤くなったり青くなったりしているようにみえた。

Ⅵ　人民のたたかい

「沈黙！　沈黙！　この沈黙をやぶらなければただ滅亡あるのみ。」――魯迅の言葉である。滅亡しないために、沈黙はやぶられる。人民が沈黙をやぶることは、たたかいである。たたかいは公然化するのもあれば、しないのもある。官公労、教職員会、民間労組の組織労働者が二十五ドル賃上げ要求をまとめて団体交渉する。場合によってはスト権を行使する。農民が米価の値下りや、底知れず落ちていく豚価維持のために、価格の保障を立法院に陳情する。弱小企業者が融資の道を切りひらくために意を決して団体をつくる。ドル切替え後の、めまいするような物価高に、婦人会が起ち上って、消費物価の値下げ運動をまきおこし、街頭に進出する。「これ以上とられてたまるかい」と市民が植民地収奪課税反対を叫んで当間任命政府に抗議する。講和発効前生命財産に加えられた損害の補償を、人民がアメリカ軍に喰いさがる。台所の要求から、さらに進んで、「四原則貫徹、領土主権の防衛」「祖国へかえせ」「原水爆基地化反対」「平和を守れ」「安保条約の解消」「死刑法の新布令を撤廃せよ」と高度な政治スローガンをかかげて人民が決起する。そして、あやまりなく政策がたてられ、組織されると全人民的な統一行動にまで発展する。しかしジャーナリズムに乗らず、公然化しないからといって、「人民はたたかっておらず、おとなしく、馬鹿正直で、鈍重で、無智で、だからいつまでたっても救えないのだ」ときめてかかると、とんでもない誤りをおかすことになろう。

農民が都市へ逃散するまえには、かならず農業の荒廃がある。荒廃のまえには、その経済的自立性をまもるための必死のたたかいがある。たたかいの主要な手段は、「刻苦精励」と倹約であり、しかもその倹約というのは「口にいれるより懐ろにいれよう」というものであるとよく言われている。労働者は低賃金と長時間労働の責め苦の中で、身をすりへらして毎日、生命のいとなみに苦闘をつづけている。中小の企業者は資金の重圧と監督賃金や下請的性格をつき上げる賃金労働者の抵抗の板ばさみにあって日夜苦労の絶えたためしがない。婦人は切り盛りするゆとりがでるようにと、はかない願いをたて、火の消えた台所の前で二重、三重に社会の重圧を一身にうけとめて必死にたたかいつづけている。部落は貧困と差別の中で出口を求めてもがいている。裏街に身をしずめた婦人でさえ、弟や妹だけは人なみに仕上げたいと、それこそ捨身のたたかいをいどんでいる。

これら、表面にあらわれないふだんの苦しみの中にこそ、無限に広く、底知れない深みをひめて、人民のたたかいのすえ石はみがかれないまま放置されているのである。

このような見地にたって沖縄人民のたたかいのアウトラインをとらえてみたい。

1　土地買い上げ反対

本土のある小学校で六年生の試験問題に「土地を守る四原則」とは何か、がだされたとの新聞記事を筆者はまだおぼえている。それほど沖縄の四原則貫徹運動は、国民的な支持をうけて、島ぐるみのたたかいにまで発展した。ところが四原則とは何かとひらきなおられるとすらすら言えるものは少ないので一応記しておく必要がある。

一九五四年四月二十九日琉球政府立法院は「軍用地処理に関する請願決議」を党派をのり越えて全員一致で可決した。この決議が四原則である。それは、沖縄の土地は日本国民全体のものだ、米国政府に土地を売り渡さない、一括払いはうけつけない、永久使用はみとめない、新規接収はごめんこうむる、土地代の支払いは補償方式をとり、地代の評価と決定は借地人であるアメリカが勝手にきめてはいかん、地主である沖縄県民が毎年きめるものだ、というどんな人にでも当りまえの考え方につらぬかれているつぎの四項のことである。

一、アメリカ合衆国政府による土地の取り上げ、または永久使用、地代の一括払いは絶対に行わないこと。

二、現地アメリカ軍使用中の土地については、適正にして完全な補償がなされること。使用料の決定は住民の合理的算定にもとづいてなされ、かつ、評価および支払いは一年毎に行われなければならない。

三、アメリカ合衆国軍隊が加えた一切の損害については、住民の要求する適正補償額をすみやかに支払うこと。

四、現在アメリカ軍の占有使用中の土地で不要の土地は早急に開放し、かつ新たな土地の収用は絶対さけること。

四原則が党派にこだわらず全員一致立法院で可決された直接の動機はこうである。米国議会が、一九五四年四月初旬、沖縄の軍用地問題解決策として、目下占有使用中の土地について、地代の一括払い方式を採用し、四万五千エーカーをこえる軍用地を買いとることを協議している。それは最近沖縄をおとずれた米下院外交委員会の報告にもとづいている。すなわち、「沖縄の軍用地地主は、土地を現金で売り渡し、他の場所に農地を開拓することを希望しているので、沖縄における現在の土地借用制度は、その意味で地主たちの不満をまきおこしている。だから米国は農業をやりたいという彼らの希望を入れて、土地を買いとってやることが一番いい方法である」というのである。委員会は、さらにつけくわえて、次のように買いとり価格まで明らかにした。

米政府は、沖縄に軍事基地用として四万五千エーカーの土地を必要としているが、その総価格は、一七〇〇万ドルと算定し、それの六%を毎年地代として支払うことにしたが、むしろ沖縄の地主たちの希望を入れて、一七〇〇万ドルを一括して一ぺんに支払うことがのぞましい。

ワシントンからのこの情報は、県民を極度に刺戟した。人を馬鹿にするのもほどがある。五万の地主は一人として土地を売り渡そうとは考えていない。他の場所に農地を開拓することを希望しているというが、この狭い沖縄のどこをさがせば開拓すべき土地があるというのだ。委員会の報告はでたらめもはなはだしい。しかも四万五千エーカーで一七〇〇万ドルといえば、一エーカー当り三七七ドル、一エーカーは一二二四坪であるから坪当り三十セント(三十六B円)である。アメリカ軍は当時その六%すなわち二円十六銭を坪当りの賃借地代として地主に支払うことを約束していた。アメリカのコーラ会社が、沖縄の水を勝手につかって、宜野湾(ぎのわん)村牧港(まちなと)で製造して売りつけているコカコーラは一本十B円である。だから五坪の地代を貰って、やっとコーラ一本買えるという計算である。

アメリカ軍が、現地の新聞や琉球放送に命じて「地主の皆さん、地代を支払いますから那覇の土地事務所に受けとりにきて下さい」と声をからして呼びかけたが、だれ一人として応じなかったのはこのような人を小馬鹿にした地代によるものであった。かりに、沖縄北部の地主が百坪の土地を軍に貸してあるとする。地代は二一六B円である。この金を受けとりに那覇の土地事務所まででかける。北部の名護町から那覇までのバス賃往復で九十八B円、お昼のそば代が一杯十五B円、一杯で農民の胃袋は承知しない、おかわりを求める、そば代は三十B円になる、これでしめて一二八B円、当時農村の日雇賃金は男で百B円程度であったからこれを加えると二二八B円となり、結局十二B円の足が出る。損をみこしてまる一日つぶし上覇する奴があるかいというのだ。それこそおこらない地主がおれば変であろう。ところが、坪当り二円十六銭という地代は平均したものであって、もと原野であったところは、なんと十銭以下! 中部のある戦争未亡人はつばでもひっかけてやりたいといった表情でこういった。「あの松の枝一本切って売れば五十円のまき代が助かるのに。アメリカという国はお金持で思いやりがあるといっているではありませんか、お金持のしみったれ、もう顔もみたくない」と。この未亡人の場合はこうである。目と鼻の先である。彼女は一五〇坪の原野をもっている、今は米軍人軍属の住宅街になっているが、目と鼻の先である。張りめぐらした鉄柵さえなければ、いつでも松の枯枝は彼女の台所をあたためてくれる。戦前は松の大木だけで十七本もあったがいまは切り倒されて八本しか残っていない。それでも、まき代に不自由はしない筈だと彼女はいう。それなのに坪十銭、一五〇坪で十五円とは、一体どこをおせばそのような常識はずれのことがいえるのかというわけである。

沖縄を視察した米下院外交委員会の委員達は、現行の賃借制度で地価相場とふんだ一七〇〇万ドルの六%すなわち一〇二万ドルを毎年払いにしているからこそ、今のべたような不平も不満もでるのだ、これを一括して一七〇〇万ドルを支払い、そのかわり、土地の所有権をアメリカ政府に移すことだと考えちがいして議会に報告したかどうか。
ところがそこに根本的な相違があり、民族の独立性をどうあっても守りぬく沖縄人民の胸にひめられたエネルギーを彼らは皆目知らなかった。

沖縄をアメリカ軍が占領支配している理由は、アイゼンハワー大統領やダレス長官の度重なる声明でもわかるように、サンフランシスコ条約第三条にうたわれている信託統治をする意志はない、極東の緊張がやわらぎ、世界平和が維持される見透しのつくまで、という期限づきだという。そうであれば、いつかは祖国にかえれるのだ、金は一時であり、土地は万年である。どんなに苦しかろうが、異国政府に、土地を売り渡すことは、自ら進んで日本の領土主権を侵し、子孫にのこすべき土地を失い、民族の未来をたち切ることを意味する。それだけにとどまらない。もっとおそろしいことは、アメリカ政府は、さらに新しく土地を取り上げて原水爆を吸い込む永久基地をつくる目的をもっている。アメリカのいうままになるとすれば、原水爆戦争を誘発し、世界の平和をみだし、極東の緊張をむしろ強めることにはなっても、決して平和を招来することにはならない。

これが、この情報に接した当時の沖縄人民の圧倒的な世論であった。だから土地を守る四原則は、平和と日本民族の独立をかちとれという極めてラジカルな素朴な人民の思想に根ざしている。

そこで、この全人民の世論を代表して、あけて一九五五年の春、琉球政府主席比嘉秀平と企画室長の瀬長浩、立法院議員長嶺秋夫、土地連合会長桑江朝幸、市町村長会長比嘉秀盛の五氏が渡米し、アメリカ政府に実情を訴えた。その結果、アメリカ議会は下院軍事委員会からメルビン・プライス氏を委員長とする沖縄現地調査団の派遣を決定、同調査団一行は同年十月十四日から十日間滞在、調査してかえった。

絵かきのピーターさんの言葉ではないが、善良な沖縄の人民は、委員会の方々は目や毛髪の色は違っており、生活と慣習は同じでないにせよ、ことに軍人でもないので、人間としての豊かな心をもっているだろうから、沖縄人民のほんとの考え方や苦しい実情はありのままにしらべ、受けとってくれるものと信じ、それこそ真心をこめて迎え、かつ送ったのであった。したがって沖縄人民のプライス調査団に対する期待は大きく、この人達がワシントンに帰り、議会に「土地は一坪も売り渡さない」という四原則に集約された全人民のかたい決意がありのまま報告されるだろう、そうすれば、いままでのような土地の収奪や常人では考えおよばないようなでたらめな地代も適正に引上げられるだろう、と信じていただけに、発表された例のプライス勧告は正に青天の霹靂であった。

というのは、彼らの報告は先の下院外交委員会の報告と骨格はそっくりそのままであり、一歩も前進していない。むしろそれに輪をかけて、大きくし、現地軍の土地強制収用を合理化し、アメリカが統治するようになってから沖縄人の生活は向上し、一部少数党の煽動はあるにせよ、あらゆる面において事態は進行しており、まさに、沖縄は太平洋における民主主義のショーウィンドーである。アメリカの基本政策からいって、住民の福祉と矛盾するようなことがおきた場合には、沖縄においては断乎として軍事優先すべきだと露骨に勧告し、地代の一括払い、土地の買い上げによってのみ、軍用地政策は、十分な効果をおさめることができること、さらに委員会は声を大にして次のように報告する。

沖縄は地理的な位置、また統治形態からいって、どこの国の干渉もうけないで、原水爆兵器を持ち込むにこよなき島である。

プライス勧告が発表されたのは翌五六年六月九日であった。全人民の期待は完全に裏切られた。四原則をうちたてた立法院が真先に起ち上って抵抗議会にかわった。市町村長会も、土地連合会も、青年、婦人会も、各政党も総決起した。三権分立だ、民政副長官の代行機関だという考えにとらわれて、一度も立法院に足をはこんだことのない比嘉主席さえ、とるものもとりあえず立法院にあらわれ、こうなればもう闘う以外に道はないと肚をきめ、民選立法院議員と握手をかわし、抵抗することをかたく決意した。その後の島ぐるみのたたかい、大統領行政命令、それにもとづく高等弁務官制度の施行、弾圧政策に終始して人民の反撃を呼びおこしたムーア民政副長官の更迭、現ブース高等弁務官の着任とその懐柔政策、当間任命主席を指導者とする再度の渡米代表団の派遣、そして当間主席ら代表団が「現在沖縄住民は、国際情勢の現段階では、アメリカ合衆国が基地を沖縄に保有する必要があることを十分に認識しております。このように沖縄の住民は、アメリカ合衆国が必要とする間、土地を使用することに反対するものではありません」とアメリカ政府や議会代表の前で宣言してかえったこと、など現地の新聞もまた本土の新聞もこれで沖縄の軍用地問題は完全解決したのだ、というふうに公表されているし、またこれらのいきさつについては拙著『民族の悲劇』(三一書房)にふれておいたので、ここでは、渡米代表団を中心に米琉土地委員会がつくられ、立法院でどのような法律をでっち上げたか、人民のたたかいの成果は具体的にはどう現われているか、事実土地問題は解決されたか、の三点にしぼってのべることにする。

2 四原則くずされる

当間主席、安里立法院議長ら六名の軍用地問題折衝沖縄代表団がワシントンから帰るとすぐ、高等弁務官ブース中将は一九五八年八月六日当間主席あて書翰を送った。

一括払い方式をやめて毎年払いにする用意がある。そのことに関して満足すべき解決を見出すために、数日中に適当な琉球人代表と交渉をもちたい。琉球人代表は六名の渡米代表に六名を追加して十二名にしたい。追加される六名の代表は、ワシントンにおける渡米代表がとったすべての処置に賛同するものでなければならない。立法院議長その他適当な人々と調整の上、今のべた資格をもつものをえらんで本官に知らしてもらいたい。

という内容のものであった。「渡米代表団がとったすべての処置に賛同するもの」という、弁務官が追加代表に求めている資格は、いうまでもなく、「沖縄の住民は、アメリカ合衆国が必要とする間、土地を使用することに反対するものではありません」と当間主席が米国議会下院外交委員会のウォルター・H・ジャット議員宅で催された昼餐会(一九五八・六・二七)でのべた挨拶の趣旨を全面的に受け入れ、賛同するものでなければならない。

琉球政府立法院は翌七日、ブース弁務官の意志をくんで、民主主義擁護連絡協議会(民連)所属議員団の反対をおし切り、六名の追加代表をきめた。顔ぶれは、知花英男(立法院土地委員長)、長嶺秋夫(立法院、民主党)、山川泰邦(立法院、新政会)、知念朝功(政府官房長)、池原新蔵(土地連合会副会長)、安次富信雄(市町村議長会議長)の六氏で、これに、当間重剛(主席)、安里積千代(立法院議長)、与儀達敏(立法院、民主党総裁)、赤嶺義信(政府法務局長)、桑江朝幸(土地連合会長)、渡嘉敷賀善(市町村長会副会長)の六氏が加わり、八月十一日軍用地問題現地折衝の米琉初会議が開かれた。会議には米側も、最高スタッフを網羅して、高等弁務官ブース中将、首席民政官バージャー准将、総領事デミング氏、琉球軍司令部補給部長ウッドベリー大佐、DE(地区工兵隊)フィッジス大佐、民政府土地課長クリスティン中佐の諸氏、沖縄側から当間主席外十一名の前記代表が出席し、九項目の協議事項と三つの分科委員会と委員の割り振りをきめ、「長期賃貸料前払い(一括払い)希望者に適当な処置をとる計画を立案する」との第一回共同声明を発表した。

その後引つづき分科委員会がもたれ、不定期賃貸借ならびに五年以下の有期賃貸借契約様式、賃貸借契約が得られない場合の強制収用手続き、地主が長期の地代の前払いを希望する場合の処理方法、農地、宅地、商用地、林野等の年間地代の評価方式、土地復元補償などについて八十余日にわたり討議し、十一月三日米琉の現地折衝は終った。三カ月近い現地米琉会議で作成された新土地計画案はアメリカ政府におくられたが、十二月二十六日ブース高等弁務官は、ハーバービュークラブに当間主席らの沖縄側代表を招いて「現地折衝で妥結をみた新土地計画案をワシントン政府は承認した」と発表した。

その間、東京で行われた第四回原水爆禁止世界大会に呼応して、沖縄原水協主催の平和大会は五千余の県民を集めて催され、「沖縄のミサイル基地化反対の大会決議」は民政府や琉球政府、立法院に提出された。またミサイル発射台として指令をうけた知念村の新規土地接収反対が「原水爆反対、祖国復帰県民大会」(十一月十五日)において緊急動議で採択された。提案者は、米軍射撃場に田畑をはじめ家屋敷を奪われて以来五カ年間「土地をかえせ!」と闘いつづけている伊江島の浦崎君だ。「いま軍用地問題を満足に処理するためにと米琉折衝はつづけられている。しかるに彼等はどしどし新規接収をやっている。知念村に対する新規接収をくいとめようではありませんか」という動議はわれるような拍手のうちに可決された。このような「ミサイル発射台を許すな」の声の高まりにも拘らず、米琉現地折衝における米軍の既定方針「必要なときはこれからでも新規に土地の収用は行う」という軍事優先政策をかえさせることに成功することはできなかった。

こうして、形式は民選立法院の推薦の手続きがとられたが、事実は高等弁務官の任命による沖縄側代表十二名と米軍代表で作成され、ワシントン政府の承認をうけた「新軍用地処理計画」は「アメリカ合衆国が賃借する土地の借賃の前払いに関する立法」と「土地借賃安定法」の二つに要約され、そのために特に招集された一九五八年十一月十五日開会の臨時立法院議会に提案された。

「借賃の前払いに関する立法」は七カ条、「土地借賃安定法」は二十三カ条から成り立っている。二つの立法の問題点をあげると、「前払いに関する立法」では、その第一条に、「この立法は、アメリカ合衆国に転貸するために、琉球政府が期間を定めないで賃借した土地の所有者に、一定の条件のもとに十年を越えない期間の前払いを得しめることを目的とする」と規定してある。というのは、まず琉球政府は軍用地地主と賃借契約をむすぶ、地主から賃借した琉球政府は今度はそれを一括して合衆国政府と賃貸借契約を締結する。

第二に、十年間の前払いをする、となっている。これは、実質的には一括払いである。十一年目以後の地代はどうするかの規定もなければ、立法院の委員会や本会議における「十年前払いをとった地主は十一年目からの地代は当然受けとれると思うがどうか」との民連議員の質問に対して、現地折衝における共同声明の通りだと逃げている。ところが共同声明を五回にわたって発表したが一言もそのことにふれられていないことからもわかるように、従来米軍が主張していた一括払いと何らことなるところはない。さらに、新規接収を認めてその第三条には、「一九五九年七月一日以後において政府が賃借する土地の借賃の前払いは、賃貸借契約後の七月一日から十年間の借賃の総額について行う」と明記されている。

一方「土地借賃安定法」では第一条に、「この立法は、土地の賃貸借に関し、適正な最高借賃を設定し、もって、当事者間の衡平を保持し、かつ、経済の安定に資することを」目的としているとうたっているので、一見、民間地料の法外な値上りを防いで小作人を助ける恰好でまかり出ているのが特徴である。ところが袈裟の下から鎧どころでなく、第十一条には「アメリカ合衆国に転貸するために、琉球政府が賃借する土地の最高借賃の決定については、地目および等級は、アメリカ合衆国が使用を開始したときの地目及び等級によるものとす」と明記され、軍用地代の決定を目的とする本然の姿があらわれている。従ってこの立法で最も県民の利害に関係あるものは借地料の決定権をだれがもつかである。

第十四条はつぎの通りそれに答えている、「土地借賃評価委員会は、第十条の規定にもとづき、最高借賃を決定したときは、ただちに、行政主席に提出し、その認可をうるものとする。主席の認可は、高等弁務官の承認を得るものとす」と。何のことはない、借地料は田の三等を基準にしてきめる。各市町村の土地の等級と地代はこのきめられた基準によって算出されるなど、くどくどと二十カ条にわたって詳述されてはいるが、唯一の地主の宿願である最高地代の最終決定権は、ちゃんと基地最高権力者の高等弁務官に渡されている。さらに、土地の年間の最高借賃を形式的にきめる土地借賃委員会は、五年毎に、主席が立法院の承認を経て任命(第二条と第四条)して地代の評価を行うことになっている。

さて、この軍用地処理二法の内容と前に記した「軍用地処理に関する請願決議」の四原則にもられた内容をみくらべると、何人の眼にも明らかのように、アメリカ合衆国政府による土地の買い上げまたは永久使用、地代の一括払いは絶対行わないことの第一項は、前払いに関する立法の中で「不定期」なる法律用語で完全にうちやぶられた。第二項の補償方式は契約方式にかえられている。「使用料の決定は住民の合理的算定にもとづいてなされ、かつ、評価および支払いは一年毎に行われなければならない」との県民の意志は、最高地代の高等弁務官決定と五年毎の評価にすりかえられた。第三項の損害補償については殆どふれられておらず、第四項の不要になった軍用地の解放も問題にされず、新規接収は異議なく認められて法文化されてしまった。四原則はこうしてアメリカ現地軍代表とその任命による沖縄代表十二名によって切りくずされる結果になっている。

では、これまでアメリカ現地軍の出した軍用地接収に関する諸布告、布令との関係はどうなっているかを点検しよう。

朝鮮戦争で苦い経験をなめた米軍は、沖縄における軍用地の永久使用を合理化するために、「米国政府の必要とする土地及び財産の所有並びに占有を有効ならしめることは、米国政府及び琉球列島並びに米国国民及び琉球住民の保全上、望ましいことであり、かつ、機宜の策である」と前おきして、一九五二年十一月一日布令第九一号「契約権」を公布した。それは、琉球政府と地主とが軍用地の賃貸借契約を結ぶと同時に地主はワシントン政府に転貸したことを自動的に承認するようなものであったから、全地主の反撃に会い、土地収用令(一九五七・二・二三、布令第一六四号)とともに、島ぐるみの闘いの抵抗目標になったいわくつきの布令である。その第三条はつぎの通り琉球政府の役割を記している。

琉球政府及び米国政府は、琉球政府の任務とこれに対する補償に関してここに契約書DA九二―三二〇―FEC―一四八の契約を締結する。その規定は、米国政府の取得すべき土地の法律上の所有者の決定、土地貸借についての地主との交渉、地主と琉球政府間の借地契約書の作成とその実施、琉球列島米国民政府から受領する受領証の発行、琉球政府から米国政府へ転貸する契約とその実施及び以後の年間土地使用料の支払いをなすことである。

そこでこの契約権の布令公布が五二年の十一月であり、この二つの立法を立法院で可決したのが五八年十一月十五日開会の臨時議会であったから、公布以来まる六カ年ののち、やっとアメリカは沖縄における無期限土地占有使用の一方的布令を民立法の形で合法化することに成功したといえよう。

3　当間任命政府は外国政府と土地貸借契約ができるか

軍用地の借賃の前払いに関する立法と借賃安定法が立法院で審議されたとき、当然のことではあるが一番問題になったのは、つぎの六つであった。

その一、琉球政府は、外国であるアメリカ合衆国を相手に、日本の領土主権に関係する土地貸借契約を結ぶことができるのか、できるとすればどんな国際法または国内法を前提にしているか。

その二、不定期賃借の不定期は一体何年であるか、祖国復帰との関係如何。

その三、前払い方式になっているが、一括払いとどうちがうのか、十カ年分の前払いをうけた地主は十一カ年目からの地代は貰えるのかどうか。

その四、賃借人であるアメリカ合衆国は占有使用中どんな種類の施設をしてもいいことになっているが、それは軍事基地の設定権を琉球政府が合衆国に与えることであり、ミサイル基地化を許すことになるがどうか。

その五、四原則の第四項は、はっきりと新規接収を認めないことになっているが、なぜ新規接収を予想し、認めた条文を織り込んだのか。

その六、結局いままで県民の抗議のまとになっていた土地に関する一切の一方的な収奪布告や布令を民立法の形で合法化することにはならないか。

これらの問題点は全部民連議員(大湾喜三郎、久高将憲、喜納政業、平田嗣裕、親川仁助の五氏)からだされたものであるが、その答弁に立ったのは行政法務委員会では政府法務局長崎間敏勝氏であり、本会議では沖縄社会大衆党書記長平良良松議員であった。関連答弁の要点はつぎの通りである(立法院第十三回臨時議会本会議及行政法務委員会議事録より)。

大湾　琉球政府がアメリカ合衆国に土地を転貸する母法といいますか前提になる法律はなんですか。

崎間　民法によるものであると思います。それと今後、これから民政府の方でこのいわゆる貸借契約の締結に布令が必要であれば出るという予想もされています。

大湾　琉球政府は外交権もない単なるアメリカ民政府の代行機関であって、土地を貸すとかいう日本の領土主権にかかわるような行為はできないはず、この点はわれわれが日本にまいりまして、外務大臣にお伺いしましたときに、日本政府とアメリカ政府の折衝でなければならんだろうということをはっきりいっていました。そういうふうな行為が琉球政府にできるのですか。

崎間　残存主権問題といまの土地の賃貸借契約とは全然関係ないと思っています。

親川　必要であれば民政府から布令がでるであろうというお答えで、なかなかどの法律によっているかはっきりしないが、今までのお話からすると大体民法によるというふうにみておられるようです、それならば地主が必要だからかえして貰いたいという場合どうなりますか。

崎間　期限をきめないで契約したのでありますから、この立法の意図する限りでは、そういった返還を予想しない。また返還しない地主のために前払いを行なうという考えでこれをつくったわけであります。

平田　民法がこの立法の母法だといっておられましたが、民法というのは国内法だと思う、それで琉球政府とアメリカ政府の関係はどうなりますか。

崎間　どっちも国内政府だと思います。

平田　内国政府になるわけですか、琉球政府はアメリカ政府の中にある政府というわけですか。
崎間　権限を委任された政府というわけです。
平田　そうなってきますと、日本政府との関係はどうなりますか、沖縄の土地と日本政府との関係は全然ないというわけですか。
崎間　賃貸借に関する限りはないと思いますね。
大湾　アメリカ政府が沖縄住民から借りた土地は、沖縄が日本復帰した場合どうなると思いますか。
崎間　日本に復帰した場合は日本政府とアメリカの協定によってとりきめられると思います。
親川　昨日からの局長のお話をきいていると一貫性がない。民法によるといってみたり、布令でもって強制収用するといってみたり、都合のいい場合は民法でやって都合の悪いところは布令でやるというふうに乱暴ないい方であります。そこでどういう点は民法でやって、どういう点は布令でやるかこれを詳しく説明して貰いたい。
崎間　契約に応ずる地主については民法でやります、契約に応じない地主については強制収用法がでるだろうと思っています。
このように行政法務委員会での政府代表と議員間のやりとりはなかなか興味津々たるもので

あり、琉球政府の法的な地位が明確に示されたといえよう。要約すると、合衆国政府は、サンフランシスコ条約第三条でうまくせしめた沖縄の統治権を大いに活用して、その代行機関である琉球政府を日本領土の一部である沖縄にでっち上げ、うちたてた、いわば文字通りの傀儡（かいらい）政府というより自分の「めしつかい」であるものをあごで使って、他の召使い達の土地をまとめて契約させ、いままでの収奪行為を合法化すること、ところが他の召使いは八〇万人あまりもいるので、契約に応じないのは収用令という布令一本で強制的に取り上げるだろうと、きっぱりと当間任命政府代表はいい切った。従って他の問題はおしてしるべしというもので、本会議ではさすがに、名義上の提案者になった平良議員は、

> 琉球政府は独立国ではないのに外国に土地を貸す権利の主体になることはできないと、御尤もの説明でありまして、これも今日の琉球の立場を御理解下されば御納得がいくのではないかと考えるわけであります。また、土地は軍事基地として貸すものであり、ひいては核兵器基地ともなるものであるということでありますが、しかしわれわれが貸す名目は決して核兵器基地を設定させる目的で貸すわけじゃない、しかし使用者側としては将来あるいはどういうふうに変っていくかわかりませんが……

と、ここらあたりからはしどろもどろであり、基地を貸すことを承諾しても原水爆基地化反対や戦争反対運動は別個にできる、と苦しい答弁を長々とのべている。

さてこのような事情で日本の領土主権を守る四原則は、改良主義者に支持された任命政府の手によって切り崩されたが、土地闘争に示した人民のたたかいの成果はどのようにあらわれているだろうか。

4　たたかいの成果

四原則は、代表団の渡米折衝、現地の米琉会談、立法院での二法の成立によってくずされた恰好にはなっているが、沖縄人民の心の中には、まだはっきりした形で生きており、軍用地問題解決の統一されたスローガンとして、おろされたのではない。だからこそアメリカ政府は、これまでの一方的な土地布告布令を、国際法を無視してまで民立法の衣裳で合法化するに成功したとはいうものの、地代の値上げ要求だけは認めざるを得なくなった。もとより地主にとってはまだまだ満足な地代ではないが、プライス勧告の発表当時にくらべると約六倍の値上げをかちとった。立法院の調査によると五月一日(一九五九年)現在、軍用地の総面積は五三二七万〇五八五坪で、アメリカが譲歩して支払うことになっているその地代総額は年間七億〇六五八万〇八〇一B円となっているから、坪当り平均一三・二六B円である。さきにのべた平均坪当り二・一六B円にくらべると六・一三倍になっている。これが、五四年立法院で四原則をうちたてて以来五カ年間要求しつづけてたたかった島ぐるみ対米抵抗の成果である。苛烈な軍事権力のもとでも人民の団結が勤労階級によって組まれたときどのような成果をおさめるか、この一事でもあきらかであろう。

ところが人民のこのような成果を削りとるために虎視眈々としているのがいる。アメリカ民政府と琉球政府である。当間任命政府が民政府の承認をうけて立法院に提案し、現在審議中の一九六〇年度予算をみるとつぎのようになっている。

まず第一に、不動産所得に対する源泉所得税として、課税所得見込額、すなわち軍用地代が、五九年度における未払地代四五五万二千ドル、六〇年度分の毎年払地代四九一万ドル、前払受領者の地代五九四万ドル、しめて一五四〇万二千ドルを地主が受け取ることをみこして、その一一・五％に当る一七七万一二〇〇ドルを税金として納めさせることになっている。B円に換算すると二億〇二五四万四千円となる。さらに、申告所得も増加する見込みをたて、その分から三万〇四〇〇ドル（三六四万八千B円）を予算化しているので計二億〇六一九万二千B円となり、さきの地代総額七億〇六五八万〇八〇一B円から差し引くと五億〇〇三八万八八〇一B円が地主の受取り額になる。これを坪当りにすると九・五B円で、たたかいでかちとった一三・二六B円との差額は三・七六B円であるので、一坪で二割八分の税金だから日円に換算すると坪十一円二十八銭まるまる当間任命政府に納税しなければならないことになる。

ところがこのような多額の地代所得に課税する法律がなかった政府は、地代に対する課税の目的をはたすために、例の土地問題処理二法を可決させるために招集した臨時立法院議会に、現行所得税法の一部を改正する立法を勧告して、これまた民連議員の反対をおし切って可決させた(一九五八年十二月二十三日)。この改正立法で「不動産所得に対する源泉徴収」の条を新たに設け、「所得を得る個人に対し、この立法の施行地において不動産所得の支払をなす法人は、その支払の際、左の各号の定めるところにより、左に掲げる税額の所得税を徴収し、その徴収の日の属する月の翌月十日までに、これを政府に納付しなければならない」旨規定している。

「左にかかげる税額」というのは、支払金額が

二〇〇―四〇〇ドル未満は　百分の五
四〇〇―六〇〇ドル未満　百分の十
六〇〇―一〇〇〇ドル未満　百分の十五
一〇〇〇―二〇〇〇ドル未満　百分の二十
二〇〇〇―三〇〇〇ドル未満　百分の二十五
三〇〇〇―五〇〇〇ドル未満　百分の三十
五〇〇〇―一〇〇〇〇ドル未満　百分の三十五
一〇〇〇〇ドル以上　百分の四十

の税率をかけて算出した金額のことで、支払うときにちゃんと差し引かれる仕組みになってい

る。例えば総坪数五三二七万余坪で地主は約四万五千であるから、一人当り平均一二〇〇坪の土地を米軍に貸していることになっている。沖縄平均では坪当り地代は一三・二六B円であるが、那覇の都市地区は商業用地として一番高く評価され、二七三万七千坪に対して、年間地代一億五三二一万B円となっているから坪当り約五六B円になる。平均坪数の一二〇〇坪にかけると六万七二〇〇B円となり、これは五六〇ドルである。だから那覇の地主は一人平均一〇%の源泉所得税を納めさせられる計算になる。ところが琉球政府はさきにのべたように源泉所得から、一番高い都市地区の平均一〇%を一・五%上廻る、一一・五%の税率を予想しているので、実際の地主の手取り地代はもっと少くなることは明らかであろう。

だが、源泉課税だけにとどまらない。税引きで五億B円以上の地代が五万近い地主に渡されるのであるから、物凄い軍用地代ブームがおこるだろう。金をもてば第一に流れるのが遊興面だろうから、遊興飲食税が前年度に比べて一五万二三五〇ドル増したのをトップに、同じく物品税で一三万七五〇〇ドル、通行税八万八一〇〇ドル、娯楽税八万四四二五ドル、嗜好飲料税九三六〇ドル、煙草消費税四万八千ドル、自動車税一万六八六六ドルそれぞれ増額をみこしているが、その合計は五三万六六〇一ドルとなり、B円に換算すると六四三九万二一二〇円である。従って地代から所得税として納入する二億〇六一九万二千B円に、今の消費税合計額を加えると実に二億七〇五八万四一二〇B円となり、七億余円の年間地代総額の三割八分強に当る。

なんのことはない。百円の地代を貰えると喜んだ地主は、受けとるときに支払事務所でちゃんと差し引かれ、申告と消費の面で「だろう」税を知らないうちに納めさせる仕組みになっているので、身になるのは六十円内外というわけである。

さて、人民は生活をまもるためにたたかったし、またたたかうだろう。それが公然化するかしないかは別として、たたかいは必ず何らかの形でむくいられる。しかし考えなければならないことは、労働分配率の項でもふれたように、実に巧妙な仕かけで、人民に与えらるべき正当な分け前を吸い上げる機関がある。それは「政府」と名づけられている。沖縄の場合この政府はアメリカ政府の代行機関となっているので、結局アメリカ政府が沖縄人民を統治するために、軍用地代から四割近いものを直接間接に納めさせる結果になるわけだ。

5　所有権と使用権との矛盾

ここで提起したい問題は、沖縄の軍用地問題は解決したかということである。五八年八月から始まった米琉現地会談中でも、ミサイル砲台用として知念村の原野が強制収用にあっている。その後も北部の名護町、羽地村一帯の山林地帯が新規に接収され、演習場と化した。最近では宜野湾村に新規接収の通達が舞い込んで地主達を唖然とさせている。こうして全島核武装のための新たな土地の接収は情容赦もなく強行されている。一方核兵器の進歩は今までつかっていた土地を不要にする。不要になった軍用地は「開放」の名で地主に返還されるが、地下二尺余もコンクリートでかためられているので田畑としては使いものにならず、かといって復元の補償はないから、地主達は歯ぎしりをしている。「軍用地問題は解決した」とPRに動員された現地新聞でさえ、そのあまりにも一方的な軍の仕打ちに村民が苦闘している実情について、ひかえ目にではあるが、「開放はされたが、復元の見込みうすい西原飛行場」の四段見出しで、

旧日本軍の飛行場に接収され、戦後引きつづき米軍に使用されていた西原飛行場は、ジェット機の離着陸にせますぎるというので四月三十日付で開放されたが、補償なしの開放では、これまで地代で生活をたてていた二六七四人もの人たちが干あがってしまうというので、西原、中城両村では全面的な復元補償ないし適正損害賠償を軍に訴えている。（一九五九・三・一八『沖縄タイムス』）

と報道している。

核兵器の進歩につれて、新規接収は相次いで強行され、不要になった土地は一片の紙切れで放りだされる。値上げをかちとったと思った地代は四割近くも税金としてまき上げられる。沖縄にアメリカの核兵器基地がある間、この悪循環はつづいていく。なぜだろうか。それは所有権と使用占有権の矛盾に根ざしている。この矛盾は米軍が基地をもち、合衆国が沖縄を統治している限り、いつまでもつづく民族的矛盾である。

沖縄の潜在主権は日本にあるとよくいわれている。統治権はアメリカ合衆国が握っているが潜在または残存主権は日本にあるというのである。ところがこの日本のもっているはずの潜在主権なる法律用語の怪物は、沖縄にすんでいる八三万人の日本国民の実際生活には何の意味もなさないのである。たとえ国際法学の権威者が潜在主権とは領土主権のことであり、領土の割譲や租借は日本政府でなければできないのだと解釈を下してみたところで、沖縄の現実は核兵器の進歩に応じて、ところかまわず土地の強制収用があり、復元補償なしの土地の放り出しがあり、任命政府対任命したアメリカ政府との土地無期限貸借契約法がでっち上げられている。このように日本に残されているといわれる潜在主権が、現実にはなんの意味もないと同じように　沖縄の地主達のもっている軍用地に対する所有権はそれこそナンセンスに等しい。使用権が無期限に他人の手に、しかもその相手は核兵器で歯まで武装したアメリカ合衆国の軍事権力である。そこに解き難い矛盾がある。買弁的な傀儡的な個人や集団でないかぎり、沖縄の人民同志の矛盾は、たとえそれが階級的なものにみえるようなものであっても、内部で処理し解決することができよう。ところが、アメリカの軍事権力が握っている土地占有権と沖縄人民の所有権との矛盾は本質的であり、敵対的矛盾である。従って軍用地問題の解決は、サンフランシスコ条約第三条によってかちとっている、合衆国の沖縄に対する司法、行政、立法の統治権を無条件に祖国日本にかえすことにより、そしてさらにその完全解決は、全アメリカ軍が沖縄から一人残らずすがたを消す日においてである。五万近い軍用地地主だけではない、全県民の土地を守る闘魂は、時には波をたててもり上り、時には静かな胎動をつづける。

米軍の日本駐留は「憲法上その存在を許すべからず」と認定し、基地不法侵入の罪に問われた七被告に無罪の判決、いわゆる「砂川判決」があってからたしか五日目であった、五、六名の集まりに筆者も出た。一人の青年が眼を輝かして砂川判決の感想をこうのべた。「本土にいる日本人はうらやましいな。伊達裁判長はえらい」。それをきっかけにさかんに意見がでた、「伊達裁判長も偉いかも知れないが、基地反対で闘いつづけている砂川の人々が偉いんだ」「砂川の人々だけがたたかったんではない、労働者も市民もたたかったからこそあのような判決でむくいられたんだ」と討論会のようになったが、結局「なぜ沖縄にいるわれわれ日本人だけが苦しまなければならないのだろう。それは祖国から切りはなされて孤立しているからだ。何はおいても祖国復帰だ」と、そして最後に、「伊達判決が最高裁でも輝かしい勝利でむくいられるようにわれわれも努力しよう」と結ばれた。

6　軍事基地下における労働者の権利

民主主義がどの程度行われているか、人権はおかされていないかどうかを測る尺度は、労働者の権利の度合をみれば一番よくわかると思う。労働者の権利はいうまでもなく団結権である。

祖国の憲法第二十七条は「すべて国民は、勤労の権利を有し、義務を負う」「賃金、就業時間、休息その他の勤労条件に関する基準は、法律で定め」「児童は酷使してはならない」と、労働者の生活は保障さるべきだといい、そのために、第二十八条は「勤労者の団結する権利及び団体交渉その他の団体行動をする権利は保障する」と明確に規定している。もちろん、憲法の条文通りに、祖国では失業者もいず全勤労者に働く場所が保障されているのではないにしても、また団体行動の自由は他の先進諸国のようにはまだかちとっていないにしても、それでも組合をつくり、加入し、団結して、団体交渉を持ち、スト権を行使し、あるいは政党支持の自由は、沖縄の労働者とくらべると段が違いすぎる。賃金比較で沖縄の労働者が本土の労働者の六〇%しか与えられていない低賃金だと書いたが、権利はまだそれよりずっと悪い条件下におかれている。むしろ団結権は完全にふみにじられているといった方が正確に近いほどである。

アメリカが沖縄を統治するための基本法といわれているのは、一九五七年六月五日付のアイゼンハワー署名入りの「琉球列島の管理に関する行政命令」(行政命令第一〇七一三号)である。これがいわゆる大統領行政命令と呼ばれているもので、その外にもまだ生きていて基本法だとよびならされているのが「琉球政府の設立」(一九五二・四・二一、布告第一三号)、「琉球政府章典」(一九五二・二・二九、布令第六八号)、「琉球列島米国民政府に関する指令」(スキャップ指令、一九五二・四・三〇)の三つがある。この四つの基本法(?)の公布前は一九四五年米軍侵入当時に出された二ミッツ布告が唯一の憲法のようなものであった。

さていまあげた基本法から、労働者の権利を保障するような条項でもあればと求めたが徒労であった。ただ行政命令の第二節に、大統領の指揮監督に従って沖縄統治の責任をもっている合衆国政府国防長官は、「民主主義の原理を基礎とし……琉球列島住民の福祉と安寧の増進のために全力をつくし、住民の経済的及び文化的向上を絶えず促進しなければならない」と記し、同じく第十二節に、琉球列島にある人々に対し、「民主主義国家の人民が享受している言論、集会、請願、宗教並びに報道の自由、法の手続きによらない不当な捜索並びに押収および生命、自由または財産の剝奪からの保障を含む基本的自由を保障しなければならない」というのがみえるだけである。後者は、政府章典やスキャップ指令にもつねに忘れずに書き込まれているのは特徴的である。

さて基本法に労働者の権利がうたわれていないというのでただちに落胆するには及ばない。一九五三年八月十八日の布令第一一六号「琉球人被用者に対する労働基準及び労働関係令」の序文に、労働権に関する章典の小見出しをつけてつぎのごとくうたっているので、本土の労働者でもこれだけみるとたいしたものだと賞賛すること間違いなしである。

合衆国政府は、琉球列島住民が米国民政府のもとに、自由と繁栄を享受することを希望し、かつ合衆国政府のために雇用されている数多くの琉球人の権利を法律で保護すべきであるので、左記の労働権章典を宣言する。

1 労働者はすべて、他の労働者とともに労働組合に加入する権利を有する。

2 何人も、人種、国籍、信条または社会的地位によって、その労働の権利を拒否されることはない。

3 労働者はすべて、その使用者に対する権利の代表者を自ら選出する権利を有する。

4 労働者はすべて休憩及び休暇に対する権利を有する。

5 労働者はすべて、その質と量に応じて報酬を受ける権利を有する。

6 何人も、その意志に反して、労働を強要されることはない。

7 児童は、教育を受けることができ、且つその労働が搾取されないようにするため、労働することを禁ずる。

8 労働者はすべて、安全で健康なる労働条件に対する権利を有する。

9 労働者または求職者は、何人も、就職の条件として、他人になんらかの利益を与えることを要求されない。

10 労働者は、何人も、他人の意志に反してその正式就業を妨げることはできない。

この宣言の通りだとすれば、プライス勧告の中でいわれていたように、沖縄は正に太平洋における民主主義のショーウィンドーであり、労働者はひとりのこらず労働権を享受して天国の生活が保障されているようにみえる。ところが、その第五条「組合活動」の項で、団結権、団体交渉権及びその他の団体活動に従事する権利を認めておいて、但書を挿入し、「第一種の被用者、その労働団体または該労働団体代表者は、使用者に団体交渉または労働協約を提議し、または行なってはならない」とつけ加えている。この布令の第二条で労働者は四つに種別されている。

第一種　米国政府割当資金(軍予算)から支払いをうける直接被用者。

第二種　米国政府非割当資金から支払いをうける直接被用者(PX、食堂、社交クラブ等で働いている労働者)。

第三種　琉球列島米国軍要員の直接被用者(メイド、ハウスキーパーなど)。

第四種　契約中の米国政府請負業者の被用者(基地構築の土建労働者)。

そこで、但書で、団体交渉権もなければ、労働協約を提議する権利さえみとめられていない被用者は、第一種のアメリカ予算から直接支払いをうける労働者であるが、現在それが二万人近くいる。団体交渉権もなければ、労働協約を提議する権利のない労働組合がおよそ考えられるだろうか。それだけに止まらない。第十二条で、「何人も米国政府に対して同盟罷業の権利を主張する者を雇用してはならないし、このような被用者には、有罪として五万B円以下の罰金または一カ年以下の懲役若しくはこれを併科する」となっている。ところがその前の第十一条「罷業権」の項では、「特に規定されたものを除き、この布令のいかなる規定も、手段の如何を問わず、同盟罷業を行なう権利に干渉し、妨害し、若しくはこれを縮小し、またはこの権利に対する制限乃至条件を課するものと解されてはならない」と、先にあげた第二種から第四種までの労働者は罷業権はあるぞと一応は愁眉を開きうる規定がある。ところがまたこれにも致命的なおとし穴が待ちうけている。それは第二十六条である。

「合衆国用地における労働活動、米国政府の占有または使用する地域において労働争議を遂行するために暴力またはピケッティング(見張り)の形で労働活動をしてはならない、本条の規定に故意に違反したものは、有罪とし、五千円(B)以下の罰金または六カ月以下の懲役若しくはこれを併科する」と。どうだろうか。第一種の労働者はいうまでもない、第四種までの軍関係労働者で、軍用地以外で働いているものは一人もいないのである。ピケさえ禁じられている労働争議が葬儀となることとくらい組織労働者であればだれでも体験ずみのはずである。暴力の認定は使用者であるアメリカ軍が勝手に下すのであってみれば、罷業など思いも及ばないことではないだろうか。しかもおかしたものは体刑をもってのぞんでいる。正に五万近くの軍労働者は、がんじがらめであり、序文の労働権章典はこっぱみじんにうちくだかれていることがわかる。この労働関係布令が公布されて六カ年後の今日、軍労働者がただ一つの労働組合ももてない事情のかぎはここにあるといえよう。

国際自由労連沖縄調査団はその勧告「三、労働条件5」の中で、労働権にふれてつぎの通りのべている。

アメリカ民政府の民間従業員、琉球政府の公務員及び軍に直接雇用される従業員のために適当な団体交渉機関をつくるべきである。彼らの苦情を個人個人の間で処理する現行規定は近代的労使関係の概念からすれば不十分であり、時代おくれである。それらは労働組合の結成に対する気力を挫く。(自由労連調査団報告書より)

7 民労働法をかちとったもの

弾圧法の前には必ず人民の決起がこれに先行する。沖縄の場合もこの原則は通用している。米軍の朝鮮戦争の苦い経験は沖縄の軍事基地拡張の突貫工事を進展させたが、本土からやってきた清水建設の下請、日本道路建設株式会社のストライキをきっかけに沖縄の労働運動は物凄い勢いで高まった。世論もまた全面的にこれを支持したため、当時立法院で審議中の労働組合法、労働基準法が通過する見透しは確実となり、軍権でもその施行を拒否することができない事情にたちいたった。そこで民政府は、極東軍司令部から労働法規の専門家サリバン氏(現民政府労働部長)を招聘し、布令第一一六号「労働関係令」は彼の手によって起草されたといわれる。

日本道路のストライキは一九五二年六月五日に口火を切った。それは会社が四月から二カ月間も賃金不払いの上に、さらに六十名の解雇を通告したのに端を発したもので、労働法もない時代であり、労組ももちろん組織されていなかったが、二五〇名の従業員は豚小舎のような宿舎を根城に団結をかためた。職場大会が開かれ、つぎの十六項の要求がきめられた。

一、賃金を三割値上げすること。
二、首切りを行わないこと。
三、賃金を即時支払うこと。
四、本土からきた労働者との差別賃金をなくすること。
五、厚生施設を改善すること。
　1 雨の漏らない宿舎にすること。2 蚊帳、畳、食器と箸を支給すること。3 宿舎への断水をしないこと。4 便所その他の衛生施設をすること。
六、公務傷害による休業には、平常の賃金を支給すること。
七、病気のための休業は食費を支給すること。
八、会社の都合で休業するときは平常の賃金を支給すること。
九、班員がきめた班長を承認すること。
十、メイド、タイムキーパーの賃金を会社で負担すること。
十一、スト期間中の賃金は平常通り支給すること。

十二、税法で定めた通り扶養家族年齢を十六歳までとすること。
十三、会社側で納入した税金の明細書を公開すること。
十四、賃金は班長の手を経ず直接個人に支払うこと。
十五、緊急の場合は支払い日外でも賃金の支払いをなすこと。
十六、食糧配給をうける措置を講ずること。

会社側は、団体交渉には応じたが、経営困難を理由に、外の要求は考慮されようが、賃上げと六十名の解雇を撤回する意志のないことを明らかにしたため、全面ストに入った。争議団はスト委員会をつくり、組織、宣伝、調査、財政の四つの部門を設けて必死の活動に入った。宣伝部員は昼は宿舎を飛び出して街頭にでて那覇市民に訴えた。開会中の立法院にも陳情された。立法院は宮城久栄議員を委員長とする現場調査の結果にもとづいて六月十一日の本会議で「労働者の待遇改善に関する決議案」を全会一致で可決し、調査団の報告書を添えて民政副長官に提出した。この報告書にもられた事実は実におどろくべきもので、正にタコ部屋制度下に二五〇名の土建労働者が二重三重の搾取と豚のような生活を強いられていることがあかるみに出された。六月十六日(一九五二年)の『琉球新報』は、報告の要旨をつぎの通り報じている。

一、四、五月の賃金は六月八日までに六〇%しか支払われていない。
二、労働者は職場と宿舎で二重に搾取されている。

1 労働者たちは自分の賃金がいくらであるか知っていない。2 飯場におけるメイドやタイムキーパーの賃金は、当然会社が負担すべきであるのに拘らず労働者の負担になっている。3 牛馬の食うような食餌を与えていながら、月に飯代一人当り一七〇〇円も賃金から差し引いている。

三、蚊帳がないため、蚊の襲来をうけてねむれないので昼間の仕事は精出して働けない。

四、屋根は空がみえ、雨がもるのではなく降るありさまで、まるで豚小舎である。

五、納税する場合の扶養家族は満十六歳以下と税法できまっているが、年齢を引下げて満十二歳未満にしている。

六、食器は十五、六名に対して五、六個しかないので、食事の場合の食器入手争いは正に餓鬼道そのものである。もちろん湯呑み茶碗もない。

七、四、五日に一ぺん断水するので朝の洗面も自由にできない状態である。

この惨状が新聞に報道されるや「労働者をみ殺しにするな」「豚小舎の生活から労働者を救い出せ」「スト労働者に新鮮な空気をすわせろ」の声は一般的となり、文字通り全沖縄の労働者階級をふるいたたせた。日数がたつにつれて県民の世論もぐっと下から彼らを支えた。町でも村でも、風呂場でも理髪店でも、持てる階層さえ、料亭で飲みながらではあるが、あまりにもひどいスト労働者の生活についての話でもち切りになった。「箸もないので蘇鉄の葉をつかっているそうだ」「便所もないので宿舎のぐるりであたり構わずだって」「やぶ蚊をおっぱらうために松葉をたくそうだが、その煙で目もあけられず、安眠どころの騒ぎではないようだ」「半分以上が脚気にやられているというじゃないか」「用水も日に一升にきまっているとよ」「雨に降られると天幕の切れをひっかぶって五、六名のものが抱き合うようにしのいでいるというじゃないか、こんな暑いときに」「一体いくらもらっているのだろう給料は」「時給十二円だというから、あのようなくらしだろう、月二十日と働けん、平均二千円位だという、それから飯場で一七〇〇円も食費に天引きされ、飯たきばあさんの給料まで引かれるので手取りは百円そこそこだろうというのだ」。

この噂は那覇から村へ伝えられた。スト団の街頭募金隊は、市民が十円二十円とそれこそ財布の底をはたいて出してくれるので、一日二千円、時には五、六千円も集まる。那覇市近郊の農村からイモや野菜がトラックで城間(ぐすくま)（浦添村(うらそえ)）飯場にはこび込まれる。闘争資金もないので長く持つまいとはじめの頃は懸念されたストも、こうして労働者や市民の力に支えられて勝つまで闘う決意は次第に強まる一方であった。

このような労働者階級を先頭とする県民の心からの声援をかちとった裏には、殆どの基地建設土建労働者が大同小異の労働条件下で搾取されており、このストが勝利すればわれわれの飯場もよくなるぞと固く決意した、同じ苦しみの中で苦闘している労働者がいたこと、時の副長官ピートラー将軍に、おくめんもなく「沖縄基地は全く安あがりにできた」といわしめたのを裏書きして、沖縄の原水爆基地が、土地をとられた農民と労働者の犠牲の上にきずかれつつある現実を県民が自覚したこと、などがある。その事実は立法院で具体的に裏づけられた。

日本道路の会社側は、一糸乱れぬスト団の陣容と県民の世論におされて、スト開始から七日目の六月十二日に、「要求はすべてもっともなことであるが、清水建設から契約を解除されたので会社は今日限り沖縄を引き上げる」と労働者代表に言い渡した。全員職場を失った。会社の代表も雲がくれしたので交渉の相手まで失ってしまった。親会社の清水建設が相手だと団体交渉の方向がかわった。ところが清水建設はそれを受けつけない。スト団は飯場大会を開いた。最初の相手はいなくなり、親会社を相手にしなければならなくなったので、要求もかえなければならないことになり、結局「仕事を保障すること」「スト期間中の賃金を支給すること」の二つに要求がしぼられた。同時にスト団から十一名がえらばれ、彼らは六月十九日立法院玄関前広場に進出、小さい天幕の下で「ハンスト」に入った。その間労働組合結成促進協議会主催の労働者大会が四回も開かれ、「ハンスト団」を救えの叫びは立法院本会議場までこだました。

「ハンスト団を殺すな、労働者大会」は回を重ねる度に雪だるまのように大きくなり、立法院議長(護得久朝章氏)が争議斡旋を引きうけた日の六月二十五日、議会前での大会には万余の労働者と市民がおしかけた。米軍もこのような事態の急迫にそなえて、とうとう労務調停委員を任命して直接調査に乗り出した（六月二十一日）。このような情勢のなかで立法院本会議は同二十五日開会したが、労働者大会の要請に応じて大会に引張り出された議長から「三十一名の議員諸公もわれらとともに争議解決に当れ」との大会決議文が議会にはかられたので、ついに日程を変更して散会、ただちに全員労働者大会に臨んでスト団を激励する一方、議長を委員長とする七名の立法院代表のスト斡旋委員は、争議団代表とともに清水組本部事務所にむかった。事務所はおしかけた数万の労働者にとりかこまれ、その中で団体交渉は始まった。

「明日になれば軍の強制調停になる。同じ日本人ではないか。お互い同志の問題を軍の手にかけるのはしのびない。労働者の要求をこの際きいて貰いたい、その代り彼らの仕事はわれわれが責任をもつ」、護得久議長の声涙下る説得がきいたのか米軍との話し合いをすでにすませてきていたのか、何れにしても清水組はとうとう二万六千B円のスト期間中の賃金を支払うことを承諾した。

これで二十日間にわたる日本道路のストは円満に妥結した。

民選立法院議会が、労働者大会の要求を容れて日程まで変更し、議会全員がスト解決に乗りださざるを得なくなった労働運動の高まりは、遂に労働法をわがものにすることができた。すなわち、難航をつづけていた労働組合法と労働基準法は、あけて一九五三年九月一日、軍が承認して施行され、今日に至っているのである。

ところが民政府は、このようなストの波が軍関係直接雇用の労働者に波及することをおそれて、立法院を通過した労働法は民間事業関係に限り、軍直接被用者にはこれを適用させないため、民労働法の承認施行に先立って同年八月十八日、上述の「労働関係令」を急ぎ布告したわけである。日本道路のストにつづいて、松村組や清水組本部町現場のストなど相次いで起ったが、二、三回団体交渉をもち、手ごわいと思ったら使用者の代表は申し合せたように、軍の懐ろに雲がくれして姿をみせず、最後には直接軍権の重圧でみじめに敗北を喫したのである。ところが一方カルテックス石油会社従業員の解雇反対ストをはじめ、五二年から五三年にかけての労働運動の波濤のような高まりの中で、労働関係法の即時制定を叫び、全労働者の結集に努めた全沖縄労組結成準備会は、労組法をかちとった月の二十七日結成大会をもち、カルテックス労組、那覇地区樽工組合、那覇南港湾労組、沖縄漁連労組、食糧会社労組など七百余名が参加し、組合規約を承認して委員長に瀬名波栄氏(港湾)、副委員長に上原三根生氏(V・W)、同新垣重剛氏(カルテックス石油)等役員を選出、米軍沖縄侵入から九年目に沖縄はじめての労働組合が誕生したわけである。

8　気に入らぬ労組は認可しない

立法院を通過し、軍の承認を得て施行された民労働組合法と労基法は本土のそれと殆ど同じであるが、それに基づいて一九五四年琉球政府に労働局が新設され、本格的な労働行政が行われるようになった。新設された労働局には、労働者の苦しみをともに味わった職員が数多く、この人々は真剣に、日本本土や先進諸国の労働事情の解説、労働法の趣旨の徹底を期して、職場に乗り込んで懇談会をもち、じかに労働者の苦情をきき、答え、さらに機関誌『琉球労働』まで発行して労働者の生活向上のために活動を展開した。一方、沖縄人民党は「労働法はひとりで動きだすものではない。労働者の団結の度合によってのみ法は生きるものである。せっかくかちとった労働法にたましいを入れるのは労働者自身だ」と必死の運動をまきおこす。全沖縄労働者協議会も傘下組合の育成と未組織労働者の団結をよびかける。それに応じて、まず団結だと民間事業関係の労働者の組合組織は高まって、琉球政府のおひざもとで、立法院職員が真先きに労組を組織する。ついで宮古砂糖容器製造職人労組、沖縄印刷出版労組、沖縄港湾荷役労組が五四年三月までに結成され、民労働組合法で正式に認可された。この高まりをみせつけられて軍は考え込んだ、「このような調子で労働運動がすべるように進められると軍労働者や米人会社の従業員にまで波及し、ひいては軍の安全をおびやかすようになる」。そのような考え方が煮詰められて、とうとう五五年三月十八日布令第一四五号で「労働組合の認定手続」を布告してしまった。

その第一条は「在琉米軍に対し不利な影響を与えないという民政官の裁断がない限り、団体または個人のいかなるものも、琉球政府の諸法規(民労働法のこと―筆者註)によって付与された団体交渉または諸権利および恩典取得を目的とする労働組合とはみなされない」ことを打ち出し、民労組法で届け出さえすれば合法組合として法の保護をうけられるようになっていたのに、呪文をかけ、かなしばりにした。

全沖労加盟の沖縄食糧会社労組の役員の拒否、那覇南港湾労組不認可などは、公布直後最初にやり玉にあげられた民間労組である。それはその第四条「琉球の法規に基づく組合として労働組合は、一人またはそれ以上の役員その他の代表者の選任または既任者の更迭もしくは追加補充を行う度毎に、新役員名簿を資格を認定した機関(中労委員会)に提出しなければならない」ときめ、「中労委員はこれを民政官に取りついで、新役員が米国の安全に不利益をもたらすかどうかによって認可したり拒否したりすることを規定」によって行われたものである。

さらに進んで、民政官から「よろしい」と認められた組合でも、役員やその他の組合代表者の氏名報告を怠った場合とか、民政官から不適任だと指摘された役員を直ちに指導的地位から解任しない場合には、抜く手をみせず非合法化され、一切の権利を取り消すことを第五条は規定している。

具体的にはどのようにしめ上げられていくのか。一九五八年八月五日民政府のウォーク大佐は当間主席に書簡を送り、布令を守らない労組は直ちに処置するよう通達した。書簡の要旨は、中労委員会から提供された資料を点検した結果、アメリカン・フォート・サービス社、沖縄印刷、石垣市職員、与那城飲料水会社、名護鉄工所各労働組合は、布令第一四五号の条文に照し、疑問があることがわかった。それでこの労組の現在の役員およびその選挙事情について、資料を提供してもらいたい。なおこれが布令第一四五号に違反するものであれば適当な処置をとってもらいたい。(一九五八・八・五『沖縄タイムス』)

といった具合で、軍のもっている一切の情報機関を動員して労組幹部やその指導的地位にある労働者の身許を洗い、リストを作って時には労働局職員にまで鞭を加えるのである。

このようなきびしさの中で、沖縄の労働者はときには職場で、あるときは街頭で、あるいは個人のうちで語らい、低賃金と長時間労働と法の重圧をはねかえすために、知恵を出し合い全エネルギーをしぼってたたかいつづけている。

「組合のかたちをとる必要はない。労組を組織しないでも、団結すれば勝利した例があるんだ」「いや、矢張り組合はつくるべきだ。われわれが選任した役員を認めないでもよろしい。何もアメリカの認可などいるものか。実力だ。下からのまとまりが必要なんだ」とある労働者は叫ぶ。「そうじゃない。法内組合にする必要はあるんだ。役員の選任をこちらも巧妙にやるさ」「巧妙な手があるかい、CICがにらんでいるんだぜ。いまの話もどこかで聞いているかも知らんぞ」「妙手か、それはだ、たたかいが教えるよ」。

こうして沖縄の労働者はふだんの要求をみたす闘いの中で組合をつくり、つくってはつぶされつくってはつぶされして、なおひるまず団結への道をひらいていった。

試みに一九五七、五八両年における争議件数とその処理状況を一覧しよう(第1表参照)。五六年は五五年の弾圧布令第一四五号の公布と威嚇も手伝って、統計にはあらわれていないが、五七年になるとまたもりかえして、軍の弾薬塗装作業のY・比嘉インタープレス労組(二〇八人)の予告なしの解雇手当要求ストを皮切りに、八月三日には民間労組最大の組合、昭和バス労組(一〇二〇人)の夏季手当八千B円要求でストに入り、二日間ではあったが、スト団から六十四人も検束者を出すという激烈な闘争ののち、給与の七割支給をかちとって妥結し、その外八件、参加人員一四八六人、損失延日数七五三八日を記録した。

あけて五八年一月二十六日うぶ声をあげて間もない名護鉄工所労組(四十六人)が旧年末手当八割を要求し、十一日間のねばり強いたたかいののち、六割五分で妥結したことでまず口火が切られ、八月十七日東陽バス労組の組合切崩し反対要求のたたかいまで十五件、参加人員は九八九人で前年に比べ四九七人減じているが、損失延日数では三一八八日も増加して一万〇七二六日、戦後の最高記録である。五八年の争議のうちで、沖縄繊維労組の賃上げ要求は、日本道路ストのようではなかったが、人権争議として立法院でもとりあげられ、官公労をはじめ、民間労組の支援と政党員も参加するなど大きい波紋をなげた。それは、時給四円八十銭というおどろくべき低賃金と年少女子労働者の酷使のありさまが県民の前にさらけ出されたことによるもので、二十二日間のはげしい対立ののち四円値上げをかちとり時給八円八十銭を会社側に認めさせ勝利した。

五八年の争議中特に記しておかねばならないのは自動車修理、部品販売業、外人商社アイランド・エンタープライス(IE)労組の役員四名解雇撤回のたたかいである。役員四名の解雇理由は無届欠勤で怠慢だというのであるが、会社側が左翼系だとみなしての首切りであり、われわれの選んだ役員の首切りには絶対反対すると、組合側では七月十七日団体交渉をもったがきき入れられず、遂に同盟罷業を全員で確認、ストに突入したものである。IE社は米軍の誇る一号路線、ジェット機でも離着陸できる弾丸道路に面した基地の重要地点に面しており、争議団本部は組合旗や中部労組の赤旗の林立する中で、たすき、はちまき姿で坐り込み戦術をとっている。一方、会社側は非認可組合だというので団体交渉に応じない。那覇市久茂地広場では、平和を守れ、原水爆基地化反対県民大会に呼応して、やや遅れて発生した我那覇鉄工所スト支援も含めてIE争議を勝たせろの労働者大会が開かれるなど、生活と民主主義、平和と祖国復帰のスローガンをかかげた大小の集会が随所に開かれ、当時の「土地問題は解決した」との米軍側のPRとは逆に労働攻勢の波濤は百近くの米人商社をふるえ上らせた。

アメリカ民政府は三度弾圧の刀をうちおろした。布告でもなく布令でもない。今度は書簡の

第1表　労働争議件数と処理状況

1955年

労働組合名	争議の原因	参加人員	発生期間 (損失日数)	解決の概要	損失 延日数
宮古砂糖容器製造職人労組	賃上要求	人 102	8月1日～9月12日(42日間)	斡旋奏功せず 1丁18円要求し15円で妥結	日 4,284

1956年は争議なし

1957年

労働組合名	争議の原因	参加人員	発生期間 (損失日数)	解決の概要	損失 延日数
Y・比嘉インタープレス労組	解雇手当要求(予告なしの解雇)	人 208	1月25日～28日(4日間)	要求受入れ妥結	日 832
宮古印刷労組	年末手当要求(一部スト)	人 6	1月28日(1日間)	要求受入れ妥結	日 6
W.W.テーラー労組	不当首切り反対	人 64	2月7日～3月8日(31日間)	争議としての解決ならず(不当労働行為申立に切かえる)	日 1,984
R.U.労組	執行委員長解雇撤回要求	人 24	7月11日～7月15日(5日間)	休業手当を支給解雇を撤回して妥結	日 120
アメリカン・フォート・サービス労組	夏季手当8,000円要求	人 72	7月26日～8月8日(14日間)	斡旋により給与の7割支給で妥結	日 1,008
昭和バス労組	夏季手当15割要求	人 1,020	8月3日～8月4日(2日間)	給与の7割支給で調停妥結(検束者64人を出す)	日 2,040
R.U.労組	会社の解散阻止継続経営要求	人 14	11月25日坐込30日申請12月9日打切(15日)	斡旋成功せず 調停に切りかえ	日 210
〃	解雇手当退職金支給要求	人 14	12月6日申請，30日打切(25日)　}57日	調停案を会社側受入れず 仲裁に切りかえ	日 350
〃	〃 (1月6日ストを解)	人 14	12月31日申請，1月16日却下(17日)	不適法事案として却下	日 238
石垣造船造機労組	年末手当10割要求	人 50	12月10日～24日(15日間)	5割7分支給で妥結	日 750
計	10件	1,486人			7,538日

1958年

労働組合名	争議の原因	参加人員	発生期間 (損失日数)	解決の概要	損失 延日数
名護鉄工所労組	旧年末手当8割要求	人 46	1月26日～2月5日(11日間)	6割5分支給で妥結	日 506
平良市職員労組	15名の解雇撤回要求	人 112	予告期間内で解決(2日間)	調停中に自主的解決(全員解雇予告撤回)	日 224
石垣電灯労組	解雇撤回要求	人 26	1月13日～30日(18日間)	解雇撤回妥結	日 468

1958年(つづき)

労働組合名	争議の原因	参加人員	発生期間(損失日数)	解決の概要	損失延日数
宮古印刷労組	旧年末手当10割要求	人 26	2月17日(1日間)	5割で妥結	日 26
与那城飲料水会社労組	解雇撤回要求	人 41	3月10日～12日(3日間)	解雇撤回妥結	日 123
アイランド・エンタープライス労組	全員解雇撤回要求	人 32	3月10日～13日(4日間)	解雇撤回妥結	日 128
日伸タクシー労組	解雇撤回要求	人 27	3月19日～27日(9日間)	解雇撤回妥結	日 243
石垣造船造機労組	解雇手当要求	人 47	3月19日～27日(9日間)	労基法で解決	日 423
沖縄繊維労組	賃上要求	人 270	4月9日～30日(22日間)	時給8円80銭で妥結	日 5,940
沖縄青バス労組	1.月4日の公休の中2日有給 2.年2回の定期昇給制 3.団交時間を勤務とする 4.職階制の廃止を要求	人 160	就業継続(一時順法闘争あり) 損失日数なし 6月2日より団交 9月17日協定	1.年1回の定期昇給実施 2.月2日の有給休暇を認める 3.職階制による単価の引上げで妥結(調停案提示)	0
アイランド・エンタープライス労組	役員4名の解雇撤回	人 21	7月25日～9月27日(58日間)	3名復職外全組合員解雇．解雇手当支給せず	日 1,218
太陽堂製パン労組	一律時給3円値上げ要求	人 71	7月25日～26日(2日間)	時給3円値上げを行う．最低時給9円85銭とするで妥結	日 142
泰石労組	1.臨時雇員の正規採用 2.労働協約の改正要求	人 25	8月19日～8月20日(1日間)	1.夏季手当6割支給 2.臨時を正規採用 3.協約改正により退職手当支給 4.ストは中労委の調停後開始する 5.部外者の団交は認めないで妥結	日 25
我那覇鉄工所労組	夏季手当8割要求	人 25	8月19日～10月6日(48日間)	1.夏季手当3割5分支給 2.争議責任者役員4名解雇で妥結(解雇手当､解雇予告手当の2カ月分支給)	日 1,200
東陽バス労組	組合切崩し反対	人 60	8月17日(1日間)	不当労働行為事件に切りかえ	日 60
小計	15件	989人			10,726日
全沖タクシー運転手労組	解雇撤回要求	人 2	58年5月3日～5月23日(21日間)	要求貫徹	0
キングタクシー	〃	人 1	5月28日～6月19日(23日間)	要求不貫徹	0
ナショナルタクシー	〃	人 2	7月24日～7月29日(6日間)	要求貫徹	0

資料：琉球政府中央労働委員会調査

形で非認可組合から団体交渉権を奪いとったのである。これが労働者弾圧の八・一書簡として悪名を残したまま未だに撤回されないでいる。当時の現地新聞はつぎの通り報じている。

さいきん労働争議が相次いでおきている折柄、一日民政府新聞課はバージャー主席民政官が労働争議についてつぎのような見解をのべたと発表した。バ民政官は琉球政府に送った手紙の中で、「適当な法手続きをへて認可されない個人あるいは団体は、労働法にもとづいて合法行為に頼ることは出来ない。使用者は非合法団体と交渉する義務はない」ことを明らかにした。また民政府労働部は、非公認の個人あるいは団体が労働活動を行い、諸種の協約をむすぶために使用者に対して強制的に団交をもとうとしている。だが使用者はいかなる団体交渉に応ずる義務もない。このような認可されない個人あるいは団体を従業員の代表として認めない。(一九五八・八・一『沖縄タイムス』)

さらに非認可組合はアイランド・エンタープライス労組、我那覇鉄工所労組外八組合だと組合名まで指摘し、団体交渉に応ずるなと外人商社や資本家に声援をおくった。

書簡の反応はどうあらわれたか。

これまで琉球政府労働局では、非認可組合でも中労委の斡旋仲裁等法の保護をうけないというだけであって、団体交渉権はあるという正しい見解にたち、労働行政を進めてきた。その証拠に、W・W・テーラー労組をはじめ昭和バス、沖縄繊維労組争議の場合も非認可組合ではあったが、団体交渉権をもつものとしており、またこの見解に対して軍でも黙認していた。従って八・一書簡は労働局にとっても大きな衝撃であった。ところが民政府はさらに追打ちをかけて、今度は民政府労働部から主席あてに書簡をおくり、労働局の見解は誤りだと痛棒を喰わしている。

1 過去数カ月間における労働不安の多くが、琉球政府労働局職員が行なってきた声明に含まれている誤りに直接原因していることが判明した。2 とくにこれは適当な要件に合致しないような労働組合が、法的に組織された労働組合の資格を有すると主張する団体に対する使用者の義務に関する声明において、真実であった。3 担当政府機関がこのような組職が法的要件に適している旨証明しない限り、労働組合又は組合役員と称するいかなる特権または権利を有するものではない。4 琉球政府の担当機関が労働組合の地位または組合が合法的な活動に従事する限界などに関して起るがままにされていた混乱をなくすべく早急に且つ終始一貫した措置を講ずるよう要求する。(一九五八・八・五『琉球新報』)

布令第一四五号にもとづく団体交渉権についての見解発表は、ついに任命政府労働局への激しい要求にかわった。しかしその時期は「一括払いは中止します、これで六カ年にわたる土地問題は完全に解決しました」と盛んな懐柔政策の宣伝戦のさなかであったことを思えば、いかなる場合にも、生産を握っている労働者への弾圧はゆるめない、断乎たる軍の態度はいよいよ明らかに示されたといえよう。

上層部には懐柔と微笑、人民には弾圧。植民地支配の奥の手であるのであろう。しかも労働運動の抑圧は正に鉄壁そのものである。しかし十四カ年に亘る異民族の支配のなかできたえられた沖縄の労働者階級は抑圧が加えられるにつれて修練をかさねていく。

八・一書簡をうけて九日目の八月九日、沖縄労働組合協議会(非認可)主催の布令第一四五号撤廃要求労働者大会は、那覇市久茂地広場で開かれた。各労組政党代表がつぎつぎに登壇、各代表は「民政官の八・一書簡は、労働者の基本的権利として与えられている団結、団交、争議の三権をふみにじるものであり、全沖縄労働者に対する挑戦である」としてその撤回を訴えた。またIE争議は全沖縄労働者の権利擁護の意味で全労組が全面的に支援することを申し合わせると同時に「八・一書簡の見解は誤りである。団結権、団交権、罷業権は、民主主義国家がすべての労働者に合法的に保障する基本的人権である。しかるに、布令第一四五号は不当に基本的人権を侵害、労働者の生活を脅やかし、権利を剝奪するものである。沖縄の全労働者は労働者の権利を守るために非民主的反動布令第一四五号の即時撤廃を要求する」とバ民政官への抗議要求を決議した。(一九五八・八・一〇『琉球新報』)

みだれ飛ぶ逆宣伝と抑圧のなかでIE争議団は一糸乱れず、万余の労働者の声援に支えられて敢闘をつづけたが、八月十四日、米人会社と民政府労働部の指揮をうけた普天間署の警官隊が、団体交渉申入れ中の争議団と支援労組員七十二名をIE会社前で検挙、各署に分置した。その奪還のために、普天間、コザ、前原（まえはら）各署前で三日間に亘り労働者大会が波状的に開かれ、延六万の労働者と市民が動員されるまでに発展した。当時の現地紙の見出しだけみても「布令、民労働法を圧迫、撤廃要求結論を得ず持越す、立法院文社労委」、「軍の解釈に従う、座間味労働局長、IE争議早期解決に努力」（一九五八・八・一七『沖縄タイムス』）、「留置場で労働歌、一部が断食戦術で抵抗、熱狂する抗議大会、コザ前原の二カ所で開催」（八・一七『琉球新報』）、「二名残し釈放、IE争議で捕まった六十五名」（八・一八、同上）、「処分を急ぐ検察庁、IE争議の検挙労組員」（八・一九、同上）、「争議に経営陣が提携、政府の労働政策非難、経営者協議会の理事会」（八・一九、同上）と争議のはげしさを物語っている。座間味労働局長はついに民政府の断乎たる要求に屈して、八・一書簡に従うことを発表するし、琉銀総裁を顧問にする経営者協議会の裏面工作は金に糸目をつけずに進められる。検察庁も警官を指揮して懸命だし、民選立法院は右往左往という情況。この嵐の中で全般的な組織の弱さと戦術上の若干のあやまりなどの悪条件も重なり合って、歴史的なIE争議は五十八日間の激闘のすえ、九月二十七日、三名復職のほか、全組合員解雇、損失延日数一二一八日を刻んで、その幕を閉じた。

人民のたたかいの盛り上りは弾圧法に先行し、弾圧法はより以上のはげしさで人民のたたかいを盛り上げていく。働くものたちの民主主義と人権をたたかいとる道は、従って実にけわしいといわねばなるまい。だが歴史の流れは働くものたちに最後の勝利を固く約束している。

9　ブ高等弁務官と労組代表との対談

労働者と主婦たちは今、ドル切替え後の物価高と賃金低下のはさみうちから脱れるために勇みたっている。その先頭にたっているのが沖縄官公労組と教職員会と沖縄婦人連合会である。官公労は当間任命政府職員で組織され、四千名の組合員を結集しており、教職員会は、琉球大学を除く、県下の高等学校までの教職員六千の勢力である。両組織はドル切替え後の一九五八年十月七日、政府知念(ちねん)官房長と団体交渉をもち、

一、給与を戦前の線及び本土の線まで近づけるために、平均二十五ドル引きあげてもらうよう強く要求する。

二、ドル切替え前でも、沖縄の物価は東京に比べて一・三倍も高いといわれ、給料所得者を苦しめてきた。その上ドル切替えによって物価は上昇している。政府は物価を引き下げる対策をたてて貰いたい。

三、沖縄の所得税は重税である。特に期末手当、恩給等への累進課税は重税である。早急に税法を改め、本土の線まで税金を軽減して貰いたい。

のほか二項をあげて要求した。

五項目の要求は、六〇年度予算で考慮することで一応団体交渉をおえ、さらに立法院議長にも同様二十五ドル賃上げ、低物価、減税を特に強く要求した。ところが、立法院に提案され、審議中の六〇年度予算には、僅かに三ドル三セント平均増俸が織り込まれているにすぎず、二十五ドル賃上げにはおよそほど遠いので、両組織はますます共闘をつよめ、立法院に対する波状攻勢を展開している。さらにドル切替え直後婦連によって口火を切られた物価値下げ運動を、大衆的な運動に発展させるため、組織をあげてたたかいつづけている。

二十五ドル一律賃上げの要求は官公労職員や教職員だけに止まらず、全沖縄の賃金労働者にとってもっとも正当な要求額であることについては、労働者の生活の項ですでに指摘されていると思うし、那覇市役所従業員の労組をはじめ、沖縄交通労組などの組織労働者もこの目標をかかげて闘うために共闘態勢を組みつつあるが、高まり行く低賃金と高物価に対する勤労階級の攻勢に応えてか、特にメーデーの前日を選んで四月三十日（一九五九年）、ブース高等弁務官は労組代表（赤嶺沖縄官公労議長、亀甲（かめこう）同事務局長、西平（にしんら）全逓労組委員長、玉本（たまもと）沖縄交通労組委員長、阿波連全印労組委員長）を弁務官室に招いて、二時間にわたって会見した。その時の一問一答は軍労働法、低賃金、高物価などについての最高基地権力者の考え方があきらかにされ、その他沖縄統治についての全般的な方針も示唆されていると思うのでつぎに記しておきたい。

労組代表　民間の労組では布令第一一六号と布令第一四五号を民立法の線に一本化すべき

だとの強い要望をもっているが、どう考えているか。

ブ弁務官　いま布令を撤廃すべき時期ではない。民の労働法を改正して真に労働者を保護するという政策がとられない限り、布令の撤廃は考慮されないだろう。ここで質問するが、労働者は、布令第一四五号によって不利益を被ったことがあるか。

労組代表　労組結成について制限を加えていることは、労働基本権に照して、労働者の利益を抹殺するものだ。

ブ弁務官　私はそうは思わない。

労組代表　民政府も琉球政府も労働賃金の改善には努力しているというが、具体的にはどういうことをいっているのか。

ブ弁務官　公務員の場合は、その給与改善については、官公労と政府との団交によって予算年度において決定さるべきだと思う。民間の労働賃金については私も最低賃金制については、関心をもっているが、小企業体の負担能力から反対されていると思う。

労組代表　琉球政府の予算がその編成のたびに民政府と調整しなければならないということは、住民の自治拡大という点から納得出来ないが。

ブ弁務官　必要な予算支出を米議会に訴えるためにも、民政府と琉球政府が事前に「予算計画を調整」することは必要である。

労組代表　ドル切替え後物価の上昇によって実質賃金が低くなった事態にどう対処するか、また農産物の売れ行きが悪くなっているが、どう考えているか。
ブ弁務官　一時的な現象はあったかも知れないが、通貨切換えによって、物価が上ったとは思わない。なぜなら、通貨切換えにともなって、物価が上った場合、これを統制する権限を主席に与えてあるが、上っていないから統制していないのではないか。農作物が売れず農民が困っているという話は初耳だが、沖縄では季節的な作物が多くできるので、その輸出が振興されるよう努力していきたい。
労組代表　政府は公務員の給与については平均三ドル三セントの引き上げを立法勧告している。これは下には薄い反面、主席や局長などの特別職は三十ドルも引き上げようとしている。われわれは、あと二十五ドル引き上げなければ人間らしい生活は出来ないという立場で賃上げ闘争をしているが、貴官も考慮してもらいたい。
ブ弁務官　公務員の給与改善についてはよく人事委員会と話し合って貰いたい。(一九五九・五・一『沖縄タイムス』)。

軍関係労働者だけでなく民間事業の労働者の団結権さえふみにじっているのみならず「非認可組合は団交権はない」と「八・一書簡」まで出して勤労大衆のいかりを買っていることにはおかむりして、逆に「布令第一四五号は労働者にどんな不利益を与えているか」と逆襲したり、物価を統制する権限を主席に与えているが、統制していないのを見ると上っていないのではないかと涼しい顔でおられること、総予算額からすると僅か一六％の軍補助金（一九六〇年度予算）しか琉球政府に与えていないに拘わらず、事前に承認を与えておいて立法院の予算審議権をむしろ意味ないものにしている事実を「予算計画の調整」といって逃げをうったり、「農作物が売れずに農民が困っているという話は初耳だ」と「それほんとうかい」ととぼけたり、批判のとどかない雲上人ならでは言いえないことを平然と、そしてまた露骨に発表していることがわかる。しかし、さすがに二十五ドル要求については、低賃金と高物価と重税の圧力の下で生きている賃金労働者の熾烈な要求であることを知っているのか「人事委員会とよく相談しなさい」と逃げている。

高等弁務官と労組代表の以上のような対談だけでもわかるように、沖縄の勤労大衆のたたかいの道がどんなにけわしいものであるか、よく示しているようである。

Ⅶ　琉球政府のからくり

1　高等弁務官の絶対権力

政府というのは、国家があってのことであって、独立国でない沖縄に琉球政府があり、その上にアメリカの軍事権力を代表する民政府があるというだけで、だれでもすぐ「さて沖縄というところは一体何だろう」と疑問をさしはさむと思う。いうまでもないことだが、国に中央政府があっても、革命やなんかで地方政権がうちたてられることはありうる。ところが、沖縄の琉球政府は岸自民党政府に対し、沖縄の人民がたちあがって革命をおこし、地方政権をうちたてたような人民政府ではない。この政府は例のスキャップ(極東軍司令部)指令にもとづいて一九五二年四月一日民政副長官の代行機関として設立されたものである。その前身は、沖縄、宮古、八重山、奄美大島の名を冠した四群島政府と四群島議会であった。その知事と群島議会議員は米軍が試験的に公選させたものである(一九五〇年九月—十月)。ところが、公選知事の最初の大きい仕事は、選挙公約にしたがって、日本復帰の署名運動を全県下にまきおこすことではじめられた。結果はアメリカ軍の予想を完全に裏切って、七二%(註)が祖国復帰の意志を署名によって勇敢に公表した。現地軍はいうまでもなく極東軍司令部もワシントン政府も狼狽した。

（註）五一年五月講和条約会議が迫ったとき、沖縄本島では日本復帰促進期成会が結成され、更に青年を主体とする日本復帰促進青年同志会も結成され、三カ月にわたって日本復帰の署名運動を行なった。その結果、満二十歳以上の選挙権者二七万六千余人の七二・一％に相当する一九万九千余人の署名を得た。一方宮古群島での署名運動は僅か五日間で有資格者の八八・五％、三万三千余人の署名を得、それぞれ講和会議に臨む直前のダレス大使と吉田首相に送られた。

五一年八月二十八日沖縄群島議会は臨時議会を開いて日本復帰問題を協議、群島知事及び群島議会の名において日本復帰促進願を吉田首相、ダレス特使に打電した。

奄美群島人民の熾烈な祖国復帰の叫びと国論におされて、一九五三年十二月二十五日大島の復帰が実現した。この機会を利用して、群島政府と同議会を一片の布令によって解体させ、任命によってでっち上げたのが現在の琉球政府である。琉球政府は、行政府と司法部と立法院で構成されているが、行政と司法の首脳は高等弁務官（前身は民政副長官）の任命である。立法院だけは公選の二十九名で構成されているが、行政主席と判事の任命制という非民主主義的な制度に対する人民の悪評を緩和するために、一選挙区一人という小選挙区制を布令で告示し、選挙させてつくったのがいまの立法院である。立法院は沖縄に施行される諸法律をつくるようになっているが、アメリカ合衆国の安全と利益に反するような法律をつくったと判断された場合に

は、高等弁務官は即刻これを拒否する。その拒否権は大統領行政命令第九節の規定にもとづいている。すなわち、

立法院で可決されたすべての立法案は、法律となる前に行政主席に送付される。主席が承認したときは施行されるが、しない場合には、主席はその理由を付して立法院におくりかえす。立法院はこれを再議に付して三分の二の多数をもって再び原案を可決したときは、主席を通さないで高等弁務官に直送する。弁務官が承認するときは、署名して法律となるが、しないときは法律にはならない。

ところがたとえ主席が承認しそうな立法でも高等弁務官の意志一つで拒否された法案がいくつもある。拒否するときは、もちろん布令の形でだされる。一九五八年十月二十七日弁務官布令第一七号「物品税法一部改正について」を告示した。それは同年九月、立法院が、「真珠またはこれを用いた製品、高級時計、その他庶民には手のとどかない高級品や奢侈品」に対して、従来五％の税率であったのを四〇％に引き上げる改正立法を全会一致で可決した。これを拒否するために出されたもので、公布の理由は「立法院の改正案決議後、六百人以上の商人を含む団体や個人から陳情書がきており、その内容は、改正案通りだと外人を相手にする業者はとてもPXと競争していけないといっているからだ」というのである。

これをうけとめるように、その三日後の十月三十日には、つぎのような「感謝声明書」が現

地各新聞に発表された。

ブース高等弁務官閣下は十月二十七日付布令第一七号をもって、改正案の主要点をおり込むと同時に一部の高率税を引下げる措置をとられました。我々はかかる不偏妥当な措置をとることについて払われた高等弁務官、主席民政官両閣下を始めとする民政府関係者各位の努力に対し、深甚な敬意を表するものであります……

声明文の主は申すまでもなく外人向商品販売業者の団体であるが、ここで問題になるのは、奴隷の言葉ともとればとられるような慇懃鄭重な感謝文やその内容にあるのではない。アメリカ合衆国の安全とか利害のためばかりでない。思いつきであろうが構わない。やろうと思えば高等弁務官は自由自在だということ。信用して任命したはずの主席も場合によっては一文の値うちもないということ。たとえ民選立法院の決議でさえ至極簡単に一蹴すること。拒否の理由には、つねに「住民の福祉」のうたい文句を明記するだけでなく、その責任者を沖縄人民の中から選びぬいて明らかにすることなど、高等弁務官のもっている権力が絶対であって、その絶対性の中に、県民を人間視せず、神をおそれない傲慢にして不遜な独裁者を育てる酵母が温存されている点を指摘しないわけにはいくまい。

悪布令の責任者をつねに人民の中からえらびだすといったが、那覇市長追放の場合もそれが露骨に現われた。一九五七年十一月二十五日、民立法の地方自治法と市町村長選挙法を、布令を出して改悪、那覇市長を追放したのであるが、いいわけに現地新聞の一面を埋めつくさせ、さらに追放布令を敢えて公布したのは「那覇市会議員や市町村長を含む四十一名の沖縄の知名士が陳情したことによる」とその氏名まで発表して責任を分担させた事実は、ここでくわしく記す必要のないほど人民の語り草になっている。

ところで琉球政府の司法権はどうだろうか。

　高等弁務官は、合衆国の安全、財産又は利害に影響を及ぼす事件で、自己の指定する事件については、琉球政府の裁判所から刑事裁判権を撤回することができる。……高等弁務官が合衆国の安全、財産又は利害に影響を及ぼすと認める特に重大なすべての事件又は紛争に対する民事事件が琉球政府の裁判所に提起された場合には、最終的決定、命令又は判決がなされる以前においては、最終的上訴審理を含む訴訟手続中、いつでも高等弁務官の命令により、これを適当な民政府の裁判に移すことができる。（大統領行政命令第十節）

刑事事件はもとより、民事事件でも、弁務官の考え方一つで簡単に片づけられる。まさか民事事件までと不思議なくらいであるが、弁務官にとっては不思議どころでない、正に「正義と民主主義」に則っているのである。

高等弁務官が、沖縄の統治に対して絶対権力を与えられていることは、大統領行政命令第十一節をみればそれがどんなおそろしいものであるかどのような人にも納得いくのではないのだろうか。それにはこう書かれている。

高等弁務官は……琉球の立法案、立法又は公務員に関し、それぞれつぎのことをすることができる。

(イ)すべての立法案、その一部又はその中の一部分を拒否し、(ロ)すべての立法、その一部又はその中の一部分を制定後、四十五日以内に無効にし、及び(ハ)いかなる公務員でもその職から罷免すること。

刑の執行を停止し、刑を変更し及び恩赦をすること、安全保障のため欠くべからざる必要があるときは琉球列島におけるすべての権限の全部又は一部を自ら行うこと。

今までみたように、民選立法院を含めて琉球政府なるものがアメリカ軍事権力の代行機関であるというだけではその本質はつけないようである。場合によっては任命主席や判事でも代行することはできないほどのみじめな存在であるから、正しくいうと琉球政府は、人民への直接支配から生れる雑音をとりのぞくためにもうけられた、民主主義を擬装するための実務屋の一集団にすぎないといえよう。沖縄における信じ難いほどの人権の無視と蹂躙が白昼公然と行われる法的根拠も、実にこの行政命令によって与えられた、批判を許さない弁務官の絶対権力に由来するものであろう(『世界』一九五九年五月号、「沖縄—『法の支配』の真空地帯」参照)。

2　アメリカ政府の投資と利潤

アメリカ政府が沖縄における最大の投資者であるという事実を、はっきり知っているのは沖縄でもごく僅かである。そして、こういっては失礼に当るかも知れないが、本土の同胞でそれを知っているのは、政府の高官か、限られた人々ではないかと思う。それは従来、アメリカが直接どのくらい沖縄に投資しているのか、琉球復興だ援助だと大いに宣伝されたガリオア資金やエロア資金の量または使途について知る由もない事情にあったからである。

ところが一九六〇年度琉球米陸軍が要求した予算内容を『琉球新報』(一九五九・二・二八)がとり上げて報道したのが足がかりとなり、目下開会中の第十四回立法院議会の琉球政府六〇年度予算委員会でのもとめに応じて、政府内政局は委員会にその資料を提供せざるをえなくなった。それが第1表である。それによるとアメリカ政府の投資総額は、一九五八年度決算で四〇五三万九七九六ドル、目下執行中の五九年度では約四〇〇〇万ドル増の四四二七万四七九五ドル、さらに米議会に要求されている六〇年度予算では、四五〇万ドル増して四八七三万五四六四ドルの巨額に達している。この予算額では、企業経営についてこう説明されている。

イ、財政状態

民政府が五一%の株を保有するところの琉球銀行および琉球生命保険会社を除いて、商

第１表　民政府一般資金の内容

資　　産	1958年	1959年	1960年
	ドル	ドル	ドル
(現金)当座預金	1,379,382	1,963,049	684,049
(投資)石油配布資金	479,086	314,086	314,086
米	4,706,331	3,048,331	2,993,331
琉球電力公社	7,580,679	9,813,679	13,003,679
琉球水道公社		1,284,000	2,342,000
琉球復興金融金庫	20,863,604	22,572,604	24,409,604
沖縄住宅公社	2,269,948	2,014,280	1,758,949
琉球倉庫公社	433,749	378,749	323,749
琉球銀行	127,500	127,500	127,500
琉球生命保険会社	5,555	5,555	5,555
(固定資産)石油施設	1,702,962	1,761,962	1,781,962
冷凍工場	991,000	991,000	991,000
真　価(民政府)	40,539,796	44,274,795	48,735,464
(収　益)			
経営収益	2,686,489	2,959,000	2,721,000
投資清算	567,913	1,854,667	85,000
総収益	3,254,402	4,813,667	2,806,000
(支　出)			
投　資			
固定資産(石油施設)	300,860	74,000	50,000
配米資金	1,705,765		
資本(琉球電力公社)	183,613	520,000	590,000
資本(琉球水道公社)		834,000	908,000
資　本(琉球復金)	1,514,795	1,709,000	1,837,000
投　資(その他)	11,777		
投資の計	3,716,810	3,137,000	3,385,000

資料：琉球政府内政局発表

企業への投資額は、これらの企業組織の総資本を指すものである。琉銀及び生命保険会社への投資額は、原価で説明されているが、積立てた収入と固定収入力のためそれには実質上最も高い価値がある。

全体的に所有している企業については上記（第1表のこと―筆者註）の投資額は真価を示すために年毎に調整されてきた。住宅公社と倉庫公社は欠損して運営されているので整理する。

ロ、現金収益と支出

経営からの収入は主に電力公社と復金の純益、石油製品の購入および再購入、利子収益からくるものである。

投資の清算から入る収益は米及び石油製品の補給融資に使った資本からけずったものである。

水道公社の経営は一九五九年に始まった。その収入と電力公社及び復金の収入は年毎に各公社内で再投資される。沖縄の中部における水道施設拡張のため一九五九年と六〇年の両年に水道公社に付加資本が注入される。年毎に復金に資本が注入されるが、復金は琉球企業による絶えまない経済発展を援助する長期的クレジットであり、また颱風にたいして抵抗力のある私有住宅建築への融資としての長期クレジットである。

アメリカ政府は、琉球銀行の株の五一％（一二万七五〇〇ドル）をにぎり、復金に二〇〇〇万乃至二四〇〇万ドルの長期クレジット的な投資をして年毎に収益をあげ、これを蓄積して沖縄の金融を支配し、電力と水力を独占企業化することによって、沖縄の全エネルギー源を掌握している。一九五八年には、総純益三二五万四四〇二ドルをあげ、六〇会計年度の終りまでに、すなわち三年間で一〇〇〇万ドル（三六億日円）以上の収益をあげる計画である。そして琉球経済援助の項で「琉球政府の歳入を補充するため補助金を出しているが、一九五八年の補助金は七七万ドル、五九年は一〇〇万ドル、六〇年は四〇〇万ドル提案する」と説明を加えている。言いかえると琉球の経済援助費は五八年から三カ年間の合計で五七七万ドルであり、同年期で一〇〇〇万ドル以上の収益をあげることを思えば、沖縄はアメリカ政府にとっては「他国の干渉をうけないで核兵器持ち込み自由のこよなきミサイル基地である」ばかりではない。正にアメリカ独占資本にとっても直接利潤を生み出す「宝の島」であるわけだ。アイゼンハワー大統領はこの予算書の「計画と融資」の項で、「自由世界の安全保障にとって、戦略的重要性のある琉球列島では、軍事基地制度及び太平洋地域の防衛にふさわしい他の設備が進められてきているので、米国は同住民の行政に対し無期限にその責任をとることが予想される」と率直に無期限統治を議会に発表している。原水爆基地をつくりながら利潤を吸い上げ、収益をあげつつ核兵器基地が保持できる。アメリカ政府にとってこんな住み心地のよい島はないといえよう。ところが沖縄人民にとっては正に十字架の苦しみである。

電力、水力、金融等アメリカ政府の独占企業の重圧がどのように人民にのしかかっているかを検討したい。

まず電力から始めよう。琉球政府企画統計局がこのほどまとめた消費者物価指数では、東京を一〇〇とした場合の沖縄の光熱費は、一九五四年一四二％、五五年一五七・二％、五六年一五八・六％、五七年一五二・四％、五八年にはさらに上昇して一八七・九％を示している。光熱費の中心をなす電灯料はなんと東京の三倍も高く、東京を一〇〇とした場合の指数は三一四・三％となっている（一九五九・五・九『琉球新報』）。

では実際家庭用と工業用電力はどのように販売されているか。政府工務交通局の調査によると第2表の示す通り、沖縄配電会社と九州配電会社の料金比較では、家庭用も動力用もキロワット時が高くなるに応じて沖縄の比率が上っており、家庭用電灯料金は百キロワット時で九州配電の一・七倍、動力用では四十キロワット時で実に二・七倍となっている。なぜこのように高いのか、立法院予算委員会における質問に対し、政府工務交通局長は「アメリカ民政府の電力公社からの卸売料金が高いためだ」と答弁している。

現在アメリカの電力公社はガリオア資金でつくられ、沖縄、松岡、中央、比謝川（ひじゃがわ）、東部の五配電会社に配電しているが、電力公社からの購入、需要電力において沖縄配電が残りの四配電

第２表　電力料金，沖縄本土比較

（1959.5.10. 現在）

定額電灯	W	沖縄配電	九州配電	%
	20	0.37	0.25	148
	40	0.58	0.41	141.4
	60	0.87	0.57	152.6
	100	1.33	0.89	171.9
従量電灯	10	1.16	0.55	210.9
	20	1.83	0.79	231.6
	30	2.666	1.029	249.3
	40	3.082	1.135	271.5

資料：琉球政府工務交通局調査

第３表　卸売料金調

（1959.5.10. 現在）

会社名	購入単価		販売単価
	セント		セント
沖縄配電	1.71	1kwh	4.9
松岡配電	1.76	〃	4.3
中央配電	1.90	〃	5.5
比謝川配電	1.95	〃	5.8
東部配電	2.04	〃	7.7

資料：琉球政府工務交通局調査

会社の合計に匹敵している。そのためであろうか購入単価も他社に比べて格安となっている（第３表参照）。九州配電の場合に比較して、卸売料金で約二割高、各配電会社の販売価格即ち小売値で約一割高となっているとは工務交通局の説明であるから、動力用電力や家庭用電灯料金を値下げするかしないかは、電力を独占販売しているアメリカ政府の政策如何にかかっているといえよう。沖縄県民を救済し、その経済復興が目的だと喧伝されてきたガリオア資金で、アメリカの始末に困っている余剰農産物資を沖縄に入れ、これを県民に売って上げた資金は電力公社の建設に廻されて、利潤追求の資本に転化している。それだけではなく、沖縄の電力企業の高利潤に目をつけて北部の金武村（そこには広大なマリン隊の演習場がある）に一〇〇〇万ドルのアメリカ政府資本を投じて巨大な公社を建てる努力がつづけられ、六〇年度米陸軍予算で要求されている。ここら辺の事情をアメリカ陸軍省民事軍政局長ゲーリー少将は、アメリカ議会予算委員会でつぎの通り証言している。

琉球では軍事基地の効果的運営と柔軟性のある行政の施行という二つの基本的な要請がある。また道路、電力、水道、港湾、通信、保安あるいは公衆衛生などの諸企画や計画はすべて統一性がなければならず、別々に実施することは困難である。ガリオア資金でつくられた牧港発電所は住民経済と軍の電力利用をみたすために利用されてきたが、急速に拡大された琉球経済と軍事的需要に応ずるためにも早急に発電施設を拡充しなければならない。（一九五九・三・二四『沖縄タイムス』）

ガリオア資金は、琉球経済から利潤を上げただけではなく沖縄駐留米軍の需要にも応じたことが的確に証言されている。

また、水道料金は工務交通局調べによると電力料金よりもっと高いようである。すなわち一立方メートル当り沖縄の平均水道料金は約十二セントに対して本土の平均は三セント強であるので三・五倍に当り、第４表に見られるとおり、那覇市の料金は東京都の五倍、名古屋市にくらべると実に七倍となっている。

第4表　本土，沖縄水道料金比較　(1959.5.10.現在)

都市名	水量	料金	1立方メートル当り料金	千ガロン当り料金	摘要
	立方メートル　ガロン	ドル	ドル	ドル	
東京都	10 (2,640)	0.333	0.033	0.126	
大阪市	〃	0.277	0.027	0.104	
名古屋市	〃	0.222	0.022	0.084	日本最低料金
鹿児島市	〃	0.250	0.025	0.094	
宮崎市	〃	0.305	0.030	0.115	
都城市	〃	0.694	0.069	0.262	日本最高料金
福岡市	〃	0.305	0.030	0.115	
			(以上平均) 0.0337		
	立方メートル　ガロン	ドル	ドル	ドル	
沖縄(那覇市)	8 (2,112)	1.25	0.156	0.592	

資料：琉球政府工務交通局調

水道料金も電灯料金と同じように、アメリカ政府の直営企業になっているので、水道公社の卸料金を引下げない限り市民の負担は軽減されない。というのは、那覇市の場合を例にとると、同市の浄水単価は一千ガロン当り七・三五セントであるが、水道公社の同市への卸料金は二一・九七セントであるから三倍にも高くなっている。那覇市民の需要水量は一日二五〇万ガロン乃至三〇〇万ガロンであり、渇水期には三百四、五十万ガロンに達し、そのうち三割程度を水道公社から買っているので、同市の自己浄水単価まで公社の卸料金が引下げられると、現在の料金を半分に値下げすることは可能であると工務交通局では語っている。ところが同局長の談話を綜合すると、アメリカ民政府は、五九年度中で一日二〇〇万ガロンの原水を比謝(ひじゃ)川から、六〇年度中に同じく三〇〇万ガロン、一日計五〇〇万ガロンの原水を浄水して、沖縄の上水道事業を統合支配する計画をたてているので、アメリカ政府の独占利潤にたいする人民のたたかいはここでもけわしいものといわねばなるまい。

3 高利貸も顔負け、琉銀の高利潤

「沖縄の銀行金利は高すぎる。金利高は物価高の要因となっている」とは、行政主席の諮問機関である経済審議会で、低物価政策を打ち出すために検討したときの中心題目になった。立法院予算委員会でも社大党委員長の平良幸一、民主党顧問与儀達敏両議員は、銀行金利を問題視し、山内(やまうち)内政局長を追求している。平良議員の質問は、琉球銀行の第二十一期の純益二〇万三千ドルをとりあげ、このような高利潤をあげているのは琉銀の金利が高すぎるのではないかというもの。そこで銀行金利を調べてみたと『沖縄タイムス』(一九五九・五・一二)は銀行金利について琉球政府内政局理財課の話をつぎのように綜合している。

現行金利が高すぎるということは疑問である。というのは琉銀の場合、事業資金担保貸付けが日歩二銭四厘で、本土の普通銀行の三〇〇万円以上日歩二銭五厘、三〇〇万円以下二銭六厘よりは、それぞれ一厘および二厘安となっているからである。琉銀の「もうけすぎ」ということは「経営の合理化による利潤」ということであればどうにもなるまい。

ところで、たしかに琉銀金利は日本の普通銀行にくらべていくぶん低利ではあるが、貸付利息と預金利息の格差は、日本とくらべて実に大きな開きがある。つまり日本の場合、普通預金の利息は日歩七厘となっているが、琉銀のそれは日歩四厘であり、日歩三厘も安い。だから貸付預金利息の格差は、本土の普通銀行の日歩一銭九厘に対し琉銀は二銭一厘という大きな開きをみせている。預金と貸付の利息間で生ずるこのような大きい利ざやが琉銀の利潤を生みだしたのではあるまいかといわれている。ではアメリカ政府が五一%の株をもって支配している琉銀は創立以来どの位の純益をあげてきたかを、その第二十一期決算公告(第5表)から調べよう。

その貸借対照表貸方の部に当期純益金二〇万三七〇一ドル、利益金の処分では、法定積立金一〇万五千ドル、任意積立金八万三千ドルとなっている。法定積立金は、琉球銀行条令第二十四条によって「半年毎に純益金の百分の五十以上を積立てる」ことになっているから、第二十一期までの法定積立金一五七万五千ドルに二十一期のそれを加えると一六八万ドルとなる。ということは、ほぼその二倍すなわち三三六万ドルの純益をあげたことになる。さらに同じく任意積立金七九万六千ドルに二十一期の八万三千ドルの計八七万九千ドルも純益からの積立であるので、二十一期までに総計四二三万九千ドルの純益をあげている。琉銀は半年毎の決算であるので、二十一期で一二六カ月であるからこの純益を月割にすると三万三六四二ドルになる。それは資本金が二五万ドルであるから月一割三分四厘五毛に当る。わかりやすくいえば、月に一

第5表 貸借対照表(琉球銀行)

(自1958年10月1日至1959年3月31日)

資産の部(借方)	金額	負債の部(貸方)	金額
	ドル		ドル
現金	10,163,172.50	米国財務省預託金	2,000,000.00
預ケ金	16,694.33	財務省一般預金	929,652.50
外貨預ケ金	18.04	琉球民政府一般預金	3,776,426.40
有価証券	3,000,000.00	琉球復興金融基金預金	1,027,116.30
商業手形	514,716.14	米国政府預金	9,568,613.47
市町村貸付金	83,323.30	琉球政府当座預金	5,660,660.35
手形貸付	12,554,502.11	当座預金	5,825,688.46
証書貸付	10,865,061.23	普通預金	11,975,783.15
当座貸付	1,030,233.04	定期預金	7,661,567.47
買入外国為替	903,218.94	郵便貯金保険資金預金	15,461.84
外国他店貸	15,127,907.22	特殊預金	1,073,501.81
本支店	636.57	納税準備預金	1.57
支払承諾見返	10,898,924.73	売渡外国為替	211,764.77
仮払金	17,301.78	外国他店借	1,347,132.56
営業用土地建物	746,573.23	支払承諾	10,898,924.73
営業用什器	105,849.90	未払配当金	1,010.93
所有動不動産	18,732.88	未払利息其の他	130,672.69
		未経過割引料其の他	104,446.23
		預金利子諸税其の他	8,489.03
		仮受金	28.88
		法定償却準備金	652,486.73
		任意償却引当金	67,364.47
		退職給与引当金	125,941.81
		納税引当金	145,621.33
		資本金	250,000.00
		法定積立金	1,575,000.00
		任意積立金	796,000.00
		未配当利益金	13,806.94
		当期純利益金	203,701.52
合計	66,046,865.94	合計	66,046,865.94

利益金の処分

当期純利益 203,701.52

これを処分すること右の如し		
	法定積立金	105,000.00
	配当金(年1割2分)	15,000.00
	任意積立金	83,000.00
	未配当利益金	701.52

資料:琉球銀行による公告(『琉球新報』掲載)

万円貸して一三四五円の利子を生みださせたというわけである。そうすると一ヵ年にその利子は、元金の一万円を六一四〇円も上廻って、一万六一四〇円となるわけだ。年十六割一分四厘の利率である。

筆者のうちの近くに高利貸の「おばば」がいる。四年前ハーニーのアメリカ人がアメリカに帰ってからは、金貸しをやっている。今では三十坪もある玄関付の家を新築して、ぜいたくなくらしをしている。近くの子供たちは高利貸の「おばば」とよんでいる。「おばば」の利子は百ドルにつき月三ドルだという。月三分、年三割六分であるから琉銀の「もうけ」は「悪ばば」とよばれている高利貸でも足もとによりつけない。正に高利貸顔負けというところである。しかも正月も近くなると、「年末手当三十割、琉銀他社を圧倒」などと毎年新聞種になるほど、重役から職員に至るまで優遇されてなおかつ不思議な「もうけ」方をしている。

そこで、高等弁務官のもっている琉銀および沖縄の金融機関に対する支配権にふれる必要がある。五一％の株をもてばそれだけでその会社を支配することはできる。だがそれだけでは不安であったのであろう、軍政府時代の一九四八年五月四日、琉銀を設立するに当って「琉球銀行条令」を軍政府布令第一号で布告した。株主総会も普通なみにもてる。総会は理事会を選挙することになっている。理事は七名で、理事会を開いて銀行の業務や運営に関する基本方針、銀行の預金利率、貸付利率、割引歩合などをきめるが、これまた民政官の承認を得なければならないことは当然とされている。株主総会で選挙された七名の理事も民政官の承認をうけなければならない（琉銀条令第十三条）。また理事会には会長以下の重役がおかれているが互選することはできない。「理事会長兼総裁は民政官により任命され、その意志に基づき服務する」（琉銀条令付則第二十六条）。

なんのことはない。琉球政府主席のような立場であり、任命された会長兼総裁は民政官の意志を銀行業務に反映させるところの、目をキョロキョロさせている器具にすぎない。

ところで、まだまだこれだけでは満足できない。民政官の布令や民立法で組織された信用協同組合を除いて、琉球列島に本店を有する法人たる商業銀行または金融機関は「琉球銀行の組合銀行になることができる」ことになっている（組合銀行規定）。組合銀行に加入しないでもいいことになっているが、それでは融資をうけられないので全金融機関がそれに加盟している。

ではこれら組合銀行参加の各金融機関はどうしばりつけられているか。

組合銀行は、常に琉銀の監督に服し、その定める規定に従わなければならない。準備金として、琉銀の定める率により、琉銀本店または支店に常時預金しなければならない。貸付利率と割引歩合について琉銀と協定しないといけない。四半期毎にその営業状態を示す報告書を定められた様式により琉銀へ提出しなければならない。随時琉銀の検査をうけ、かつ琉銀の要求する書類を提出しなければならない。（同規定第九条から第十三条）

沖縄の全金融機関はこうして、琉銀の監視のもとに、融資をうける条件に常時準備金を預金させられ、貸付利率や割引歩合も琉銀の許しがないとひとりではきめられない。琉銀のおどろくべき「もうけ」は従って単に貸付預金利率の格差から生れる利ざやだけであげたのではない。全金融機関の「利潤」からも吸いあげる。さらに第5表の貸方、琉球政府当座預金五六六万ドルが明らかにしているように、人民が納めた税金は当座預金の形でつねに琉銀に無利子で預けられ、この資金を利用して相互銀行や民間に貸しつけて利潤をあげる。だからこそ年十六割以上の琉銀の「もうけ」は確実に保証されているのである。ところが、その「もうけ」の重圧と搾取の対象は結局借金しなければ立ちいかなくなっている沖縄全人民である。それはどういうことか。一つの実例をあげよう。

沖縄の金融機関の大きいのをあげると、琉銀がその受託者になっている復金と信協や中金をのぞいて、沖縄銀行があり、相銀では、第一、沖縄、南和、三和、共栄、八重山の六相互銀行、それに、琉球生命、琉球火災、沖縄火災、南西火災の各保険会社がある。

これらの金融機関の金利が高いことは有名で、高物価はそのせいだとつねにやり玉にあがっている。相互銀行の現行金利は日歩四銭以内となっており、日本の相互銀行の二〇万円以上日歩三銭四厘、二〇万円以下日歩三銭五厘よりは五厘から六厘高い。この相銀金利は、相銀発足時(一九五三年十一月)の日歩五銭が五五年十月に日歩四銭五厘に引下げられ、五六年四月に日歩四銭に引下げられたもので、それ以来満三年、据置きの利息となっている。(一九五九・五・三『沖縄タイムス』)

ところが、この高金利引下げは琉銀と協定しなければならず、琉銀は民政官の承認をうけなければどうにもならない。だから琉銀はおれのところは「金利は安い」と涼しい顔で配下の相銀をぐっとおさえて動かさず、その準備金としての預金からも利子をかせぐ。相銀はこれでは立ち行かないというわけで、高金利を維持しようと、悪評をうけながらも、必死の努力をつづける。そのため高金利は直すわけにはいかず物価高に拍車をかけることになる。それで苦しむのは人民だけとなる。

ついでに復金(琉球復興金融金庫)についてふれておこう。復金は一九五四年に設立され、当初の資本金は一億(B)円として琉球列島民政官が琉銀に委託したものをもって当てることとなっている。設立されて満五年目の一九五九年三月末現在の貸出残高の総計は一七六七万八七八六ドルとなり(琉銀調査部編『金融経済』一九五九年五月号)、長期クレジットとして民間に貸付けられている。

この金額だけからみても八三万ドル余りでスタートした復金が五年後には当初の資本金の二十一倍にふくれ上っている。また、第1表の復金資金(一九五九年)の二二五七万二千ドルになっているのを見ると正に二十七倍強である。さきに記した米陸軍予算の財政状態及び現金収益の説明のなかでの「琉銀への投資額は原価で説明されているが(一二万七五〇〇ドルの持株のこと)積立てた収入と固定収入力のためそれには実質上最も高い価値がある」「復金の収入は年毎に再投資され、また年毎に資本が注入されるが……それは長期的なクレジットである」が何をいわんとするか、もはや明らかになったと思う。

さてこのように琉銀の金融支配を通じて高等弁務官は沖縄県民の台所までその支配の網をくまなく拡げているのであるが、そのことは政治的にも大いに利用される。さきにもふれたが、琉銀総裁は琉球商工会議所の会頭であるから、選挙ともなれば金融機関の代表者はいうまでもない、その融資で露命をつないでいる中小の企業者までかり集めて訓示を与え、裏面工作に乗り出す。比嘉主席がなくなり、次期主席選任をめぐって当時那覇市長だった当間重剛氏を副長官に推薦して当間任命政府をつくりあげる下工作を進めたのも彼等である。その後任市長選挙の場合など表面に立って選挙運動に血みちをあげたことは知らない人はいないほどである。それだけではない。熾烈になりつつある労働運動をおさえるために設立された琉球経営者協議会も琉銀が総指揮をしている。そして琉銀総裁のうしろには高等弁務官が厳として控えているというのが、金融支配を通じて全人民をおさえつけるからくりである。

4 アメリカのマンモス銀行沖縄へ進出

アメリカ政府の沖縄属領化政策の基本方針がかわらない限り、人民の台所まで独占金融網をひろげて掌握支配している本質には変化をきたさないであろう。

ところが、たとえ高等弁務官の意志にもっぱら服務して、ロボット的存在ではあっても、沖縄の金融、経済、政治の上で大きい圧力的存在であり、時には「法王」とまでいわれた琉銀総裁その他の買弁者達は、これからも同じ振舞いが確実に保証されるという条件はない。それはドル切替え後、アメリカの金融資本をはじめ、商業、産業資本が自由に流入する道が開かれたためである。

沖縄現地の新聞が「アメリカのマンモス銀行、沖縄への進出を計画、直接融資への不安」と最近の事情をつぎの通り報道していることからも、それはうかがえる。

金融機関にとって、ドル切替え後はじめての最大の試練が訪れようとしている。というのは世界一のマンモス銀行といわれているバンク・オブ・アメリカ(アメリカ銀行)が沖縄に進出することがほぼ確定しているからだ。アメリカ銀行が支店を設置するときは、当然外資導入審議会(委員長太田副主席)の審議を経ることになるが、同銀行のジョンソン頭取、ファンデンベル副頭取が来島、すでに沖縄金融界の代表者との間に打合せが行われている。アメリカ銀行は百億ドルの預金をかかえる世界最強の銀行といわれ、各国に支店網を張り、東京にも支店をおき、すでに日本の電源開発などに融資している。

沖縄金融業者との話し合いは、民政府財政部のフォード中佐を介して行われ、富原琉銀総裁、比嘉沖銀頭取、高良第一相互頭取などが出席した。出席した地元銀行側の話を綜合すると、「アメリカ銀行の沖縄支店設置は、時期の問題がのこされているだけで、その開設はおそらく間違いない。われわれとしてはただ意見をきかれただけで、われわれが反対するから設置しないという印象はうけなかった」と語っており、その支店設置は確実のようだ。同銀行の金融の進め方も直接住民への融資はさけ、地元銀行を通じ、あるいは地元銀行の諒解をえて融資するとの意向だとされている。問題はこのようなシステムが将来も継続し、守られるならよいが、その業務の範囲を拡げた場合、地元銀行側にとっては大きな恐慌となろうと、不安がる見方も強い。(一九五九・五・一九『沖縄タイムス』)

日本本土の資本でも米人資本でも従来外資導入審議会の審議を経てはじめて実現したのであるが、そのような外資は、一九五八年十二月二十日現在(政府経済局調査)、生産業十八、製作修理業五、洋服仕立業一、医療業務十、サービス業十四、貿易物品販売業七、宣伝、広告、出版、通信、映画製作業四、スポーツセンター、ゴルフ場経営三、貸住宅業一、養鶏業一、計六十四社。その総資本金は三三二万九千ドルとなっている。ところが、アメリカ銀行の沖縄進出ともなれば、地元銀行側の話にもある通り、やってくるといえば、たとえ不安であり反対ではあっても手も足も出ないだろう。ワシントン政府自体の政策が、このマンモス銀行の政策を政策としているのであってみれば、さらに、日本本土の独占資本に対する強大なその影響力からみても、また台湾や南朝鮮における買弁資本家に対する支配力を考慮すれば、アメリカ銀行が沖縄に進出して、従来の琉銀の役割を引きうけるというよりはむしろそれに命令し、その金融支配のシステムの中に組み込まれない保証は何もないのである。一九五八年八月、全県民の世論に一顧も与えず、祖国の民主、平和勢力の反対を押し切って敢行されたドル切替えは、アメリカ金融資本に進入路を開いてやったというより、むしろその「あとにひかない要請」に押されてワシントン政府が敢行した沖縄の金融属領化政策であったといえよう。

この本の冒頭で、沖縄は、東京、台湾、南朝鮮をむすぶ三角形の底辺に位置する東北アジア軍事同盟の核心であると書いた。この東北アジアにおけるアメリカ政府の原子戦略体制は、好むと好まざるとに拘わらず、アメリカのマンモス銀行を陣頭指揮者とあおぐ東北アジアの経済同盟へのスタートになるであろうことは注目に値しよう。

さてここで、これまでアメリカ高等弁務官の金融支配の網の中で買弁的な企業経営を続けてきた、いくつかの代表的会社の資本金とその利潤の一覧表をあげておくことにしよう（第6表）。

5　減税すると補助金も出さぬ、あきれた弁務官書簡

「日本一低い賃金」と「日本一高い物価」、これでは自慢にもならないと、現地新聞さえ物価

第6表　法人の利潤調査

法人名	払込資本金(A)	純益(B)	$\frac{B}{A}\times100$	事業年度
	ドル	ドル		
琉球銀行	250,000	414,418	165.6	58.4月〜59.3月
琉球石油	166,666	351,903	212.0	58.4　〜59.3
沖縄配電	520,833	284,145	52.7	57.7　〜58.6
沖縄食糧	166,666	182,722	109	58.4　〜59.3
沖縄バス	166,666	119,345	71.6	58.4　〜59.3
大東糖業	20,833	156,771	747.6	55.7　〜56.6
オリオン興業	26,666	52,228	200.0	55.4　〜56.3
那覇交通	62,500	80,576	129.0	57.5　〜58.4
東陽バス	41,666	56,342	136.5	57.6　〜58.5
松岡配電	83,333	61,979	73.5	57.7　〜58.6
沖縄製糖	104,166	63,269	60.5	57.7　〜58.6
琉映貿	125,000	71,305	56.8	58.10 〜59.3
沖縄相銀	83,333	40,013	48.1	58.10 〜59.3
琉球中央倉庫	62,500	28,542	45.1	58.4　〜59.3
沖縄港湾荷役	41,666	18,341	43.9	58.6　〜58.11
南陽相銀	100,000	40,805	40.8	58.10 〜59.3
那覇港湾荷役	41,666	16,058	39.0	58.10 〜59.3
首里バス	41,666	14,961	34.1	58.10 〜59.3
第一相銀	100,000	34,524	34.5	58.10 〜59.3
琉球貿易	76,937	24,728	31.5	57.4　〜58.3

資料：琉球政府内政局(1959.6.)

1)　資本金と純益の比率が第1位を占めている大東糖業社は南大東島に製糖工場をもち，八重山及び本島北部でもまぢかに製糖を開始するが，大日本製糖社もその株主，三井物産の資本も近く投下されることを宮城同社社長はほのめかしている．甘蔗作農民から吸い上げた利潤は新興産業のパイン工場へ投下されつつある．

2)　純益金額では琉銀が他社を圧して第1位である．復金は除外されているが，その利潤を加算すると資本金との比率でも第1位にのし上るといわれている．

3)　琉石にはアメリカの持株はない．地元資本だけであるが，油脂類の唯一の卸元であるカルテックス社の承認がなければ，10万B円以上を独自で支出することはできず，定期，不定期に経理検査をうけており，実質的にはカ社の支店と同じ．

4)　純益金額で第3位の沖縄配電は四同種会社と匹敵しており，第4位の沖縄食糧は従来「米」の輸入と販売を独占していた．買弁的であり，独占的であればあるほど巨額な利潤に恵まれている．

5)　松岡配電の社長は，次期任命主席候補として噂の高い民主党総裁の松岡政保氏である．

6)　これらの買弁，独占会社には，琉球政府高官は陰に特別株をもっており，官僚資本とのむすびつきも顕著である．

高の原因をさがし出しては毎日のように書きたてている。

ところが沖縄の諸物価すなわち市場価格をきめるのは一体だれかをつきとめない限り、物価高の原因をさぐりあてることはむつかしかろう。今までのべたことでもすでに明らかなように、高い物価の特徴は、現地の生産物は安いが輸入品が例外なく高いということである。沖縄の全需要量の七割は本土とアメリカ、台湾、南朝鮮からの輸入品である。その価格をきめるものはいうまでもなく、米、日、台、南鮮の独占資本家またはその連合体である。金利や水力、電力等の料金の割高にもあらわれているように、運賃高や中間的な搾取機構の複雑さや仕入れ技術の拙劣など幾多の問題もふくまれていようが、これらはいずれも根を引き抜きさえすれば自然に枯木がおちるようなたちのものであって、沖縄の人民を高物価の責め苦から救い出す道は、東北アジア軍事同盟の経済的連帯をかたちづくっている米、日、台湾、南鮮の独占資本の搾取の鉄鎖をずたずたにしない限り、すぐには開けないところのけわしい道である。

ところが高物価の外に自慢にもならない日本一がもう一つある。税金の高いことである。重税に対する人民のたたかいは陰に陽につづけられたため、行政主席の諮問機関、税制審議会で取り上げなければならなくなり、基礎・扶養控除額の引上げ案をつくって、本土なみにはいかないにしてもいくぶんでも色をつけようとつくり上げた所得税法改正案も、民政府の承認を得る段になって難航したが、五月十五日やっとその承認をうけて立法院に立法勧告された。それによる所得税の減額見込みは三六万三九〇〇ドルと内政局理財課ではふんでいる。五九年度の所得税予算額は三五〇万八千ドルだから、三七万ドル減税とした場合、減税率は一〇%程度である。一九六〇年度の納税人員見込みは六万一六〇〇人とみられているから、三七万ドル減税は一人平均年六ドル、月にして五十セントの負担減となるが、低額所得者にとってはそうはいかない。すなわち源泉所得についてみた場合、三十ドルの賃金労働者であれば独身者で月十一セント軽くなる。逆に五十ドル俸給生活者の場合は、独身者で月五十六セント、夫婦者五十九セント軽くなる計算である。

ところがこのような微々たる減税に対してさえ民政府では「賦課評価の一%の半分にも足らない低い税負担である」として、これ以上の減税を行なってはならないと弁務官書簡が主席におくられた(一九五九・五・一六『琉球新報』)。

その中でブース弁務官はつぎのような注目すべき意見をのべている。

琉球の所得税歳入をさらに減らさんとすれば合衆国の琉球に対する増額された充当金(琉球政府への補助金のこと—筆者註)を得る機会はきわめて少くなり、プライス法案(六〇〇万ドル経済援助法案)の可決の見通しもほとんどなくなってしまう。合衆国市民はその所得の大部分を所得税及び財産税として納付しているのであるから、議会は資金(その大部分は所得税から生ずるものである)をさらに琉球にあてることは、琉球人がその所得税徴収額を比較的少額にまで引き下げようとする限り、嫌がるのも当然である。その結果、琉球の広汎な経済発展に関する大きな計画を妨げることになろう。

税額をもっと減らすと補助金を得る機会は少くなる、また六〇〇万ドル経済援助法案も葬り去られるぞ、と高飛車にでている。これは改正税法にまだ不満をもっている人民の世論を支持して立法院でもっと基礎控除や扶養控除額を引上げたい空気のあることに対するけんせいであり、もしこれ以上の減税率を可決する場合は拒否権を発動するという警告とみられる。

ところでブース書簡にもふれているように、県民所得に対する租税負担率が沖縄はどこの国よりも低いというのが民政府首脳の終始一貫した言い分であり宣伝用具であるが、それはどのようになっているだろうか。

統計数字だけみると、なるほど県民所得に対する租税負担率は本土、アメリカ、イギリスなどに比べても低い。国民所得に対する租税負担率は一九五八年度、沖縄一一・二八%、アメリカ二七・九%(五七年)、イギリス二九・九%(五六年)、本土二〇%(五八年)となっている。ところが県民一人当りの租税負担は、五八年で琉球政府が十七ドル九十二セント、市町村税一ドル六十二セント、計十九ドル五十四セントの負担額だ。国民所得に対する負担割合が低いといっても、一九五八年の県民所得一人当りは一七三ドル、このうち一一・二八%を税金としてもっていかれると、手もとに残るのは一五三ドル、月にして十二ドル七十五セントとなるから、国民所得

第7表　本土と沖縄の所得税額比較

扶養数	月収	ドル 30	ドル 40	ドル 50	ドル 60	ドル 70	ドル 80	ドル 90	ドル 100
0人	琉球	1.28	2.71	4.50	6.29	8.41	10.28	12.70	15.41
	日本	0.31	1.11	1.91	2.91	4.11	5.31	6.76	8.50
1人	琉球	0.55	1.68	3.08	4.95	6.95	9.08	11.28	13.66
	日本	0	0	0.29	1.09	1.89	2.88	4.08	5.40
2人	琉球		0.81	2.08	3.77	5.55	7.62	9.75	11.91
	日本		0	0	0.40	1.20	2.00	3.04	4.35
3人	琉球		0.23	1.20	2.61	4.31	6.16	8.29	10.41
	日本		0	0	0	0.50	1.30	2.10	3.31
4人	琉球			0.50	1.60	3.15	4.85	6.83	8.95
	日本			0	0	0	0.61	1.42	2.28

資料：『琉球新報』(1959.5.18.)

に対する税額の率が低いから生活は楽だという証拠にはなるまい。

六〇年度の県民所得を企画統計局は一億六六七〇万ドルと見込んでおり、租税負担は琉球政府、市町村税を合計して二一二九万五千ドルとふんでいるから、県民所得に対する租税全体の割合は一二・七七％、またエンゲル係数が五五を下ったためしはないから、それを調整して食糧費を差し引いた所得に対する租税負担はなんと二一％に当る。一方国民所得に対する租税負担率が高いといわれているアメリカ国民は、五七年で国民一人当り所得が実に沖縄の十二倍強の二〇九二ドル、その二七・九％が税金というから、それを差引いてもなお一五〇九ドル手もとに残る。月にして一二五ドルである。沖縄が十二ドル七十八セントであるから、その十倍というわけである。ブース弁務官書簡をしていわしめると、「琉球人と合衆国市民と比較するとはもっての外」ということになりかねない。

さて改正されたという所得税額について本土と沖縄を比較してみよう（第7表）。日円をドルに換算して、月収三十ドルの独身者では沖縄が一ドル二十八セントに対して本土では僅かに三十一セント、扶養家族一人の場合本土では無課税になっているが、沖縄は五十五セント、月収四十ドルの独身者で、本土では一ドル十一セントに対して沖縄はその二倍強の二ドル七十一セントの課税、本土の場合扶養家族四人で五人世帯の場合、八十ドルの月収になってはじめて六十一セント課税されるが、沖縄の場合、同じく五人世帯は五十ドルからちゃんと五十セント税金を払わなければならないことになっている。

ところが、これはただたんに扶養控除だけからみた場合の比較であって、本土では社会保険料などの控除もあり実際の負担は沖縄に比べるともっと軽いとみなければなるまい。この事情について、『琉球新報』さえ「祖国復帰はまず税法面から」ともいえそうだと主張している。

こうしらべてみると、つまるところ日本一高い重税から脱する道も、たちふさがっているアメリカ統治の大きいかべをつきやぶらないと開かれないことになる。

6 国家事務的経費が五割以上、琉球政府予算の分析

「当間任命政府は、場合によっては弁務官の代行機関にさえなりえない、たんなる民政府のための実務屋の一集団にすぎない」とさきほど書いた。ところが、この政府は、予算だけは独立国家なみの形をとっているので、それを支えるために県民の苦しみは一層深められている。他の先進諸国に比べて安くない本土との所得税比較だけからでも、沖縄は日本一重税を課されていることがわかるが、その理由も琉球政府のこのような性格から生じたものである。

第十四回立法院定例議会に提案された六〇年度(一九五九年七月一日―六〇年六月三十日)予算は、そのことをあきらかにしている。六〇年度予算総額は二七七三万ドルで五九年度より四五四万二千ドル増加している(第8表参照)。増加分は、「人民のたたかい」の章でくわしくのべたように、土地闘争の成果として支払われる軍用地代の源泉徴収が主な財源である。もう一つは民政府補助金が、前年度に比し、二一二万五千ドル増加した。これは、人民のたたかいの中で、アメリカ政府の行政費補助額が宣伝のようでなく、あまりにも少いことがようやく勤労大衆に知れるようになり、下からの不平と抵抗が、しだいに高まっているために、増額しなければならなくなったのによる。

しかし、増額したことにはなっているが、予算総額に対する比率は僅かに一六%にすぎない。

第８表　1960年度歳入予算案の対前年度比較

事項別	60年度参考案額		59年度参考案額		増減
	千ドル	%	千ドル	%	千ドル
租税収入	19,027	68	15,665	67	3,361
印紙収入	608	2	598	2	9
政府有財産及官業収入	1,371	5	2,021	8	−649
雑収入	1,824	6	1,909	8	−84
前年度剰余金受入	400	1	620	2	−220
民政府補助金受入	4,500	16	2,375	10	2,124
合計	27,730		23,188		4,541

第９表　1960年度租税収入予算案の対前年度比較

	60年度	59年度	増減
	千ドル	千ドル	千ドル
直接税	8,577	6,343	2,234
源泉所得税	4,415	2,357	2,058
申告所得税	1,182	1,152	30
法人税	2,760	2,632	128
自動車税	220	203	17
間接税	10,450	9,322	1,128
通行税	960	872	88
娯楽税	425	341	84
遊興飲食税	300	148	152
物品税	1,780	1,643	137
嗜好飲料税	383	373	9
煙草消費税	2,443	2,395	48
酒類消費税	3,198	3,268	−70
砂糖消費税	940	262	678
屯税	21	20	1
旧税	—	—	—
合計	19,027	15,665	3,362

資料：琉球政府内政局調

その上、前年度に比べて県民が直接、間接に納めなければならない税額は印紙収入も含めて総予算の実に七〇%を占めている。歳入予算にあらわれた特徴点を五つあげよう。

その一は、アメリカ政府補助金がどのようなところからだされているか、弁務官書簡にある通りアメリカ市民の負担のみによるものなのか、県民の血と汗であるのかについてである。アメリカ市民の税金からも出されていることに間違いはない。ところがアメリカ市民のおさめた税金は、ワシントン政府で投資の形にかえられ、独占企業からの巨大な収益に転化されているので、結局それはアメリカの勤労階級を犠牲にして、その独占資本の利潤追求の政府資金になっていることは、すでに指摘した通りである。もう一つは対日平和条約によって日本政府が戦勝国であるアメリカ政府に一切の請求権を放棄したために、沖縄における国県有地から占領後八年にわたって収益をあげている、その収入を考慮しないわけにいくまい。

民政府財産管理局調査によると一九五六年二月一日現在、沖縄における公有地面積は、国有地一億一一〇八万〇八五七坪、県有地七〇四万七四四九坪、計一億一八一二万八三〇六坪になっており、そのうち、沖縄北部森林地帯は米軍マリン隊がもちろんただで使用しているのを除いて、軍が基地用として地代を払わずに占有使用している土地が一八四万六二二七坪、県民に貸し付けて逆に地代を納めさせている土地が三六万八〇三二坪となっている。民政府は軍政府時代の一九五一年から国県有地を民間に貸し付けて地代をとっているが、五六年十二月末日まで六カ年間で、二五六〇万四〇六五B円の収入をあげ、業務運営費として二〇〇一万八一九四B円を支出、その差額五五八万五八七一B円の収益をあげている。この収益は年平均九三万B円となっているので、一九五八年十二月末日で七四四万五千B円の収益になっている計算である。戦後十四年、講和発行後でも八年経過した今日、国県有地はいまだにアメリカ民政府財産管理局が管理しており、無償で基地用に使用しているだけに止まらず、これを民間に貸し付けて収益をあげていることを思えば、吉田元首相が結んだ対日平和条約がどのように国民を苦しめ侮辱しているか明らかであろう。従って民政府が琉球政府の補助金を増額したのだと宣伝これつとめようが、このように原水爆基地化しながら、企業経営からも国県有地からも莫大な純益をあげているのであるから、補助金とは名だけであって、恩恵どころの話ではない。それは実際には二つの口から引きだされたものである。

すなわち第一は、アメリカ市民の血税は、ガリオア資金化され、余剰農産物資にかわって沖縄に流れ込み、アメリカ民政府資本に転化して収益をあげ、そのほんの一部が補助金の衣裳をつけてあらわれていること。

第二は、沖縄の勤労大衆からの収奪によってあげた収益のこれまたわずかの部分が第一に加算されていることである。こうみてくるとアメリカ政府が沖縄に基地を保有していること自体、アメリカの勤労階級にとっても負担であるので、沖縄の祖国への返還はたんに日本国民の利益になるだけではなく、アメリカ市民の利益とも相一致しているという結論になる。

その二は、租税総額に対する直接税と間接税の比率である。五九年度が四〇%対六〇%であったのが六〇年度は四五%対五五%になっているのは、例の軍用地代の値上りによる源泉所得税の増収が見込まれたためであって、これがなければ間接税は六〇%前後を占めることであろう。間接税は説明するまでもなく大衆課税であって一口にいうと人頭税である。ここでは植民地税制の本質を指摘すれば十分であろう(第9表参照)。

その三は、砂糖消費税が六七万八千ドルも増加したことである。それは、県民と本土における国民的世論におされて去る四月一日(一九五九年)日本政府は沖縄の分蜜糖にも特恵処置をとり、関税と砂糖消費税を安くした。この特恵処置に助けられていままで県内消費にふり向けていた現地生産の分蜜糖が本土に輸出される。ところが本土から分蜜糖がそれだけ逆輸入されるのを見こして、その分に琉球政府が課税するための増収額となっている。なんのことはない。本土同胞の国民的贈りものであるところの、沖縄分蜜糖への上記の処置は、本土における糖業資本と沖縄の分蜜工場資本家に追加利得を与えるだけでなく、八三万の県民に高く売りつけられるという珍妙極まる現象をおこしているのである(第9表参照)。

その四、もし日本の一県であったならどうなるのかについてである。人口のほぼ似ている山梨県の場合、一九五八年度予算総額は二〇〇〇万ドルで、その歳入内訳をしらべると地方交付税六九四万四千ドル、国庫支出金六九八万一九〇〇ドル、地方譲与税八二万四三二〇ドルとなっているから、国庫に依存している収入合計は一四七五万〇二二〇ドルとなり、予算総額の実に七三％に当っている。税金の中央政府への集中主義がこのような国庫依存度を高め、その結果として府県財政の赤字を生み出すことが、国民のためになるか否かはここではとり上げないことにし、また、県民所得や復帰して後の沖縄の産業構造の変化からくるだろう予算規模等も考慮外において、さて琉球政府歳入予算にたちかえり、琉球政府を県庁とみ、民政府を日本政府とみた場合、民政府補助金は僅かに歳入総額の一六％である。それを山梨県の七三％におきかえると六〇年度予算の民政府補助金四五〇万ドルは二〇二四万三六三〇ドルとなるから、民政府は一五七四万三六三〇ドルをさらに追加して琉球政府に補助すべきだという結論になる。

その五、人種的差別賃金の項でふれておいたが、沖縄に住んでいる日本国民たる沖縄の軍労働者の賃金は、本土からやってきた労働者の賃金にくらべて二分の一以下しか貰っていない。これを本土労務者なみに与えられていたとすれば、どうなるだろうか。五八年一月軍発表の平均賃金は四六・九一ドルであるから四六ドルとして計算し、第一種から第四種まで加えて軍労働者は五万人、その賃金額一カ月で二三〇万ドル、一年間で二七六〇万ドルとなる。朝鮮戦争のはじまる前後の、基地構築が本格的になった一九四九年から数えて十年になる。従って沖縄の軍労務者は人種的賃金格差だけで二億七六〇〇万ドルをアメリカ政府に要求する権利があるわけである。この要求は、アメリカ人労働者やフィリッピン人労働者なみに与えろというのではなく、せめて本土からきた労働者なみに、いわば日本国民としての最低のまた最も正しい要求額である。従って何億ドル沖縄に注ぎ込んだのだと恩恵がましく宣伝してみても、沖縄にすむ日本国民を人間として遇した場合を考えただけでもこのような莫大な賃金格差の要求額がでるのであってみれば、歳入面における補助金なるものがどんなに小さい存在になるか、もはやだれの目にも明らかではあるまいか。

ところでこのように、県民の過重な負担で支えられている歳入予算の支出はどうなっているだろうか。ここでは二つをとり上げることにする。第一に、国家的な経費と県としてやるべき経費とにわけてみることである。

立法院行政法務調査室の調べによると琉球政府全職員は七九〇〇人で、そのうち四一三五人が国家的な事務に当っており、三七六五人が県的な事務にたずさわっている(第10表参照)。国家事務職員は五二%になり、その経費は、裁判所四〇万八五三七ドル、内政局二二一万九七七七ドル、社会局一〇九万六六六二ドル、経済局一九九万五四一七ドル、工務交通局二九六万一〇四五ドル、法務局六三万四三四八ドル、警察局四万三六四〇ドル、労働局一六万五二六八ドル、検察庁一三万四四二七ドル、中央労働委員会一万五〇四〇ドル、文化財保護委員会一万八六七三ドル、企画統計局五万二六六六ドル、計九七四万五五〇〇ドルとなる。これに学校教職員に対する経費約五〇〇万ドルを加えると、実に歳出予算総額の五割五分の一四〇〇万ドル以上の国家的経費を負担させせられている。自分達で選んだ政府であればとにかく、他国政府の事務を代行しているにすぎない琉球政府に対して、このような独立国家なみの経費をつくりだして与

第10表　国家的事務及び県の固有事務別職員数調

部局名	現行定員		
	国家的事務	固有事務	計
	人	人	人
官房	15	69	84
内政局	505	62	567
企画統計局	108	6	114
経済局	78	717	795
工務交通局	1,157	486	1,643
社会局	806	766	1,572
労働局	122	11	133
法務局	602	0	602
文教局	7	622	629
検察庁	122	0	122
警察局	590	890	1,480
会計検査院	8	12	20
人事委員会	6	9	15
中央選挙管理委員会	0	7	7
中央労働委員会	6	0	6
文化財保護委員会	3	0	3
首都建設委員会	0	4	4
宮古地方庁	0	54	54
八重山地方庁	0	50	50
総計	4,135	3,765	7,900

資料：立法院行政法務調査室作成

第11表　重要経費別対前年度比較表

事項	1960年度 予算額	1960年度 %	1959年度 予算額	1959年度 %	比較(増減) 金額	比較(増減) %
	千ドル		千ドル		千ドル	
社会労働保健費	4,270	15.4	3,546	15.3	724	20.0
教育費	8,568	30.9	6,988	30.1	1,580	22.6
産業振興費	2,777	10.0	2,540	11.0	237	9.3
土木事業費	2,146	7.7	1,312	5.7	834	63.6
運輸通信事業費	1,008	3.6	1,396	6.0	−388	−38.5
民事費	186	0.7	101	0.4	85	84.1
治安行刑費	1,821	6.6	1,697	7.3	124	7.3
地方行政費	1,049	3.8	854	3.6	195	22.9
出資金	1,468	5.3	736	3.2	733	99.7
その他	4,434	16.0	4,019	17.4	415	10.3
合計	27,731	100	23,189	100	4,541	19.6

資料：琉球政府内政局調

えている県民こそまことにふんだりけったりといわざるを得ないだろう。

第二、第11表によると教育費が歳出総額の三〇・九%になっており、ただこれだけみると、数字の魔術にかけられ、如何にも沖縄の教育は、他県に比べても劣らないような錯覚に陥る。ところが琉球政府文教局調査によると、前にあげた山梨県の場合、予算総額において沖縄より少いのであるが、教育費の歳出総額にしめる割合は三五・二%(一九五六年)を示し沖縄をはるかにしのいでいる。さらに小学校児童一人当り経費は、ともに日円で、山梨県一万五一六一円、沖縄は八九三一円、同じく中学校生徒は山梨県一万七九一九円沖縄一万〇二二七円となり、いずれも山梨県の六割程度の経費にしかあたらない。この事実は

第12表 学校種別教科別にみた児童生徒の学力調査，全国平均との比較(A)

	国語		算数(数学)	
	沖縄	全国	沖縄	全国
	点	点	点	点
小学校	34.6	44.8	18.7	30.5
中学校	37.3	48.3	27.1	40.8
高校全日制	50.7	62.1	20.1	31.9
高校定時制	45.1	49.2	9.3	15.9

第13表 学校種別教科別にみた児童生徒の学力調査，全国平均との比較(B)

	小学校		中学校		高校全日制		高校定時制	
	沖縄	全国	沖縄	全国	沖縄	全国	沖縄	全国
	点	点	点	点	点	点	点	点
社会科	34.6	55.7	41.1	55.7	38.8	48.6	31.0	38.7
理科	34.4	51.3	40.1	49.5				
物理					24.2	34.7	15.8	22.4
化学					41.3	39.8	25.4	28.8
生物					32.8	37.9	27.6	31.9
地学					該当なし	40.4	なし	33.7

資料：琉球政府文教局提供(文部省全国学力調査による)

児童生徒の学力調査(第12・13表)に具体化されて、学校種別にしても科目別にしても、どちらをみても十点以上おちていることは、同じ日本国民育成の上から由々しい問題が提起されている。その原因は幾多あろう。特に戦争後のムカデ教室といわれた茅ぶき校舎から出発し、設備も不十分であり、教職員の低賃金に加えて過重負担、父兄の貧困から生まれる児童生徒の体位低下とその心理に及ぼす影響、社会環境のよどみと不良さが生みだす社会教育面の反映など、悪条件は揃っているのである。能、不能は別として、教育行政だけでも、先に祖国へかえせと叫ばれるゆえんも、ここら辺りの事情からも自然に湧きおこるものといえないだろうか。

Ⅷ 祖国へ

1 集成刑法の内容

ブース高等弁務官は一九五九年五月十三日、「琉球列島の刑法並びに訴訟手続法典」と題する弁務官布令第二三号を承認、同十八日バージャー主席民政官の署名で公布した。その実施は六月五日午前零時一分からと記されている。

五月十九日の現地新聞朝刊は、申し合せたように「集成刑法を新たに制定、被告人の権利を尊重、出版の自由保障さる」と四段抜き見出しをつけて報道した。出版の自由が保障され、これまでたいていの場合被告人に対する弁護権まで認めなかったのであるから、被告人の権利が軍事法廷で尊重されるとなれば、県民だれしもアメリカの民主主義に讃辞を贈るにいささかも躊躇しないだろう。

ところが内容は、出版の自由や被告人の権利の尊重とは真赤な嘘で、沖縄県民を含めて全日本国民に対する死刑法であり、一大挑戦となっている。

それはどういうことか。

この布令の第二章「安全に反する罪」から、生活と民主主義、平和と民族の独立、自由と基本人権に対する弾圧の条項だけを最初にとり上げよう。

1　外国、外国国民、外国政府又はその代表者、代行機関もしくは代表者に雇われ、又はその利益のために、偵察行為、サボタージュもしくは煽動行為をするものは、死刑又は民政府裁判所の命ずる他の刑に処することができる。合衆国及び琉球列島以外のすべての国、国民又は政府は、本条の意味における外国、外国国民又は外国政府である。

この条項で日本は外国であり、日本国民は外国国民であり、日本政府は外国政府であると明確に規定された。そうなると当然の理であるが、沖縄にすむ八三万人の日本国民に極刑をもってのぞんでいるが、このことを本土の新聞が、「ひとごとでない、われわれ日本国民全体に直接つながる問題だ」と論破していることだけに留意してさきに進もう。

2　合衆国政府もしくは琉球政府に対する叛乱又はその法律、規則、規程もしくは命令に対する反抗に琉球列島の住民を煽動し、又は他人をして煽動せしめもしくは煽動を幇助した者、或いはかかる目的のために公の示威運動又は集会を組織し、もしくは指揮せしめた者、或いはかかる示威運動又は集会に参加した者は二五〇〇ドル以下の罰金もしくは十年以下の懲役に処し、又はこれを併科する。

労働運動、平和運動、日本復帰運動その他法律、規則、規程、命令にそむくような一切の行動は九〇万日円以下の罰金と十年以下の極刑である。もはや一切の政治活動だけではない。陳情運動にしても示威行進の形をとると、指導者はいうまでもなく参加したものまで含めて一網打尽にされるわけである。

3　社会不安を惹起させ、又は暴力行為を誘発する行為をしたものは、二五〇ドル以下の罰金もしくは一年以下の懲役に処し、又はこれを併科する。

4　目的のいかんを問わず二人以上の者が集って他人又は財産に対して暴力を行使することにより、治安を乱し、又は治安攪乱を意図し、もしくは脅迫し、又は明らかにかかる企図もしくは脅迫を即座に実行できるほどの暴力を行使することにより他の不法行為を企図し、もしくは、これを脅迫する場合は騒乱罪とする。騒乱罪を犯した者又は現場に居あわせて騒擾を教唆し、煽動し、幇助し、もしくは助長することにより騒擾に参加した者は七五〇ドル以下の罰金もしくは三年以下の懲役に処し、又はこれを併科する。

とうとう、アメリカ政府は騒乱罪まで新設した。社会不安をおこすようなことをしたものは九万日円以下の罰金と一カ年以下の懲役、治安を乱したものは二七万日円以下の罰金と三年以下の懲役である。世界一の悪法といわれた日本の治安維持法を大戦後すぐさま廃止させたのは、アメリカも加わった民主主義国家群の連合国ではなかっただろうか。治安維持法にもまさるこのような刑を新設しなければ、もはや沖縄基地はたもてないところまで沖縄人民の抵抗が強まったと判断したのであろうか。アメリカ政府がころんでも言うだけは忘れないところの「自由、民主主義、人権」の始末を一体どのように処理しようとするのであろうか。

5　合衆国政府、民政府又は琉球政府に対して中傷的、誹毀的、もしくは煽動的な公的声明を口頭で行なった者、又はこのような印刷物、筆記物、フィルム、記録、テープ物もしくはこれらに類似する物を方法の如何を問わず出版、配布、放送もしくは伝播した者又はさせた者或いはこのようなものを出版、配布、放送もしくは伝播する意図をもって所持する者は、一二五〇ドル以下の罰金もしくは五年以下の懲役に処し、又はこれを併科することができる。

出版はいままで許可制であったが届出制にした。これで出版の自由は保障されたと、どこをおせばそのようなことが言えるのであろうか。中傷的、誹毀的、煽動的な公の声明を個人で話してもいけないし、印刷物一切、筆記帳に至るまで、フィルムやテープなどにおさめてもいけない。そんなことをすると四五万日円以下の罰金と五年以下の懲役である。これでは沖縄県人も他府県の人々も一切沖縄の問題についてはいうことさえ禁じられる。「なにも聞くな、言うな」、明治政府が自由民権運動をおさえつけた例の「かん口令」にまさるといえないだろうか。

6　会社、組合、グループ、労働組合又は類似の団体の役員、組織者、もしくは構成員であるものが、政治的又はその他の目的で、合衆国政府又は琉球政府を侮蔑もしくは毀損又はするかもしれない虚偽の陳述を含む公的声明を口頭で行い、又はこのような印刷物、筆記物、フィルム、記録、テープ物もしくはこれらに類似する物を方法の如何を問わず出版、配布、放送もしくは伝播し、又はさせ、或いはこのような物を出版、配布、放送もしくは伝播する意図をもって所持するものは五百ドル以下の罰金もしくは二年以下の懲役に処し、又はこれを併科することができる。

政党の役員や指導者や党員だけにとどまらず、労働組合はもとより会社であろうが、グループであろうが構わない、アメリカ政府や琉球政府を侮蔑し、または「するかも知れない」ようなことなど口にだすものは一八万日円以下の罰金と二年以下の懲役がまっている。このような布令のもとでは労働運動なぞ思いもよらないのである。ちょっとでも口をすべらして当間任命主席を侮蔑する、またはするかも知れないと思われたらもう百年目である。

7 あらかじめ琉球政府に登録しないで新聞、雑誌、書籍、小冊子、又は廻状を出版又は印刷した者は、二五〇ドル以下の罰金もしくは一年以下の懲役に処し、又はこれを併科することができる。

こうなると労組、政党をはじめ、どのような個人、団体を問わず、登録しないで「刷りもの」を印刷したり、回覧板をもち歩いたりすると、九万日円以下の罰金と一年以下の懲役である。「ガリ版」を沖縄から一掃するつもりなんだろうと労働者が語っていたが、ここまでくるとアメリカ政府は気は確かかしらといえそうである。

さて、「日の丸」を掲げた場合はどんな罪が待ちうけているだろうか。

8 高等弁務官の特別の許可を得た場合を除き、合衆国以外の国の国旗は官公署又はその構内でこれを掲揚し、使用し又は公的もしくは政治的性質を有する集会又は行列でこれを掲揚することはできない。これに違反した者は一二五ドル以下の罰金もしくは六カ月以下の懲役に処し、又はこれを併科することができる。

「日の丸」は天皇を象徴するものだ、軍国主義の復活だ、という意見も本土ではあると聞いたことがある。ところが沖縄では保守革新を問わず「日の丸」は祖国復帰の旗になっている。日本復帰運動はアメリカ政府が最もいやがり、弾圧の目標にしている。いうまでもないことだが日本復帰運動は民族運動である、しかし民族運動であるから政治性はないと解釈する人はもう一人だっていないはずである。そこで日の丸を掲揚するだけでなく「使用」するものは四万五千日円の罰金と六カ月の懲役だという。「沖縄へ日の丸を送ろう運動」さえ本土で盛りあがり、何万という「日の丸」が祖国から海を渡って県民の手ににぎられている。「日の丸」は祖国との血のつながりを一番よくあらわしている。

「米琉親善」の集会のとき、ある田舎の小学校で学童を「星条旗組」と「日の丸組」の二組にわけて、両国の国旗を配った。ところが一人去り二人はなれして、星条旗組はたった一人もいなくなり、先生が弱って、無理にもたそうとした。先生のいうことだ、学童は与えられた星条旗を手にはした。ところが行進がはじまるとアメリカの旗は一本もみえない。お父さんやお母さんが用意してくれ、ふところにしまっていた小さい日の丸を取り出してうちふり行進を始めたのである！この日の丸の旗さえ自由にもてない沖縄！

高等弁務官布令第二三号、日本国民への死刑法が何を目的にしているか、ここまでくると学童たちでも直感で知るようになろう。

では最後に、人種差別、日本民族蔑視はどのように表現されているのであろうか。

9 (イ)合衆国軍隊要員である婦女を強姦し、又は強姦する意思をもってこれに暴行を加えた者は、死刑又は民政府裁判所の命ずる他の刑に処することができる。
(ロ)強姦とならない状態で自己の妻以外の合衆国軍隊要員である婦女と性交した者は、該婦女が満十六歳に満たない者であるときは、これを情交の罪で、五千ドル以下の罰金もしくは十年以下の懲役に処し又はこれを併科することができる。

説明を加えるまでもなく、この条項が如何にわれわれ日本国民を蔑視し、沖縄県民を奴隷視しているか、どのような人にも納得いくのではあるまいか。

この条項は、軍関係労働者に対する人種的差別賃金、労働権の剝奪、農民からの土地の収奪、米人が白昼公然と沖縄婦人を強姦し、暴行を加えててんとして恥じざる数え切れない人権の無視など、アメリカ政府の日本国民蔑視政策が、集約的に表現されていると解釈して誤りだろうか。さらにそれだけに止まらない、不自然性交の罪を新設してつぎの通り規定する。

(ハ)同性又は異性の合衆国軍隊要員と不自然な肉体的交接を行う者は、同性、異性にかかわらず、不自然性交の罪により、一二五〇ドル以下の罰金もしくは五年以下の懲役に処し又はこれを併科することができる。

アメリカ民政府は、ペルリ提督沖縄上陸の日(一八五三年五月二十六日)を米琉親善日に指定し、盛んに米琉協力と親善の気運を高めるための宣伝活動に余念ないありさまであるが、不自然性交の罪まで設けて、それを犯したものは四五万日円以下の罰金と五年以下の懲役をもってむかえうっている。沖縄におとらず本土でも日米協力のPRは盛んである。しかしアメリカ政府の異民族支配政策の本質の中にこのような思想が抜きがたい根をはっていながら、どうしてほんとの協力や親善関係がなりたちえようか。

2　日沖連帯の力――布令施行の延期

おそるべき内容をもった布令第二三号は、いち早く本土の新聞がとり上げ筆を揃えて書きたてた。ラジオもこれに加わった。自民党を除き政党もこれをとり上げた。労働組合、日青協、学生組織も、東京沖縄県人会もたち上った。自由人権協会、法曹団体、平和委員会等一切の平和、民主団体が決起し、同胞一人一人がこの死刑法撤廃の闘いへ意志は統一された。一人の僧侶は死をもって岸首相に直言し、死刑布令撤廃と沖縄同胞を見殺しにするなと国民に訴えた。
広島市基町禅宗指月門の小林ひでおさんである。小林さんは六月三日午前十時五十分、岸首相に反省をもとめ官邸前で腹と首を刺して死んでいった。小林さんは自決する三日朝、首相と国民への公開状を東京沖縄県人会に送った。

公開状（要旨）

前の大戦で日本本土ただ一つのそして最大の激戦地となった沖縄をミサイル基地としてアメリカに提供し、あわよくばおのれの安全をはからんとしていることは、こうかつ、無惨な行為である。沖縄県人をしてアメリカ政府の奴隷たらしめ、日本を外国とよんでいる悪法集成刑法に目をつむり、安保条約の改悪を強行するのは、沖縄を見殺しにするばかりでなく、そのこと自体、人類を悲惨な目においやることである。ここにお釈迦様にかわり、戦争に倒れた幾多の霊にかわり憤死、汝および天下に訴えるものなり。（一九五九・六・四『沖縄タイムス』）

こうして祖国の平和、民主団体はいうまでもなく国民一人一人が総たち上りをみせ、この布令は沖縄県民を含めて全日本国民に対する挑戦であるとしてその撤回を要求しているのをよそに、日本政府だけは「人権侵害などありえない」と外務省文化情報局の近藤局長を通じて冷たい談話を発表させている。

米国の措置は沖縄住民の基本的人権を侵すとは思われず、日本復帰運動や施政権返還に影響を及ぼすとは考えられない。また日本政府としては介入することはできない。(一九五九・五・三一『沖縄タイムス』)

しかし、どのようなことがおこっても不介入の日本政府の態度がどうであれ、本土同胞の訴えと抗議の胎動は大気を切って現地にはねかえってきた。「被告人の権利を尊重、出版の自由保障さる」のPRに目をおおわれていた県民は、その内容のあまりのおそろしさを知るや、総たち上りをみせた。まず沖縄人民党が五月二十九日中央常任委員会を開いて検討、つぎの声明を発表、祖国の同胞と県民によびかけた(要旨)。

布令第二三号は沖縄県民と日本国民全体にたいする許しがたい挑戦である。これによって労働運動はもちろん、平和運動、祖国復帰運動、生活と権利を守る運動など、県民の一切の民主的運動を圧殺し、政治活動を極端に制限する意図を露骨にあらわしている。祖国日本同胞との文通、交流、提携をはじめ、沖縄におけるアメリカの政策にそわない一切の行為が、個人たると団体たるとを問わず、極刑にされるおそれが十分にある。わが党は、全県民並びに全日本国民と、自由と平和、民主主義を愛する世界の人々とともに、国連憲章に反し、世界人権宣言をふみにじり、日本の主権を無視して日本国民である沖縄県民をアメリカの隷属的地位におこうとする布令第二三号撤廃のために、断乎たたかうことを声明する。これとともに全県民ならびに全日本同胞が、一層緊密な結合のもとに、生活と自由と権利を守り、祖国復帰と核兵器基地撤廃のために、一層の勇気をふるいおこしてたたかうよう訴えるものである。(一九五九・五・三一『琉球新報』)

青年団がたちあがった。ブース高等弁務官のいるぐるりの市町村青年で組織する中頭(なかがみ)郡青協がまっ先にふるいたったのである。そして全沖縄男女青年よ決起せよとよびかけた。ついで沖青協が動員された。沖青協は日青協の正会員である。したがって布令第二三号によると、沖青協はうたがいなく日青協の出先機関であり、弁務官の気にさわると槍玉にあげられるナンバーワンというところであろう。

沖青協は六月一日役員会を開き、悪布令の撤廃までたたかいぬくことを誓うと同時に、島ぐるみの土地闘争に参加した各種団体をもって、統一されたたたかいの組織をつくるべきであるとの意見に一致、つぎの声明を発表した(要旨)。

民政府は五月十八日突然新集成刑法を発布、六月五日から施行しようとしている。これは全くわれわれ住民を圧迫するものであり、しかもその内容のおそろしさはかつてのヒットラー、東条の専制政治を思わせ、正義と民主主義を基調とする米国がこのような暴挙にでたことは許せない。労働三法でゆるされているストライキ、デモ、その他基本的権利が治安妨害の行為として弾圧され、死刑に至るまでの刑に処せられる。また報道の実情調査が同様な刑に処せられることになりかねない。明らかに沖縄での民主的な宣伝、ストライキ、デモ、集会等が一切合法的に弾圧されることだ。また米国婦人に対する強姦を死刑としたことは、人権、民族蔑視の明らかな証拠である。この布令は原水爆基地化反対、平和と自由を求める祖国復帰運動を抑圧し、沖縄の永久占領を意図した植民地政策のあらわれである。われわれは平和と民主主義を守り、即時祖国復帰をかちとるために、かかる暗黒な恐怖社会の再現を招く反動布令を粉砕するために、各地域の青年会、県民を統一し悪布令の阻止運動を展開しよう。(一九五九・六・二『沖縄タイムス』)

こうして沖青協のよびかけに応じて、かつての土地闘争に参加した各種団体は、六月二日立法院行政委員会室で布令研究会を開いた。その結果、この布令は日本の廃止された治安維持法にまさる反動布令であることに意見が一致し、立法院は、われわれの選良である、これの撤廃に真先にたって県民を指導すべきであるから、ただちに議長外の全議員はこの協議会に加わるべきだということになった。そのことがつたえられたので、安里議長や各派代表も参加して討論は進められた。結局「この布令の施行を延期して貰いたいと、ブース弁務官に院議をもって直接あたるべし」との最低の線で意志が統一された。安里議長ら議員はこの熾烈な県民の世論におされて、六月三日弁務官代理のギーリス民政官に、「施行延期」を申し入れた。高等弁務官はその翌四日「布令に含まれている内容が立法院で制定されることを期待する」との理由を付して、あと一日で施行という間ぎわに「八月十五日まで七十二日間布令第二三号の施行を延期する」と告示せざるをえなくなった。

六月二日、沖青協主催で開かれた集成刑法研究会に参加したところの団体（民主党、社大党、人民党、社会党、民連、沖青協、中頭（なかがみ）、島尻（しまじり）両郡青協、教職員会、官公労、沖縄交通労組、土地連合会、婦連、琉大学生自治会、福祉協議会等二十団体）は六月四日に再び研究会を開き、布令撤廃のための共闘を申し合せ、「集成刑法対策協議会」を正式に結成して全県民の意志と行動を反動布令撤廃の道に統一することを固く誓い、つぎの声明書を発表した。

五月十八日布令第二三号が公布されて以来、われわれはこの事態を重視して、ここに二十団体の全力を結集してこれが阻止を誓い、当面の問題としてその施行を延期するよう要求した。これに対し、ブース高等弁務官は、八月十五日まで延期する回答をよせてきた。このことはわれわれ県民がこの布令に反対してたち上った結果得た大きな勝利だと確信する。われわれは民主主義と県民の生活を守るために、今後ますます団結を密にして全面廃止を目ざして断乎闘うことを誓う。（一九五九・六・五『沖縄タイムス』）

ここまで書いているときに「知られざる韓国」と題して、藤島宇内氏が南鮮における弾圧政治と抵抗運動の実情を紹介した文章に接した。

李政権成立後も、韓国には日本植民地時代の法令や米軍政令がたくさん残っており、政府はそれを利用している。四月三十日には米軍政令第八八条「新聞および定期刊行物許可取消しまたは停止」によって京郷新聞社を警官包囲のもとに廃刊させた。この事件をきっかけに南鮮における言論の自由をまもる運動がおこっているが、これにはさすがに手を焼いているらしく、ダウリン駐韓米大使は李政府に抗議を行い、「廃刊措置は遺憾である」と声明した。ちょうど日本、韓国へ飛んできた米国務省極東担当次官補バーソン氏も、ダウリン大使を支持して「言論弾圧は民主国家の生命をなくするものだ」といっている。(一九五九・六・八『琉球新報』)

藤島さんの文章をわざわざ引合いにだしたのは、韓国の米軍政令第八八条と沖縄の布令第二三号とは内容がそっくりだということを指摘したかったためである。というのは外でもない。韓国ではこのような米軍政令をもって弾圧することは「民主国家の生命をなくするもの」であるが、沖縄では、さかさまに、そのような布令は民主主義を育てるものであるとバーソン次官補は信じ込んでいるのであろうか。というわけは、極東担当の彼が、沖縄にしかれようとする弾圧布令第二三号を知らない筈はないからである。それとも高等弁務官一存で公布したのであって、もし彼が知らなかったとすれば、いまからでもおそくはない、ブース弁務官に抗議して悪布令を撤回させ「民主主義国家アメリカの生命をなくさないよう」努力してくれるものと信じていいのであろうか、それとも土地闘争のように再び島ぐるみの対米総抵抗をよびおこし、むしろ煽動しているのだと見た方がいいのであろうか。いずれにしても、本土同胞の沖縄を見殺しにするなどというはげしい反撃と県民総抵抗へのおちついた構えの前に、七十二日間の施行延期をかち得たことだけはたしかである。

世にもおそろしい日本国民への死刑法、布令第二三号撤廃をかちとる道を、県民は十四年間の占領支配の苦しいたたかいの貴い体験の中から必ずみつけるであろうし、祖国復帰の道はいかにけわしく、じぐざぐであろうが、軍事支配の鉄火の中で訓練された八十余万県民の民族的エネルギーは、圧迫から解放され、新鮮な空気をおいしく吸うことができるまで燃焼することを止めないであろう。

イワナミ

福祉・医療

賢い患者　山口育子
ルポ 看護の質　小林美希
健康長寿のための医学　井村裕夫
不眠とうつ病　清水徹男
在宅介護　結城康博
和漢診療学 あたらしい漢方　寺澤捷年
不可能を可能に 点字の世界を駆けぬける　田中徹二
医と人間　井村裕夫編
医療の選択　桐野高明
納得の老後 日欧在宅ケア探訪　村上紀美子
移植医療　橳島次郎・出河雅彦
医学的根拠とは何か　津田敏秀
転倒予防　武藤芳照
看護の力　川嶋みどり
心の病 回復への道　野中猛
重い障害を生きるということ　髙谷清

肝臓病　渡辺純夫
感染症と文明　山本太郎
ルポ 認知症ケア最前線　佐藤幹夫
医の未来　矢﨑義雄編
パンデミックとたたかう　押谷仁・瀬名秀明
健康不安社会を生きる　飯島裕一編著
介護 現場からの検証　結城康博
腎臓病の話　椎貝達夫
がんとどう向き合うか　額田勲
がん緩和ケア最前線　坂井かをり
人はなぜ太るのか　岡田正彦
児童虐待　川﨑二三彦
生老病死を支える　方波見康雄
医療の値段　結城康博
認知症とは何か　小澤勲
障害者とスポーツ　高橋明
生体肝移植　後藤正治
放射線と健康　舘野之男
定常型社会 新しい「豊かさ」の構想　広井良典

健康ブームを問う　飯島裕一編著
血管の病気　田辺達三
医の現在　高久史麿編
日本の社会保障　広井良典
居住福祉　早川和男
高齢者医療と福祉　岡本祐三
看護 ベッドサイドの光景　増田れい子
医療の倫理　星野一正
ルポ 体験 世界の高齢者福祉　山井和則
リハビリテーション　砂原茂一
指と耳で読む　本間一夫
自分たちで生命を守った村　菊地武雄

岩波新書より

書名	著者
多民族国家 中国	王 柯
国連とアメリカ	最上敏樹
東アジア共同体	谷口 誠
ヨーロッパとイスラーム	内藤正典
現代の戦争被害	小池政行
帝国を壊すために	アルンダティ・ロイ 本橋哲也訳
多文化世界	青木 保
デモクラシーの帝国	藤原帰一
パレスチナ〔新版〕	広河隆一
人道的介入	最上敏樹
異文化理解	青木 保
ロシア市民	中村逸郎
ロシア経済事情	小川和男
南アフリカ 「虹の国」への歩み	峯 陽一
ユーゴスラヴィア現代史	柴 宜弘
ビルマ 「発展」のなかの人びと	田辺寿夫
東南アジアを知る	鶴見良行
獄中19年	徐 勝
モンゴルに暮らす	一ノ瀬 恵
チェルノブイリ報告	広河隆一
イスラームの日常世界	片倉もとこ
サッチャー時代のイギリス	森嶋通夫
エビと日本人	村井吉敬
バナナと日本人	鶴見良行
韓国からの通信	T・K生 「世界」編集部編
現代支那論	尾崎秀実

岩波新書より

政治

岩波新書より

- 変えてゆく勇気　上川あや
- 戦争で死ぬ、ということ　島本慈子
- 社会学入門　見田宗介
- 冠婚葬祭のひみつ　斎藤美奈子
- 壊れる男たち　金子雅臣
- 少年事件に取り組む　藤原正範
- いまどきの「常識」　香山リカ
- 働きすぎの時代　森岡孝二
- 桜が創った「日本」　佐藤俊樹
- 生きる意味　上田紀行
- ルポ 戦争協力拒否　吉田敏浩
- ウォーター・ビジネス　中村靖彦
- 男女共同参画の時代　鹿嶋敬
- 当事者主権　中西正司・上野千鶴子
- ルポ 解雇　島本慈子
- 豊かさの条件　暉峻淑子
- 人生案内　落合恵子
- 若者の法則　香山リカ
- 自白の心理学　浜田寿美男

- 原発事故はなぜくりかえすのか　高木仁三郎
- 日本の近代化遺産　伊東孝
- 証言 水俣病　栗原彬編
- コンクリートが危ない　小林一輔
- 東京国税局査察部　立石勝規
- ドキュメント 屠場　鎌田慧
- 能力主義と企業社会　熊沢誠
- 沖縄 平和の礎　大田昌秀
- 現代社会の理論　見田宗介
- 原発事故を問う　七沢潔
- 災害救援　野田正彰
- 命こそ宝 沖縄反戦の心　阿波根昌鴻
- スパイの世界　中薗英助
- 都市開発を考える　大野輝之・レイコ・ハベ・エバンス
- ディズニーランドという聖地　能登路雅子
- 原発はなぜ危険か　田中三彦
- 豊かさとは何か　暉峻淑子
- 農の情景　杉浦明平

- 光に向って咲け　粟津キヨ
- 異邦人は君ヶ代丸に乗って　金賛汀
- 読書と社会科学　内田義彦
- 科学文明に未来はあるか　野坂昭如編著
- プルトニウムの恐怖　高木仁三郎
- 社会科学における人間　大塚久雄
- 沖縄ノート　大江健三郎
- 地の底の笑い話　上野英信
- この世界の片隅で　山代巴編
- 音から隔てられて　入谷仙介・林瓢介編
- ものいわぬ農民　大牟羅良
- 民話を生む人々　山代巴
- 死の灰と闘う科学者　三宅泰雄
- 米軍と農民　阿波根昌鴻
- 沖縄からの報告　瀬長亀次郎
- 暗い谷間の労働運動　大河内一男
- ユダヤ人　J-P・サルトル　安堂信也訳
- 社会認識の歩み　内田義彦
- 社会科学の方法　大塚久雄

岩波新書より

岩波新書より

社会

書名	著者
サイバーセキュリティ	谷脇康彦
まちづくり都市 金沢	山出保
虚偽自白を読み解く	浜田寿美男
総介護社会	小竹雅子
戦争体験と経営者	立石泰則
住まいで「老活」	安楽玲子
現代社会はどこに向かうか	見田宗介
EVと自動運転 クルマをどう変えるか	鶴原吉郎
ルポ 保育格差	小林美希
津波災害〔増補版〕	河田惠昭
棋士とAI	王銘琬
原子力規制委員会	新藤宗幸
東電原発裁判	添田孝史
日本問答	田中優子／松岡正剛
日本の無戸籍者	井戸まさえ
〈ひとり死〉時代のお葬式とお墓	小谷みどり
町を住みこなす	大月敏雄
親権と子ども	榊原富士子／池田清貴
歩く、見る、聞く 人びとの自然再生	宮内泰介
対話する社会へ	暉峻淑子
悩みいろいろ	金子勝
魚と日本人 食と職の経済学	濱田武士
ルポ 貧困女子	飯島裕子
鳥獣害 動物たちと、どう向きあうか	祖田修
科学者と戦争	池内了
新しい幸福論	橘木俊詔
ブラックバイト 学生が危ない	今野晴貴
原発プロパガンダ	本間龍
ルポ 母子避難	吉田千亜
日本にとって沖縄とは何か	新崎盛暉
日本病 長期衰退のダイナミクス	金子勝／児玉龍彦
雇用身分社会	森岡孝二
生命保険とのつき合い方	出口治明
ルポ にっぽんのごみ	杉本裕明
鈴木さんにも分かるネットの未来	川上量生
地域に希望あり	大江正章
世論調査とは何だろうか	岩本裕
フォト・ストーリー 沖縄の70年	石川文洋
ルポ 保育崩壊	小林美希
多数決を疑う 社会的選択理論とは何か	坂井豊貴
アホウドリを追った日本人	平岡昭利
朝鮮と日本に生きる	金時鐘
被災弱者	岡田広行
農山村は消滅しない	小田切徳美
復興〈災害〉	塩崎賢明
「働くこと」を問い直す	山崎憲
原発と大津波 警告を葬った人々	添田孝史
縮小都市の挑戦	矢作弘
福島原発事故 被災者支援政策の欺瞞	日野行介
日本の年金	駒村康平

岩波新書新赤版一〇〇〇点に際して

ひとつの時代が終わったと言われて久しい。だが、その先にいかなる時代を展望するのか、私たちはその輪郭すら描きえていない。二〇世紀から持ち越した課題の多くは、未だ解決の緒を見つけることのできないままであり、二一世紀が新たに招きよせた問題も少なくない。グローバル資本主義の浸透、憎悪の連鎖、暴力の応酬――世界は混沌として深い不安の只中にある。

現代社会においては変化が常態となり、速さと新しさに絶対的な価値が与えられた。消費社会の深化と情報技術の革命は、種々の境界を無くし、人々の生活やコミュニケーションの様式を根底から変容させてきた。ライフスタイルは多様化し、一面では個人の生き方をそれぞれが選びとる時代が始まっている。同時に、新たな格差が生まれ、様々な次元での亀裂や分断が深まっている。社会や歴史に対する意識が揺らぎ、普遍的な理念に対する根本的な懐疑や、現実を変えることへの無力感がひそかに根を張りつつある。そして生きることに誰もが困難を覚える時代が到来している。

しかし、日常生活のそれぞれの場で、自由と民主主義を獲得し実践することを通じて、私たち自身がそうした閉塞を乗り超え、希望の時代の幕開けを告げてゆくことは不可能ではあるまい。そのために、いま求められていること――それは、個と個の間で開かれた対話を積み重ねながら、人間らしく生きることの条件について一人ひとりが粘り強く思考することではないか。その営みの糧となるものが、教養に外ならないと私たちは考える。歴史とは何か、よく生きるとはいかなることか、世界そして人間はどこへ向かうべきなのか――こうした根源的な問いとの格闘が、文化と知の厚みを作り出し、個人と社会を支える基盤としての教養となった。まさにそのような教養への道案内こそ、岩波新書が創刊以来、追求してきたことである。

岩波新書は、日中戦争下の一九三八年一一月に赤版として創刊された。創刊の辞は、道義の精神に則らない日本の行動を憂慮し、批判的精神と良心的行動の欠如を戒めつつ、現代人の現代的教養を刊行の目的とする、と謳っている。以後、青版、黄版、新赤版と装いを改めながら、合計二五〇〇点余りを世に問うてきた。そして、いままた新赤版が一〇〇〇点を迎えたのを機に、人間の理性と良心への信頼を再確認し、それに裏打ちされた文化を培っていく決意を込めて、新しい装丁のもとに再出発したいと思う。一冊一冊から吹き出す新風が一人でも多くの読者の許に届くこと、そして希望ある時代への想像力を豊かにかき立てることを切に願う。

（二〇〇六年四月）

瀬長亀次郎

1907-2001年
政治家．1952年第一回琉球立法議員総選挙で当選．1956年には那覇市長を務めるが，1年後に追放される．1970年沖縄初の国政参加選挙で衆議院議員に当選．
著書—『民族の未来』『民族の悲劇』『民族の怒り』など

沖縄からの報告　岩波新書(青版)353

1959年7月27日　第1刷発行
2021年4月15日　第17刷発行

著　者　瀬長亀次郎（せながかめじろう）

発行者　岡本　厚

発行所　株式会社　岩波書店
〒101-8002 東京都千代田区一ツ橋2-5-5
案内 03-5210-4000　営業部 03-5210-4111
https://www.iwanami.co.jp/

新書編集部 03-5210-4054
https://www.iwanami.co.jp/sin/

印刷・理想社　カバー・半七印刷　製本・中永製本

ISBN 978-4-00-411101-6　Printed in Japan

重要事件略年表

(1945年～1959年6月)

1945年

3月	米軍慶良間島上陸，沖縄戦始まる(23日)
4月	米軍沖縄本島北谷・読谷に上陸(1日)
	ニミッツ布告公布，読谷村比謝に米国海軍軍政府を設置，南西諸島の日本の行政権及び司法権停止(5日)
6月	牛島中将自決，沖縄戦終る(22日)
	米軍政府により，うるま新報社創立(現琉球新報社の前身)
8月	ポツダム宣言受諾(10日)
	天皇，終戦を放送(15日)
9月	25歳以上の男女に選挙権を付与，16地区(収容所キャンプ)で市長，市会議員選挙(20日～25日)
10月	米軍収容所キャンプから住民移動開始(13日)

1946年

1月	総司令部，日本と北緯30度以南の南西諸島の行政分離宣言(29日)
4月	戦前の市町村長をそれぞれの市町村長に任命(4日)
	簡易裁判所及び検事局開庁(15日)
	新円通貨切替え(15日)
	沖縄民政府発足，初代知事に志喜屋孝信氏任命(24日)
	知事の諮問機関として民政議会発足(元県会)(26日)
5月	賃金制実施(無償配給時代終る)(1日)
	沖縄銀行設立(資本金100万円，全額軍負担)(1日)
7月	米海軍から陸軍へ軍政移管(1日)
	日本からの引揚帰還者第一船入る(17日)
10月	民政府，東恩納から知念に移転(17日)

1947年

3月	全島にわたり昼間通行許可(22日)

4月	うるま新報社を民間企業として経営することを軍から許可(1日)
6月	民主同盟結成(1950年の知事選挙後結成された共和党に解消して反共団体になった)
7月	沖縄人民党結成(20日)
10月	特別布告第23号「政党令」公布(15日)
	特別布告第24号「雇用と労務」公布(21日)
11月	軍政本部指令第50号「労働組合」公布(28日)
12月	特別布告第25号「地方選挙法」公布(2日)

1948年

2月	特別布告第25号による市町村長選挙行わる(1日)
	第1次日本留学生出発(8日)
4月	六・三・三学制実施(1日)
5月	琉球銀行設置(沖縄銀行発展的解消，資本金2千万B円，軍51%の株保持)(1日)
7月	沖縄タイムス発刊(1日)
	沖縄毎日新聞発刊(12日)
	通貨(日本円)，B軍票に切替えらる(交換高3億6千万円)(16日)
11月	自由経済体制実施(これまでの売店は軍指定売店のみで商企業認められず)(1日)

1949年

1月	食糧補給率引下げ(50%より35%に)とともに値上げ指令発す(米は約6倍の値上げ)，人民の不満高まる(31日)
2月	食糧値上げ反対那覇市民大会(13日)
3月	日本から沖縄への旅券発行を開始(29日)
7月	民政府知念から上之山(那覇)に移転(25日)
8月	本土への公用旅行許可(15日)
10月	シーツ少将軍政長官に就任(1日)
	沖縄民政議会解散，軍，13名の議員任命(11日)
12月	教育長制実施(9日)

1950年

4月	軍換算レート120B円対1ドル実施(12日)
5月	5月26日のペルリ上陸の日を米琉親善日とすることを布令で公布(26日)
6月	琉球諮詢委員会発足(15日)
	朝鮮戦争おこる(26日)
10月	沖縄共和党創立(28日)
	沖縄社会大衆党創立(31日)
11月	沖縄群島知事に平良辰雄氏就任，沖縄群島政府発足(4日)
	公選の群島議会発足(13日)
12月	マッカーサー元帥，琉球民政長官に就任，ビートラー少将が副長官兼琉球軍司令官就任(8日)
	軍政府を琉球列島米国民政府と改称(15日)

1951年

2月	琉球大学開学式(12日)
3月	琉球諮詢委員会解消(31日)
4月	琉球臨時中央政府発足(1日)
	マッカーサー元帥解任，後任にリッジウェー中将任命(10日)
	4月から6月までに日本復帰署名72％あつまる
8月	群島政府知事から日本復帰促進打電(ダレス特使，吉田首相，講和会議議長宛)(28日)
11月	ルイス准将記者会見で中央政府主席公選を来年中に行う旨言明(14日)
	奄美群島の七島日本復帰(24日)
	(5月頃より基地建設ブームおこる．日本本土の土建業者大挙来島)

1952年

2月	布告第13号「琉球政府の設立について」公布，三権分立の機構確立さる(29日)
3月	第1回立法院選挙行わる(1日)
4月	琉球政府創立式典(1日)

	対日講和条約発効(沖縄に日本の残存主権)(28日)
5月	労組法，労基法を人民党瀬長議員立法院に提案
6月	日本道路会社スト(5日～26日)
7月	松村組スト(首切反対，1400人参加)
10月	布令第91号「軍用地の契約について」公布(1日)

1953年

1月	清水組本部(もとぶ)砕石場スト(10日)
4月	布令第109号「土地収用法」公布施行(3日)
	人民・社大両党，植民地化反対闘争委員会結成，民主統一戦線のめばえ(7日)
	真和志村字安謝，銘苅一帯に収用令を適用(10日)，11日早朝より強制収用を開始
	ルイス准将，植民地化反対闘争委に解散命令(15日)
5月	米軍戦車も出動，弾圧メーデー(1日)
7月	立法院労働三法を可決(24日)
9月	民立法労働三法公布(1日)，10月1日より施行
	朝鮮休戦成立
12月	小禄村具志部落ハザマ原約1万5千坪の軍工事開始，部落民と衝突，武装兵出動(最初の武力による土地収用)(5日)

1954年

3月	第2回立法院議員選挙，社大党第一党となる(14日)
5月	米軍，メーデーはカール・マルクス・デーであるとして参加者は共産主義者とみなすと圧迫(1日)
6月	戦後最初のボリビア移民出発(19日)
8月	日米行政協定に基づく軍用地の特別補償法は沖縄には適用されない旨極東軍司令部から民政府に入電(23日)
	立法院に共産主義政党調査特別委員会設置(31日)
10月	人民党事件(人民党員四十余名たいほ)(6日)
11月	沖縄刑務所暴動事件おこる(受刑者の待遇改善要求)(7日)

1955年

1月	アイゼンハワー大統領，予算教書で沖縄占領の無期限継続を

	声明(17日)
3月	民政府布令第144号「集成刑法」公布(16日)
	伊江島真謝，西崎区民，土地を強制接収された138戸760人の生活補償で行政府に坐り込み(15日より12日間)
	民政府布令第145号「労働組合の認定手続」公布され，労組は民政官の認可制となる(18日)
7月	沖食労組の役員42名中11名は米軍にとって好ましくないと民政官が否認(26日)
	原子砲揚陸(30日)
8月	第1回平和の夕大会(15日)
9月	白人兵による6歳の幼女暴行惨殺事件発生(3日)
	具志川で黒人兵による暴行致傷事件発生(10日)
10月	人権擁護全沖縄住民大会(22日)
	原子砲試射で宜野座村松田小学校に被害，学童4名負傷(24日)

1956年

1月	アイゼンハワー，予算教書で沖縄を含む琉球列島の米軍基地について「米国は無期限にこれら列島の施政に責任をもつべきだ」と発表(16日)
2月	民政府布令第109号「土地収用令」改正第二号公布(28日)，4月3日発効
3月	第3回立法院選挙，民主党圧勝(11日)
6月	プライス勧告の骨子発表さる(9日)
	軍用地四原則貫徹住民大会，各市町村単位で催さる(20日)
7月	土地協主催四原則貫徹県民大会，10万人集る(28日)
8月	中部地区に無期限オフ・リミッツ(8日)
	中部全地域のオフ・リミッツ解除(16日)
9月	颱風エマ来襲，被害甚大(8日)
10月	比嘉主席急死(25日)
11月	民政長官レムニッツァー大将，東京で行政主席に当間重剛氏を任命(1日)
12月	那覇市長に瀬長亀次郎当選(25日)
	民政府那覇市へ資金凍結を発表(28日)

1957年

1月	新民法(民立法)施行(1日)
	軍用地問題に対する米国の最終方針(新規接収・一括払い)を発表(4日)
2月	布令第164号「米国土地収用計画」公布(23日)
4月	ムーア民政副長官立法院にメッセージ送付，防共法制定など12項目を勧告(13日)
5月	第1回統一メーデー(1日)
	米陸軍，沖縄における総額1千万ドルのナイキ基地(8カ所)の入札を受付中であると発表(29日)
6月	沖縄に高等弁務官をおく米大統領行政命令発せらる(5日)
	那覇市会瀬長市長不信任案を可決(17日)
	瀬長市長，市会を解散(18日)
	日米共同声明発表(沖縄問題については米国は沖縄の全面的管理を続けることが必要であると考えるが，同時に沖縄住民の福利を改善する対策を続けることを約束す)(21日)
	米国防省，極東及び太平洋地域における米陸軍の再編成を発表，沖縄は日本，朝鮮とともにハワイのホワイト大将の指揮下に入る(30日)
7月	瀬長市長追放を目的とする那覇市政再建同盟結成さる(3日)
	ムーア中将，琉球列島高等弁務官に就任(4日)
	那覇市政と民主主義を守る民連(民主主義擁護連絡協議会)組織さる(中旬)
8月	那覇市議選挙，民連3分の1の議席確保，再度の不信任案通過をくいとめる
11月	ムーア高等弁務官，市町村自治法等を改正して瀬長那覇市長を追放(23日)
12月	那覇市政再建同盟解散(5日)

1958年

1月	那覇市長選挙，民連候補兼次佐一氏当選(13日)
3月	第4回立法院議員選挙，社大党第一党に，民連進出す(16日)
5月	第2回統一メーデー(参加人員4千名)(1日)

	ブース高等弁務官就任(1日)
7月	派米代表，米首脳との正式会談終り「共同声明」発表(7日)
	琉球経営者協議会発足(18日)
	7月から8月にかけて労働争議つぎつぎに起る
8月	バージャー民政官，布令第145号「労働組合の認定手続」に関し，非認可組合に団体交渉権なしとの書簡発表(1日)
	原水爆禁止沖縄県協議会結成(6日)
	全沖労主催，布令第145号撤廃要求労働者大会(9日)
	ブ弁務官，B円のドル切替えを発表(23日)
9月	ドル切替え実施(16日～20日)
12月	立法院「アメリカ合衆国が賃借する土地の借賃の前払いに関する立法案」民連の反対をおし切って可決(23日)
	「土地借賃安定法案」可決(24日)

1959年

5月	人民党第10回党大会，民主主義の理念に立つ大衆政党と規定する新綱領及び新規約採択(9日～10日)
	高等弁務官布令第23号「刑法並びに訴訟手続法典」(集成刑法)公布(18日)
6月	沖青協主催，弁務官布令撤廃各種団体協議会開催(2日)
	弁務官布令第23号，8月15日まで施行延期告示さる(4日)
	集成刑法対策協議会結成(沖青協，官公労，沖交労など20団体参加)，布令撤廃まで闘うことを声明(4日)